[美]迪伦·威廉◎著　王少非◎译

融于教学的
形成性评价

（原著第2版）

EMBEDDED FORMATIVE ASSESSMENT

(second edition)

江苏凤凰科学技术出版社·南京

江苏省版权局著作权合同登记 图字:10-2020-76

图书在版编目(CIP)数据

融于教学的形成性评价 ：原著第 2 版／（美）迪伦·威廉著 ；王少非译. —南京 ：江苏凤凰科学技术出版社，2021. 4(2024. 11 重印)
ISBN 978-7-5713-1507-8

Ⅰ. ①融… Ⅱ. ①迪… ②王… Ⅲ. ①课堂教学-教学评估 Ⅳ. ①G424. 21

中国版本图书馆 CIP 数据核字(2021)第 042511 号

融于教学的形成性评价：原著第 2 版

著　　者	[美]迪伦·威廉
译　　者	王少非
责任编辑	吴梦琪
责任设计编辑	孙达铭
责任校对	仲　敏
责任监制	周雅婷
出版发行	江苏凤凰科学技术出版社
出版社地址	南京市湖南路 1 号 A 座，邮编：210009
编读信箱	skqsfs@163.com
联系电话	(025)83657623
印　　刷	溧阳市金宇包装印刷有限公司
开　　本	700 mm×1 000 mm　1/16
印　　张	17.75
字　　数	218 000
版　　次	2021 年 4 月第 1 版
印　　次	2024 年 11 月第 6 次印刷
标准书号	ISBN 978-7-5713-1507-8
定　　价	68.00 元

图书如有印装质量问题，可随时向我社印务部调换。

致　谢

35 年来，我从公立学校教师转变为教师教育者，再成为研究者和大学管理者，本书的第一版就是这一漫长旅程的成果。鉴于这一旅程的漫长，您也就不会奇怪我为什么有那么多的人要感谢了。首先，感谢伦敦克里斯托弗·雷恩(Christopher Wren)学校和北威斯敏斯特(North Westminster)社区学校的学生们，我关于学习的大部分认识都来自他们。从那时起，我开始阅读和实施研究，其唯一的作用就是帮助我理解在那里学到的东西。其次，感谢这两所学校里一起共事过的教师们，以及我曾经交往过并成为他们其中之一的教育人。我大学毕业，未经任何培训或准备，直接进入课堂，很庆幸能在伦敦最具挑战性的学校之一开始我的教学生涯——因为学校里的每一位教师都很努力，而且愿意谈论他们的努力。我是后来才认识到自己有多幸运的，因为这种开放性并不是在哪里都看得到的。

提到个人总是易招人妒忌的，但我还是要特别感谢萨拉·夏基(Sarah Sharkey)和杰里·哈迪(Jerry Hardy)(克里斯托弗·雷恩学校)以及迪克·格米特雷克(Dick Gmiterek)(北威斯敏斯特社区学校)。当我进入伦敦大学时，又一次非常幸运地得到两位伟大的教育思想家的指导——首先是玛格丽特·布朗(Margaret Brown)，然后是保罗·

布莱克(Paul Black)。他们不仅是杰出的学者，还是人们都想遇见的最友善的人，他们对年轻学者的宽宏大量是我一直试图效仿的榜样。

我必须向格雷格·阿什曼(Greg Ashman)致以特别的感谢，他允许我将他的博客"Filling the Pail"中的图表用于第三章。同样感谢立陶宛维尔纽斯美国国际学校(American International School of Vilnius)的莫林·威尔贝里(Maureen Wellbery)，他为第四章中涉及的全学生应答系统提供了素材。我还要感谢方案树出版社(Solution Tree)的编辑人员，特别是莱斯利·博尔顿(Lesley Bolton)以及第二版的阿莉萨·沃斯(Alissa Voss)，感谢他们为把我的手稿变成您面前的成书所做的一切。最后，也是最重要的，向我的合作伙伴西沃恩·莱希(Siobhán Leahy)致以最诚挚的感谢。我们第一次见面是在大约 40 年前的一次数学教师会议上。37 年来，她一直是我最大的灵感来源和最大的支持，让我脚踏实地地了解学校的日常生活。这就是我将本书献给她的原因。

目　录

第三章 明晰、分享和理解学习目标与成功指标

第四章 引出学习的证据

第五章 提供促进学习的反馈

第六章 激发学习者成为彼此的教学资源

第七章　激发学习者成为自己学习的主人

结　语

附录:技术清单

参考文献与资源

引 言

1984 年,我离开伦敦一所城市公立学校的数学和科学教师岗位,加入了伦敦大学的一个研究项目,探索形成性评价在改善学生学习上的潜力。本书就是这一超过四分之一世纪的旅程的成果。

这本书有两个主要目的。第一个目的是提供简单实用的观念,即每个教师都可以在课堂上做出改变,以发展他或她的教学实践。第二个目的是提供证据,证明这些改变将会改善学习者的学习结果。

在第一章中,我将阐述为什么教育成就如此重要,为什么要将提升教育成就摆在优先地位。随着教育水平的提高,人们更加健康,寿命更长,对社会的贡献更大,挣的钱也更多。对社会而言,这些好处包括更低的刑事司法成本、更低的医疗保健费用和更高的经济增长。

我也简要地论证了为何以前的改革——包括学校结构、学校治理、课程的改革,以及增加数字技术的运用——在很大程度上是无效的。这些改革努力没有考虑到三个关键问题:

1. 教师质量是教育体系中最重要的因素。

2. 教师质量是高度可变的。

3. 教师质量对一些学生的影响比其他学生更大。

在第一章中,我也证明了提升教学职业新成员的质量和淘汰效率最低的教师只会产生很小的效果，需要一代人的时间才能实现。因此，第一章的基本论点是，为了确保我们未来的经济繁荣，我们需要帮助在职的教师提高水平。

在第二章中，我探讨了教师发展的一些方法，并评估了这些变化对学生成绩的影响有多大。我的研究表明，一些流行的举措，如改变学习方式，对学生的学习成绩根本没有明显的影响；而另一些举措，如增加教师的内容知识，确实改善了学生的学习，但改善程度远低于人们通常预期的水平。

在第二章第二部分，我对课堂形成性评价实践的研究进行了总结，证明了相较于其他大多数改革，课堂形成性评价实践对教育成就的影响似乎要大得多。第二章的总结部分描述了形成性评价是什么，不是什么，并提出了形成性评价的五个关键策略。

第三章到第七章讨论了形成性评价的五个关键策略：

1. 明晰、分享和理解学习目标与成功指标。

2. 引出学习的证据。

3. 提供促进学习的反馈。

4. 激发学习者成为彼此的教学资源。

5. 激发学习者成为自己学习的主人。

在这五章的每一章中，我都对关于该章论述策略的影响的研究证据进行了总结，并提供了教师实际运用的、将这种策略整合到他们日常的课堂实践之中的一些实用技术——有些来自文献，有些来自我的课堂观察。尽管这些章节确实存在着连续性，但我尽可能保证每一章的独立性。

这五章共描述了七十多种课堂形成性评价的实用技术。这些技术中的大多数都不是新的。新的是第二章所提出的形成性评价框架，它展示了这些不同的技术是如何结合在一起的。另一个创新是提供了研究证据,证明这些技术是提高学生参与度、帮助教师更好地应答学生需求的强有力手段。

我在形成性评价研究历程中曾遇到过成百上千的教师,因此无法记起本书中每一个例子中的教师的名字以及我观察他们课堂的日期。此外,还有一些观察是在研究项目中发生的,我们在研究中隐去了教师的名字。因此,本书中的许多例子和技术都不是直接引用的,而是通过我个人观察的镜头来呈现的。

在准备第 2 版的过程中,我证明了这本书中提出的策略和技术对于大学教育和 K-12 教育同样重要。当然,尽管这五个策略同样适用于大学学生(实际上包括了成人学习),但实施的具体方式的确需要调适。在第 2 版中,我为高等教育尤其是讲授情境中实施形成性评价提供了一些实践技术的样例。

此外,在第 2 版中,我明显更新了许多研究证据,特别是那些与工作环境的变化有关的研究。我还更新了有关改善学校的各种观点的研究证据——尽管证据有所改变,但结论没有改变。首先,这些更新了的证据继续表明,目前大多数改进学校的做法不会对学校改善有太大帮助。其次,这些证据指出,课堂形成性评价改善学生学习的潜力非常巨大,而且来自世界各地的证据表明,课堂形成性评价不仅有效,而且在普通课堂就可实施,无须额外的资源。我希望这本书能让每一位读者相信形成性评价对学生成绩的影响,并提供一些指导,以保证在将研究应用于实践这项困难、具有挑战性但有价值的任务上有好的开端。

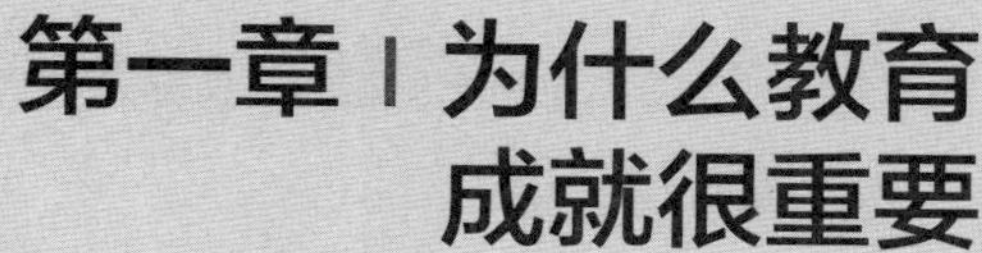

第一章 | 为什么教育成就很重要

教育成就很重要，它不仅对个体很重要，对社会也很重要。对于个体而言，更高的教育水平意味着更高的收入、更好的健康状况以及更长的寿命；对于社会而言，更高的教育水平意味着更低的医疗保健费用、更低的刑事司法成本以及更高的经济增长。在本章中，我们将首先探索为何教育和教育成就对每个国家的繁荣至关重要，为何决策者在改善学生成就上的绝大多数尝试未能取得成功。然后，将会讨论学校效能研究演进的三个阶段、教师的质量以及提升教师质量的基于研究的方法。

教育成就的重要性日益增长

教育一直以来都很重要，但它从未像现在这么重要。1979 年，拥有学士学位者的平均年薪比只具有高中学历或一般同等学力(GED)的平均年薪高出 3 万美元(按 2012 年的美元计算)。到 2012 年，年收入差距已经扩大到 5.8 万美元以上(Autor, 2014)。

更高的教育水平也与更好的健康状况相关。受教育程度越高的人，越不易患上包括癌症在内的各种疾病，在生命的最后阶段出现严重失能的可能性也越小(Jagger et al., 2007)。无疑健康状况不佳应部分归因于如吸烟等生活方式的选择，但也与只有有限教育水平的人可选的那些工作有关。根据经济合作与发展组织(OECD, 2010)的研究，在未完成高中教育的美国成人中，大约有 75%说自己的健康状况良好，而在受过大学教育的人中，这一数字是 95%。

也许更让人惊讶的是，受过更多教育的人活得更长久。在 1915 年到 1939 年间，至少三分之一的州改革了他们的童工法和义务教育年限。因此，相较于其他州的儿童，这些州中大量儿童的上学时间要多出一年以上。通过考察这些上学时间额外多出一年的人的寿命，阿德里安娜·雷利斯-穆尼(Adriana Lleras-Muney, 2005)估计说，受教育年限每增加一年，就会增加 1.7 年的寿命。这个利害关系的确很大。

对于社会，教育成就也很重要。哥伦比亚大学的亨利·莱文(Henry Levin)和他的同事估计，防止一名高中生辍学能为社会带来 20.6 万美元的净收益(Levin, Belfield, Muennig & Rouse, 2007)。这个数字的主要组成部分包括：

- 个人支付的 13.9 万美元额外税收，因为他或她将赚更多的钱。
- 减少了 40 500 美元的医疗保健费用，部分原因如前所述，个人会更健康，但也有部分原因是他或她更有可能从老板那里获得健康福利，因此较少依赖公共援助。
- 减少刑事司法费用 26 600 美元(主要是因为个人被监禁的可能性较低)。

伴随着教育水平的提高，美国的经济也会增长得更快。埃里克·哈努谢克和路德格尔·沃斯曼(Eric Hanushek & Ludger Woessmann, 2015)运用经合组织的国际学生评价项目(Programme for International Student Assessment, PISA)以及其他多种来源的数据，考察了成就的提高对经济增长的影响。他们估计，如果教育者能够将 15 岁美国人在三年一次的 PISA 测验中的分数提高 25 分——这在波兰要花十余年的时间——那么到 2095 年，美国的经济要比分数没有提高时高出 30%。如果 15 岁的美国人在阅读和数学上达到能够保证他们有效地参与现代社会的水平(在 PISA 测验中，这个水平界定为 420 分，而国际平均分数为 500 分)，那么美国的经济将额外增加 30 万亿美元。

更高的教育层次之所以如此有价值，是因为雇主对教育的要求在稳步提高，这在制造业尤其如此。按照美国劳动统计局(U.S. Bureau of Labor Statistics, 2016)的数据,2000年,美国有1700万人就业于制造业;十年之后,这一数字降到了1200万以下。这意味着在21世纪的头十年,美国经济每天失去了2700个制造业岗位。经常听到人们说,“我们不再在美国生产东西了”,但这种感受是错的。事实证明,2016年,美国制造的商品比历史上任何时候都多,超过了2008年创下的上一个峰值[圣路易斯的联邦储备银行(Federal Reserve Bank of St. Louis)]。美国制造的东西比以往任何时候都多——它只是不需要那么多人来做。这是一件好事。从2002年到2015年,美国所有制造业每小时的劳动产出增长了47%(Levinson, 2016)。相较于美国制造业的全盛时期,2016年美国制造业工人的平均每小时生产率是1950年的六倍多。美国工人之所以生产力如此之高,是因为他们可以用更先进的技术工作,这也意味着现代工人需要更高水平的技能。2000年时不需要高中文凭的制造业岗位,到2015年几乎有一半已经消失,而至少需要硕士学位的制造业岗位却增加了32%(Levinson, 2016)。

对于职场的这种变化,一种普遍的反应是对失业的担心。许多人认为工作岗位的数量是确定的,如果其中有些岗位消失了,那么就不再有足够的工作岗位提供给每个人。这是一种错误但普遍的看法。根据美国劳动统计局的数据,尽管制造业失去了数百万个工作岗位,但美国的就业人数仍超过了历史上任何时候——截至2017年5月,就业人数达到1.6亿(U.S. Bureau of Labor Statistics, 2017)。

有趣的是,许多正在出现的新工作对学历要求并不高。2013年,美国劳动统计局预计,2012年至2022年,美国经济将为那些拥有大学学历的人创造400万个以上的就业机会,但它也将创造300万个需要高中以上但不必具有大学学历的工作岗位,400万个只需要高中文凭的工作岗位,以及400万个甚至不需要高中文凭的岗位(U.S. Bureau of

Labor Statistics, 2013)。正如我们所看到的，在美国，无论一个人的教育层次怎样，他都能找到工作。因此，年轻人得受到良好教育才能找到工作的说法可能不那么准确，但教育对于找到一份好工作一定是重要的。

在20世纪90年代后期以来发生的变化中，我们已经看到了这一点。受岗位变化冲击最大的并不是技能最低的工人；相反，那些从事常规工作的人受到的冲击才是最大的，无论他们的技能水平如何。由于计算机比机器人更简单、更便宜，诸如常规性的办公室工作之类的事务——即经济学家所谓的常规性认知工作(routine cognitive jobs)——比手工工作更容易自动化(Dvorkin, 2016)。我们以为下棋是人类的一项惊人成就，但现在只要花几美元，就可以买到一款智能手机应用程序，它能击败这个星球上的大多数下棋者。老板们还没能做到的是，让机器人在沃尔玛(Walmart)的货架上摆放商品，但不至于付出太高的成本，这就是为什么现在还是由人类来做这项工作的原因。但自工业革命以来，一个一直被传播的共识是，只要一项工作能由机器低成本高效率地完成，那么就一定要用机器来做。

如果拥有一项有价值的技能不再能保证就业，那么确保能就业的唯一方法就是有发展新技能的能力，正如西摩・帕伯特(Seymour Papert, 1998)所指出的：

因此，年轻时在学校学习可以终身运用的技能，这种说法已经站不住脚了。你在学校能学到的技能是不可应用的。当你进入职场并需要它们时，它们就可能过时了。只有一项技能例外，真正有竞争力的技能是学习的技能。这不是一种能够给出关于问题——这些问题是关于学校中教过的内容的——的正确答案的技能，而是对那些学校未教的情况做出正确反应的技能。我们需要培养在面对没有专门准备的情况时知道如何采取行动的人。

这就是为什么教育——而不是培训——如此重要的原因之所在。教育不仅赋予技能,而且生产了发展新技能的能力。

教育是未来经济繁荣的发动机,这一基本观念已被接受多年,而且研究数据也恰好表明,教育在多大程度上促进了经济增长(或者相反,低教育成就在多大程度上限制了经济增长)。

提升学生成就的困难所在

历届政府都明白教育成就的重要性,并试图通过一系列令人眼花缭乱的政策举措来提高标准。尽管这些措施中的大多数在当时看来都是明智的,但现实令人沮丧,这些措施中的绝大多数对学生成绩的净影响,即使不等于零,也已接近于零。

大量的改革举措聚焦于学校教育的结构。在美国,学校规模的缩减得到了特别的关注。其背后的逻辑很简单:许多高中规模很大但缺少人情味(impersonal),因此较小规模的高中的建立有助于创造兼收并蓄的(inclusive)学习共同体,这会促进更好的学习。小规模高中的倡导者也提出了证据:在许多州,考试的最高分来自小规模的高中。可是,他们忘记了考察分数分布的另一端,考试的最低分也经常来自小规模高中(Wainer & Zwerling, 2006)。证据表明,小规模学校总体上并不更好。它们只是更可能得到极端的结果——过高或过低——因为它们小(Kahneman, 2011)。一个班级的学生越少,那么在一个学年中,学生碰巧在学业上很强或很弱的可能性就越大。事实上,有证据表明,规模较小的高中实际上不如规模较大的高中有教学成效,因为教师必须教授一系列课程,因此专业化的机会更少。正如西雅图的一名高中生总结的那样:"只有一名英语教师和一名数学教师。他们最终会教授一些他们并不真正了解的东西。"(Geballe, 2005)

创建规模较小的高中也相当低效。在许多情况下,大约有三千名学生的大型高中被分成五六所规模较小的高中,但都在同一校园中,每一所都有五六百名学生。通常情况下,就我所见,唯一的变化是行政管理成本的增加。因为每一所小型高中要任命校长,所以增加了五六名校长,且增加了现任校长的薪酬,因为他需要照顾五六名新任命的下级校长。

在其他情况下,学生并没有体验到小型高中的所有潜在好处,因为领导人认为创建小型高中本身就是目的,而不是致力于改变结构,从而使其他必要的改革更容易实现。领导者们希望的一个好处是,规模较小的高中能够改善师生关系,并通过关系的改善,让学生们对学习更加投入。学生与更少的教师互动,从而促进更好的师生关系的发展,这很可能是有效的。但是,应该说,相较于通过教授一些有吸引力的东西,促使学生投入以保证他们能被教给某些东西的效果似乎要差得多。规模较小的高中的每个学生仍然会有一个语言艺术教师、一个数学教师、一个科学教师、一个社会研究教师等,因此,一所高中的规模并不影响学生一天中遇到的教师的数量。如果一个教师可以教同一班级几个学期或几年,师生关系就会变得更加牢固;然而,这需要修改课程表,且取决于教师能否教多个年级。如果大型高中将这种安排放在优先地位,就很容易建立这一制度。

另一些国家走的路正好相反。例如,在英格兰,业绩优异的学校建立学校联盟——由一名校长领导的学校集团,学校校长被要求对不那么成功的学校承担责任。但到目前为止,没有证据表明这种做法带来了改善。

还有一些改革措施涉及学校管理的改革。在美国，这类改革中最为普遍的是特许学校(charter schools)的引入。根据美国教育委员会(2017)的数据，43 个州和哥伦比亚特区现在都有特许法(charter laws)，但它们对学生成绩的影响有多大，相关的评估无法得到任何简单的结论。

毫无疑问，有些特许学校取得了显著的成功，但另一些学校却没有，而且，至少从最初看，似乎未取得成功的学校要比取得成功的学校多。2009 年，斯坦福大学教育成果研究中心(Center for Research on Education Outcomes, CREDO)报告称，在 15 个州和哥伦比亚特区，特许学校中约有一半学校的结果与传统公立学校类似，有三分之一的结果更差，只有六分之一的结果更好(CREDO, 2009)。在开办特许学校的头 20 年里，特许学校的净效应是降低学生的成绩，而不是提高成绩。但这似乎有充分理由，因为在大多数特许学校中，每个学生得到的钱更少(Miron & Urschel, 2010)。有些特许学校，比如“知识就是力量计划”(Knowledge Is Power Program, KIPP)的学校，无疑比传统的公立学校更有效。KIPP 学校的学生通常每年多取得三四个月的进步，但这一结果是通过延长每日在校时间、一些周六课程和更长的学年来实现的(Tuttle et al., 2013)。KIPP 学校的学生每年在学校多花 45%的时间，多取得 30%的进步，这是回报递减的一个明显例子。此外，尽管一些特许学校非常有效，但大多数并没有那么有效。对芝加哥特许学校体系的一项评估(Hoxby & Rockoff, 2004)发现，特许学校的学生在爱荷华基本技能测试(Iowa Test of Basic Skills)中得分更高，但差异很小：阅读提高了 4%，数学仅提高了 2%。随着各州在关闭效率较低的特许学校方面做得越来越好，特许学校的表现相对于传统公立学校更好，但斯坦福大学 CREDO 团队（目前覆盖 22 个州和华盛顿特区）的一份报告发现，两者的差异很小（CREDO，2013）。在数学方面，29%的特许学校表现较好，40%的特许学校表现大致相同，31%的特许学校表现较差。在阅读方面，这一比例分别为 56%、25%和 19%（CREDO，2013）。从这个角度来看，在美国，相较于就读传统公立学校的学生，就读于特许学校的学生平均进步高出 4%（相当于 8 天）——这一进步值得拥有，但远远低于我们的期望。

人们对成功的特许学校的特征有更好的理解，无疑有助于特许学校取得更大的成功，但值得注意的是，管理着最好的特许学校的那些组织并不热衷于快速扩张，因此对整个教育体系的影响将会非常缓慢。举个例子，如果我们假设北美学校人口就像过去那样，以每年大约 0.7%的速度增长，且特许学校的学位数每年增加 25 000 个（前几年的平均增长数），那么即使这些新的特许学校与 KIPP 学校一样好，学生要获得每年三周的额外学习进步将要等到 2058 年才能实现[Wiliam，出版中(a)]。当然，我们可以更快速地增加特许学校，但这可能会导致质量下降，从而削弱其影响力。不管特许学校的好处是什么，它们的建立不太可能对学生的成绩产生实质性的和直接的影响（Carnoy，Jacobsen，Mishel & Rothstein，2005）。

在英格兰，政府已将许多表现不佳的学校重组为“学园”（academies）。这些学园由慈善机构运营，但接受与公立学校同等的公共资金，此外还有用于学校重建的大额资本捐款。这些学园的校长有更大的自由来雇用和解雇员工，他们无须遵守国家关于教师薪酬和福利的规定，也不需要执行国家课程。这些学园的学生考试成绩比普通公立学校学生提高得更快。这是预料之中的。因为这些学校的起点较低，因此有更多的改进空间。与同样表现不佳但未重组为学园的学校进行比较，发现它们的进步速度相同(Machin & Wilson, 2009)。

学校组织方面最激进的实验之一发生在瑞典。1992年,瑞典政府邀请营利性机构开办公立学校。虽然对这项举措的许多评估都发现了一些成功之处,但这些研究都存在明显的方法缺陷。劳动研究所(Institute for the Study of Labour)的一项评估(Böhlmark & Lindahl, 2008)纠正了早期研究的缺陷,评估发现,引入营利性教育供给者在诸如九年级的平均绩点(GPA)和选择学术性高中的学生比例之类短期的结果上,的确产生了一定的改进,然而,这些改进似乎集中在更富裕的学生身上,而且是短暂的。对如高中GPA、大学学业或受教育年限等长期结果没有影响(Böhlmark & Lindahl, 2008),对就业、收入或卷入刑事诉讼也没有什么影响(Wondratschek, Edmark & Frölich, 2014)。

自1986年起,英格兰中学可以沿袭美国磁石学校(magnet schools)的路子,申请成为“专业学校”(specialist school)。在英格兰,专业学校的考试分数的确比传统中学高,但他们也得到了更多的钱——学生人均每年大约多出200美元。如果传统公立学校每年每位学生能获得额外的200美元,那么也可以期望他们得到同样的成绩的提高(Mangan, Pugh & Gray, 2007)。此外,专业学校在其专业科目上的成绩并不比其他科目好(Smithers & Robinson, 2009)。

还有一些改革努力聚焦于课程。几乎每个国家都渴望拥有21世纪的课程。例如,苏格兰政府已经采用了卓越课程(Curriculum for Excellence),但是苏格兰的课堂是否有变化还有待观察,短期结果并不令人鼓舞(OECD, 2016)。试图通过改变课程来改变学生的课堂体验是非常困难的。对学生来说,相对于一门教得不好的好课程,一门教得好的坏课程会是一种更好的体验;教学法比课程重要。或者更准确地说,教学法就是课程,因为重要的是如何教,而不是教什么。

“课程”(curriculum)一词没有标准的定义。这个词最初(至少在英语中)描述的是 17 世纪苏格兰大学课程(courses)的选择,但多年来,它已经变成了“教育机构安排的帮助学生学习预定材料的活动”。然而,这个词至少可以应用于三个层次:① “预期的”(intended);② “实施的”(implemented);③ “实现的”(achieved)。“预期的”课程包括州或国家政府决定学生应该在学校学习的内容;“实施的”课程包括学校和地区采用的教材和其他材料;“实现的”课程是课堂中实际发生的。不用说,这三种课程之间经常会有一些差距。学校采用的教材往往与预期的课程并不匹配(尽管出版商经常宣称它们是匹配的),而且教师使用这些教材的方式往往可能与编写教材的人的意图不一致(Wiliam, 2013)。尽管教师使用教材的方式可能并不总是符合教材出版者的意图,但教材确实影响着教师的教学,因此人们对某些教材是否比另一些更有效产生了极大的兴趣。有些教材可能比另一些教材更符合一个州的标准。然而,随着越来越多的州采用共同标准,如共同核心州立标准(Common Core State Standards)或下一代科学标准(Next Generation Science Standards),或其他类似的地方标准,一致性已不再是一个问题。然而,显而易见的是,尤其是在数学领域,教同样的内容,用一些教材比另一些教材要有效得多。

关于教材采用的大多数研究发现,很少有证据支持仅仅改革教材会对学生成就产生很大影响。尽管,尤其是在小学,仅仅改变教科书就可以对学生的成绩产生显著的影响,能使学生的学习效率提高 25%(Agodini & Harris, 2016)。但如果将所有年级当作考察对象,那么只有当项目改变了教学实践和学生互动方式时,其对成绩的显著影响才会发生(Slavin & Lake, 2008; Slavin, Lake, Chambers, Cheung & Davis, 2009; Slavin, Lake & Groff, 2009)。然而,目前似乎不可能预测哪些教科书可能显著影响成绩。我们知道教科书的作用，但不知道是什么让教科书起作用。因此，尽管教科书的选择很重要，但目前看来，似乎不是提高学生成绩的可靠途径。

许多改革在试点阶段看起来很有希望，可一旦大规模推行，就无法得到同样的效果了。1998年，在执政尚不足一年之时，托尼·布莱尔(Tony Blair)领导的工党(Labour Party)启动了“全国读写战略”(National Literacy Strategy)；一年后，又在英格兰和威尔士的小学推行“全国数学战略”(National Numeracy Strategy)。虽然这些项目在其早期阶段显示出了良好的效果，但当推广到所有小学时，其效能只相当于每一所小学每年多了一名11岁的学生达到熟练程度(Machin & McNally, 2009)。奇怪的是，英国11岁儿童成绩提高最快的学科是科学，而政府并没有在这门学科上做出任何改革努力。

其他改革努力则强调了计算机等教育技术对课堂的潜在影响。尽管许多人相信计算机具有改造教育的潜力，但它影响学生成绩的可靠证据还是难以找到。《过度推销和未充分利用》(*Oversold and Underused*, Cuban, 2002)这一标题也许最好地总结了计算机在教育中的历史。这并不是说计算机在教育中没有地位，一些计算机程序在挑战性内容的教学上非常有效。一个很好的例子是卡内基梅隆大学经过了20多年发展而来的“卡内基学习认知助教：代数I”(Carnegie Learning's Cognitive Tutor: Algebra I, Ritter, Anderson, Koedinger & Corbett, 2007)。该项目有一个非常具体的焦点——九年级代数的教学程序——每周只使用两三个小时，但它在教授这一特定内容时比许多教师更有效(Pane, Griffin, McCaffrey & Karam, 2014; Ritter et al., 2007)。然而，这样的例子并不多见，计算机并没有以引领者们预见的那种方式在根本上改变我们的课堂(Bulman & Fairlie, 2016)。

正如海因茨·沃尔夫(Heinz Wolff)曾经说过的那样,"未来比你想象的还要遥远。"(转引自:Wolff & Jackson, 1983)

人们的注意力已经集中在交互式白板的潜力上。在专家型实践者手上,这些都是令人惊叹的教育技术,但作为大规模提高教育成果的工具,其效果似乎非常有限。我们从在伦敦实施的一个实验中看到这一点。英国教育大臣查尔斯·克拉克(Charles Clarke)对交互式白板非常着迷,他建立了一个基金,将伦敦学校的交互式白板数量增加了一倍,但这对学生成绩的净影响为零(Moss et al., 2007)。但是,技术的支持者们说,应该提供专业的发展来配合技术。也许是对的,但如果交互式白板只有在教师获得一定课时量的专业发展时才有效,那么,我们有必要问一问,以另一种方式来运用相同的专业发展课时,是否可能更有用、更便宜。

作为大规模提高学生成绩的一项努力的最后一个例子,考虑一下英国的助教的影响是很有启发性的。一个关于助教对学生成绩的影响的大规模评估项目发现,助教实际上降低了他们所想帮助的学生的表现(Blatchford et al., 2009)。这在很大程度上是因为,在许多学校,助教的常规任务是帮助有强烈学习需求的学生,可他们并不能很好地胜任这一任务。当然,这并不意味着助教的使用不能提高学生的成绩。来自北卡罗来纳的证据表明,如果助教管理得当,并承担适当的课堂角色,那么他们的成本效益就会很高,尤其是对少数族裔学生(Clotfelter, Hemelt & Ladd, 2016)。然而,所有这些意味着,要两三个助教才能获得一个普通教师能得到的成效。在合格教师短缺的情况下,安排助教可能是一项有用的短期措施。然而,它不太可能对学生的整体成绩产生很大影响。

以上讨论的改革努力以及其他一系列改革努力的历史表明,大规模改善教育显然比我们想象的要困难得多。为什么我们在这些无效的政策路线上走了那么久？答案在于这样一个事实：我们一直在错误的地方寻找大规模改善教育的答案。

学校效能研究的三个世代

经济学家多年前就已知道教育对经济增长的重要性，这一认识导致人们对学校效率的研究兴趣激增。一些学校的考试成绩似乎一直很好，而另一些学校的成绩似乎一直很差。第一代学校效能研究始于20世纪70年代，其主要目的在于理解最有效学校的特点。如果我们理解了这些特征，也许我们就可以在其他学校再生产出同样的效果。

不幸的是，事情没那么简单。模仿当时最有效学校的特点的努力导致了以下三个措施的产生：

1. 把男孩们赶走。在所有发达国家，女孩的表现都优于男孩，即使是在如数学和科学之类传统上由男性主导的学科（OECD, 2016）。你的学校里女生越多，你将会看到的结果就越好。

2. 成为一所教区学校。在世界各地，教区学校往往比其他学校取得更好的成绩，尽管这似乎更多是因为教区学校比公立学校更具社会选择性（Cullinane, Hillary, Andrade & McNamara, 2017）。

3. 这是最重要的，把学校搬到漂亮的、绿树成荫的郊区。这将产生三个立竿见影的好处：首先，它会给你带来更优秀的学生。其次，父母将更好地支持你的学生，无论是在支持学校及其使命方面，还是支付私人学费方面。再次，学校将有更多的钱——可能是多得多。一些美国学校每年在每个学生那里得到的收入超过4万美元，而另一些学校每年从每个学生那里得到的则低于 5000 美元(National Public Radio, 2016)。

如果不是很明显,这些当然不是严肃的建议。正如研究者们在《第二代学校效能研究》(*second generation school effectiveness studies*, Thrupp, 1999)中指出的那样,女校、教区学校和富裕地区的学校之所以能取得更好的考试成绩,主要是因为谁去了那里,而不是学校有多好。这些研究者们指出,学校成绩之间的差异主要是由就读这些学校的学生之间的差异,而不是学校本身质量的差异造成的。经合组织(OECD)的数据(PISA,2010)有助于量化这一点。PISA 的数据显示,在美国,15 岁学生的成绩变化中有 74%存在于学校内部,这意味着学校之间学生成绩变化只有 26%(比如,一些学校的考试成绩比其他学校要好)。然而,大约三分之二的校际变化是由就读学校的学生差异造成的。这意味着学生成绩的变化性中只有 8%可以归因于学校,或者,反过来说,92%的成绩变化性不能归因于学校(PISA, 2010)。在实践中,这意味着,如果一般学校中一个 30 名学生的班级有 15 人达到优秀水平,那么一所“好”学校中同样人数的班级中会有 17 人能达到优秀水平(高于平均水平一个标准差,或属于最好的三分之一的学校),而在“差”学校会有 13 人达到这一水平(低于平均水平一个标准差)。尽管这些差异对受影响的中间四名学生无疑很重要,但以我的经验来看,它们比人们想象的要小得多。因此,巴兹尔·伯恩斯坦(Basil Bernstein, 1970)说得对,教育不能“补偿社会”(compensate for society),在学校能做什么、不能做什么上,我们应该现实些(Thrupp, 1999)。

然而,随着高质量的数据库变得可用,我们已经——在第三代学校效能研究中——能够挖掘得更深一些。尤其是,当数据库允许我们对一个学生年初和年中的成绩加以比较,我们就能估计学校的“增值”(学生入学和离校时所掌握的知识上的差异)。事实证明,只要你去上学(这一点很重要),你上的是哪所学校并不重要,更重要的是你进的是哪间教室。

在美国,课堂的效应量可能至少四倍于学校的效应量(PISA,2007),可以预见的是,这会引发人们对这些差异的成因的巨大兴趣。事实证明,在不同班级学习,学生学习上的实质性差异与班级规模、教师如何对学生进行分组教学甚至班级间的分组实践(例如分层)几乎没有关系。最关键的区别仅仅在于教师的素质。家长们一直都明白有一个好教师对孩子的进步非常重要,但直到20世纪90年代中期,我们才能准确地量化教师素质对孩子进步的影响有多大。

教师素质的作用

长期以来,似乎很多与教育有关的人都认为教师素质和学生进步之间的关系实际上是零。换句话说,只要合格了,所有的教师都一样好,所以平均来说,在所有的课堂中学生应该以同样的速度进步。当然,不同的学生的天赋和才能不同,进步速度也不同,但前提假定是,所有的教师都是可以比较的,因此能够像商品(commodity)一样加以运用。

对经济学家来说,有需求才有商品,且商品是可替换的——既然所有的单位(unit)都被认为是有同等质量的,那么一个人可以用一个单位来代替另一个单位。将教师视为商品为政策制定者提供了便利,因为这样他们就可以根据供求关系来决定教师薪酬。教师——就像金融市场上的交易员一样——的薪酬可以根据他们所贡献的价值来确定,但这意味着最好的教师成本很高——通过一个研究发现,每年的花费超过 30 万美元(Chetty et al., 2010)。对政客们来说,为“合格教师”设定一个标准有很多便利,这样每个符合这个标准的人都能被录取。然后,教师薪酬就可以由供需关系来决定——每个课堂聘请到合格的教师需要支付多少钱(值得注意的是,尽管在这种情况下,政客们并不想据此来决定自己的报酬)。

教师工会希望平等对待所有教师的愿望是可以理解的,因为它能为其成员带来团结,但更重要的原因是,与业绩挂钩的薪酬原则上(in principle)是不可能公平的。设想一下,一个学区从三年级到八年级每年都对学生进行测试,然后使用测试分数数据来计算哪些教师每年带来的增值最大。这看起来很简单,但有一个致命的缺陷:任何测试都无法捕捉到对未来进步非常重要的所有信息。一位四年级的教师花了大量的时间发展学生的独立和协作学习技能,确保她的学生更善于解决问题,她在教阅读之外还致力于发展学生的说话、倾听和写作能力。她可能会发现,她的学生在数学和阅读测验上的分数却没有一个只教所考内容的同事的班级高。然而,在五年级接手这个班级的教师将会看到该班在五年级测验中的成绩很好,但这并不是因为这位五年级教师多做了什么,而是因为四年级教师打下了坚实的基础。

此外,有证据表明,根据学生成绩确定教师的奖金并不能提高考试成绩。2006 年到 2009 年之间,研究人员在田纳西州的纳什维尔(Nashville, Tennessee)随机选择教师,提供奖金:若有学生进入最好的前 5%,教师可得 15 000 美元奖金;若有学生进入前 10%和前 20%,教师分别可得 10 000 美元和 5000 美元。对激励措施的评估发现,有奖金的教师所教的学生分数并不比其他教师所教的学生分数高(Springer et al., 2010)。

这些结果似乎让许多经济学家感到意外。他们通常假定,人的主要动机是经济回报，因此，提供金钱奖励促使人们更加努力，肯定会让结果更好。他们忘记了，只有当人们还没有尽最大努力时，这种激励才会起作用。毫无疑问，确实有些教师并不关心他们的学生表现有多好——对于这一小部分教师来说，激励措施可能会奏效。但绝大多数教师已经在尽一切努力提高学生的成绩，肯定没有证据表明教师们会严守一种行之有效的秘密的分数教学法，直到有人付给他们更多的钱才会将之解密。因此，绩效工资似乎并不起作用，即使它可以发挥作用，也只会对少数尚未尽最大努力的教师产生影响。

如前所述，多年来，研究人员和政界人士一直认为，只要每位教师都有足够的资格胜任一项工作，那么其中的任何一位教师就和其余的一样优秀。然而，1996 年，威廉·桑德斯(William Sanders)和琼·里弗斯(June Rivers)发表了一篇论文，分析了田纳西州从二年级到八年级所有学生的 300 万份成绩记录。他们收集数据的方式使得追踪每个学生的进步并将其与每年任教的教师进行匹配就有了可能。分析发现，由不同教师来教，学生学到的东西存在差异，而且这些差异巨大。为了显示差异有多大，他们根据学生的进步程度(低、低于平均水平、平均水平、高于平均水平、高)将教师们分成了五个人数相等的组，进而根据学生的任课教师所做的事考察了 8 岁学生的平均表现。他们的发现相当令人惊讶。若有一个高水平的教师，一个在二年级成绩处于第 50 百分位的学生在三年后能到达第 90 百分位；但若被分到一个低水平的教师的班里，三年后可能降到第 37 百分位——差异超过了 50 个百分点。结果表明，教师质量的提高对成绩较差的学生最有利，而对于来自不同种族背景的学生，总体效果是相同的(Sanders & Rivers, 1996)。

后续的研究(Rivkin, Hanushek & Kain, 2005; Rockoff, 2004)也证实了教师质量与学生在标准化测验中的进步的联系。尽管不同的研究结果略微不同，但如今研究者中有一个明确的共识，即教师质量与学生进步之间的相关至少有 0.1，且可能高于 0.2，尤其在数学学科中，如表 1.1 的数据所明确显示的。0.1 的相关意味着，如果学生由一个高于平均水平的教师(如高于平均数一个标准差的教师)来教，那么与由平均水平的教师来教相比，该学生会在一年中得到多于 0.1 个标准差的进步。在这些研究中的大多数学生一年的学习进步约为 0.4 个标准差，这相当于学习速度提高了 25%。

表 1.1　教师素质与学生在阅读和数学上的进步的相关

研究	地点	阅读	数学
罗科夫(Rockoff，2004)	新泽西(New Jersey)	0.1	0.11
奈、康斯坦托普洛斯和赫奇斯(Nye，Konstantopoulos and Hedges，2004)	田纳西(Tennessee)	0.26	0.36
里夫金，哈努谢克，卡因(Rivkin，Hanushek and Kain，2005)	得克萨斯(Texas)	0.15	0.11
阿伦森，巴罗和桑德(Aaronson，Barrow and Sander，2007)	芝加哥(Chicago)	—	0.13
凯恩、罗科夫和施泰格(Kane，Rockoff and Staiger，2008)	纽约(New York City)	0.08	0.11
雅各布和勒夫格伦(Jacob and Lefgren，2008)	—	0.12	0.26
凯恩和施泰格(Kane and Staiger，2008)	—	0.18	0.22
科达尔和贝茨(Koedel and Betts，2011)	圣迭戈(San Diego)	—	0.23

（续表）

研究	地点	阅读	数学
罗恩坦(Rothstein，2010)	北卡罗来纳(North Carolina)	0.11	0.15
哈努谢克和里夫金(Hanushek and Rivkin，2010)	—	—	0.11
切蒂、弗里德曼和罗科夫(Chetty, Friedman and Rockoff，2014)	—	0.12	0.16

表 1.1 中的估测是以标准化测验中的年度进步为依据的，但如果选用其他的学生成绩测量方式，这些数字可能会十分不同。不过，没有证据表明，有没有一个好教师对标准化测验的成绩要比对以其他方式测验的成绩更重要。但正如我们所知，一个好教师一定会起作用，无论在哪个科目，无论学生年龄有多大。

反对这一观点的一个理由是，教师帮助学生实现了更大的进步，似乎不是因为他们是更好的教师，而是因为他们教的是成绩更好的学生。毫无疑问，在许多学区，高资历的教师对他们所任教的班级有影响力。为了验证这一解释，由比尔和梅琳达·盖茨基金会(Bill and Melinda Gates Foundation)资助的"有效教学对策"项目(Measures of Effective Teaching, MET)选定了一些在某所学校取得成功的教师，并将他们重新分配到另一所学校任教，通常教授不同社会经济背景的学生。该项目发现，在一所学校更为成功的教师，在另一所非常不同的学校同样更为成功(Kane, McCaffrey, Miller & Staiger, 2013)。尽管教师的工作情境——备课的时间，所教课程的质量，所教的班级规模——无疑会发生影响，但成功的教师头脑中一定携带着某些保证他们的教学在任何地方都更有效的东西。

表 1.1 中,阅读、数学与教师素质的平均相关系数分别为 0.14 和 0.18,因此 0.15 是教师素质与学生进步相关系数的合理平均值。这就意味着,教师素质提高一个标准差会导致学生成绩提高 0.15 个标准差,相当于学生成绩从第 50 百分位上升到第 56 百分位。整个 K-12 阶段平均来说,一年的进步相当于把学生成绩从第 50 百分位提高到第 65 百分位,所以,拥有一个高于平均水平的教师(高于平均水平一个标准差,或者能够将学生成绩在每年进步的 15 个百分点外再提高 6 个百分点)能够改善学生学习,使之每年有额外五个月的进步。

在极端情况下,这些影响甚至更明显。以 50 名教师的团队为例,团队中最有效的教师所教的学生将在 6 个月内学到一般教师的学生在一年中学到的东西。并且在这 50 名教师中,那些教学效果最差的教师所教的学生可能要花两年时间来学习同样的材料。换句话说,最好的教师生成的学生学习是最低效的教师的四倍。

同样重要的是,教师素质似乎在促进结果均衡方面也发挥着重要作用。在美国,许多政策制定者似乎认为优质和公平在某种程度上存在着张力——我们可以拥有其中之一,但不能两者兼得。同时,来自国际比较的证据表明,平均分数高的国家成绩分布范围也比较狭窄(Bursten, 1992; Mullis, Martin & Foy, 2008; OECD,2016)。

如前所述,桑德斯和里弗斯(Sanders and Rivers, 1996)发现,教师素质的提高给低成就者带来的好处比高成就者更大,而且,以十五六岁学生为对象的特别精心设计的研究(Slater, Davies & Burgess, 2008)也发现,高水平教师对低成就者的好处最大(尽管有趣的是,它还发现,高成就者的受益比平均水平者更多)。布里奇特·哈姆雷和罗伯特·皮安塔(Bridget Hamre and Robert Pianta, 2005)在对幼儿园和一年级课堂的研究中发现,在那些阅读和数学上有最大进步[依据一种认知能力和学业成就的标准化测验——伍德科克·约翰逊认知能力测验(Woodcock-Johnson Psychoeducational Battery)修订版所测的成绩]的课堂中,来自社会经济地位不良背景的学生与来自富裕家庭的学生进步同样大,有行为障碍(如攻击性或挑衅行为)的学生与没有这种障碍的学生进步也一样大。换句话说,当教师的平均水平更高时,他们对提高“高危”(at-risk)学生的学习成就将会更有效——这个效果是不成比例的。

最后一项发现尤为重要,因为它表明,巴兹尔·伯恩斯坦(Basil Bernstein)提出的“只要教育质量高,它就能补偿社会”的观点是错误的。理想的情况下,在短期内我们可以集中资源,让最需要高质量教师的学生得到高质量的教师——学校只有确保成绩最差的学生得到最好的教师,才能确保公平的结果,这同时也意味着把最好的教师从成绩优异的学生手中抢走。而这至少可以说,在政治上具有挑战性。

从长远来看,注重提高教师素质将意味着教师配置不再是零和博弈。我们对成就差距的关注引起了对高成就者和低成就者之间差距的关注。将之视为差距问题,导致了一个问题,即人们可以通过提高最低成就者的成绩或通过降低最高成就者的成绩来缩小差距。这又回到了传统观点,即公平是优质的敌人。但如今这种观点已不可信。我们不应该想着缩小差距,而是应该设定一个让“所有人都精通,很多人都优秀”(proficiency for all, excellence for many)的目标,让所有学生群体都能公平地表现优秀。实现这一目标的方法很简单,那就是提高教师的素质。正如迈克尔·巴伯(Michael Barber)所说,“教育系统的质量不能超越其教师的质量”(Barber & Mourshed, 2007)。

提高教师质量的途径

教师素质是教育系统中最重要的单一变量，这一认识导致了对如何提高教师素质的探索。这只有两个选项：一是尝试用更好的教师来取代现有的教师，包括淘汰在职教师和提高新入职教师的素质；二是提高在职教师的素质。

由于过去提高在职教师绩效的努力收效甚微，一些研究者建议，提高教师职业水平的唯一途径是换血(replacement)，包括严格的淘汰和提高入职门槛(例如，Hanushek, 2010)。

淘汰教师可能具有政治上的诱惑力——毕竟，谁会反对解雇效率低下的教师呢？但这是很难做到的，可能不管怎样都不会起作用，即使起作用了，也是一个缓慢的过程(Winters & Cowen, 2013)。首先，这是很难做到的。因为尽管我们知道教师会起重要作用，但要搞清楚谁是真正效率最低的教师，即使有可能做到，也是非常困难的。其次，它不会起作用。因为要想有效，你必须能够找到更好的教师来取代你所淘汰的教师，这取决于是否有潜在的、更好的且当前没有教学任务的教师。杰克・韦尔奇(Jack Welch)有个著名的观点，那就是每年要裁掉表现最差的10%的员工(Welch & Welch, 2005)。这种方法听起来有点像"在士气得到提高之前，解雇将持续进行"的笑话，但即使它不会对那些仍然在职的人产生负面影响，也只有用更好的员工取代那10%的被淘汰的员工，才会有效。当招聘来填补职位空缺的人比被解雇的人更糟糕时，后10%淘汰的规则肯定会降低员工的平均素质。

淘汰的第三个问题是它非常缓慢。将后10%的教师换成稍好一点的教师，可能需要很多年才能对教师的平均水平产生明显的影响。鉴于精准淘汰教师所存在的困难，对提升新入职者的质量有更多的关注是自然而然的事。

在寻找提高教育成就的路径时，很多人将目光投向芬兰和新加坡等表现优异的国家，并注意到这些国家非常重视教育(Tucker, 2011)。因此，想当教师的人很多，参加职前教师培训项目的竞争十分激烈，也就不足为奇了。2014 年，赫尔辛基大学(University of Helsinki)的职前教师培训项目有 120 个名额，却有 1650 名申请者(Sahlberg, 2015)。例如，在十二年级结束时，芬兰高中的学生要参加一系列的课程结业考试。此外，所有想在芬兰上大学的学生都必须参加全国性的书面考试。那些成绩优异的学生则要参加由他们申请的大学实施的第二次考试。虽然说芬兰只招收成绩最好的学生并非事实，但它确实吸引了成绩最好的前三分之一的学生(Ingersoll, 2007)。赫尔辛基大学教师培训项目根据学生在学校的课程结业考试分数和大学入学考试分数挑选了大约 70 名学员，只根据大学考试成绩挑选了另外 50 名学员。

相比之下，美国的教师通常来自大学成绩范围的低端。根据马里奇·巴可洛德(Marigee Bacolod, 2007)的研究，在 20 世纪 80 年代中期开始职业生涯的教师中，只有大约 10%的人在高中时成绩优异(排位在前 20%)，而在其他专门职业中，这一比例超过了 60%。可以预料，这会激起招募更多的学术成绩优异者进入教学职业的呼吁。伴随着这个有吸引力的解决方案而来的问题是，没有什么证据证明学术成就与教师质量有很大关系(Harris & Sass, 2009)。

当然，这并不意味着学术能力在教学职业中不重要——很明显，一定程度的学术能力是成为一名教师所必需的——所以要求教师拥有大学学位可能是有道理的。但让许多人惊讶的是，除此之外，资格似乎也并不重要(Harris & Sass, 2009)。大学期间平均绩点较高的教师似乎并不比其他教师更有效率。也许更令人惊讶的是,拥有教育领域硕士学位的教师并不比那些只有学士学位的教师更高效(Harris & Sass, 2009)。一些研究者走得很远,认为从教师方面看,能够一致地预测学生学习的变量就是教师的智商(Hanushek & Rivkin, 2006),尽管其他的研究(例如,Harris & Sass, 2009)并未在教师的智力能力与其学生学习进步之间发现一致的相关(consistent relationship)。

在 21 世纪,研究者在确定什么样的教师知识有助于学生进步方面取得了一些进展。例如,小学教师在数学教学知识(Mathematics Knowledge for Teaching, MKT)测验上的分数与其学生在数学上的进步有显著的相关(Hill, Rowan & Ball, 2005)。尽管这种影响比社会经济地位或种族的影响更大,但实际影响很小;教师的数学教学知识增加一个标准差只会促使学生的学习率提高 4%。换言之,如果教师在数学教学知识上的得分很高(即比平均值高出一个标准差),那么他的学生在 50 周内学到的东西,就相当于分数处于平均水平的教师所教的学生在 52 周内学到的东西——这是一个差异,但并不大。或者,再换一种方式看,我们早些时候看到,教师素质的一个标准差可以使学生的学习率提高约 40%,而我们刚看到的是,数学教学知识的一个标准差仅使学生的学习率提高了 4%。这表明学科知识只占教师素质方面变量的 10%左右。

虽然在希尔等人(Hill, Rowan & Ball, 2005)的研究中,教师知识对学生进步的影响可能小得令人失望,但这实际上已经是研究文献中最强的结果之一了。有一项对 13 000 多名教师的研究,涉及关于洛杉矶联合学区(Los Angeles Unified School District, LAUSD)的 30 多万名学生的近百万项数据,该研究表明,学生的进步与教师在资格考试中的成绩没有关系，高学历教师也并不更有效(Buddin & Zamarro, 2009)。在这项研究中，最令人惊讶的是，洛杉矶联合学区的教师在阅读教学能力评估(Reading Instruction Competence Assessment，所有小学教师都必须通过)中的得分与其学生的阅读成绩没有关系。就像研究者自己注意到的，既然这项测试是对所有小学教师的要求，那些未能通过的教师就不被允许教学了，我们无法推断出该测试在筛选较差的教师上有没有效果。但结果的确表明，教师关于阅读教学的知识与学生在阅读上的进步之间的关系也许完全不存在，最多是存在弱相关(Buddin & Zamarro, 2009)。

马尔科姆·格拉德韦尔(Malcolm Gladwell, 2008a)在《纽约客》(*The New Yorker*)的一篇文章中认为，这种情况可以与为美国国家橄榄球联盟(National Football League, NFL)找到一名优秀四分卫的难度类似。显然，对于大多数位置的球员来说，根据他在大学里的表现就可以预测他在NFL的表现，但在四分卫这个位置上，一个球员在大学里的表现情况对于预测他在职业联赛中的表现几乎完全无用。

为什么大学阶段表现优秀的甚至是杰出的四分卫在NFL中会失败，有一种理论将原因解释为：职业比赛是如此复杂(Gladwell, 2008a)。为了减少这种差异，现在所有入选NFL的球员都要接受人员测试(Wonderlic Personnel Test)。这是一项包括了55道题的测验，用来评价球员的算术、几何、逻辑和文字推理。不幸的是，正如一些研究所显示的(例如，Mirabile, 2005)，人员测试的得分与一个四分卫在NFL的表现之间似乎没有任何明确的关系。例如，在1999年的选秀大会上，第一轮选秀的五名四分卫中，只有一个人——多诺万·麦克纳布(Donovan McNabb)——有可能进入名人堂，但他的测验分数却是五名四分卫中最低的。测验分数与麦克纳布差不多的四分卫中还有丹·马里诺(Dan Marino)和特里·布拉德肖(Terry Bradshaw)——他俩被普遍认为是有史以来最伟大的两名四分卫(Mirabile, 2005)。尽管人们仍在尝试预测谁会在NFL中取得好成绩,但格拉德威尔指出,越来越多的人接受了这样一种观点:要想知道一个人能否在NFL中取得好成绩,唯一的办法就是在NFL中试用他。

对于教学似乎同样如此。要想搞清某人是否具有成为一个教师的潜力,唯一的办法就是在课堂中检验他或她,即使按托马斯·凯恩和道格拉斯·斯泰格的估计,我们可能需要试过四个候选教师才能得到一个好教师(转引自:Gladwell, 2008a)。

即便我们能够提前确定谁将成为最好的教师,要利用这些信息来做任何有用的事情还是需要花费很长时间。例如,假设我们可以准确地预测出每个教师将来会有多好,假设我们有如此多的人想成为教师,我们可以把门槛提高到让只有三分之二才能进入,那么,随着时间的推移,教师质量肯定会得到提高。然而,如果我们今天开始为教学职业"提高准入门槛",到那些在门槛提高之前开始教学职业生涯的人最终退完,仍然需要四十年的时间。

我们等不了那么久。尽管淘汰最差的教师和提高新入职教师的素质会有一些效果,但这些效果可能很小,完全不同于我们的学生所需要的那种教师素质改善可能带来的效果。如果我们真的想确保我们未来的经济发展,就必须提高那些已经在学校工作的教师的质量——我在教育考试服务中心(Educational Testing Service)的前同事马尔尼·汤普森(Marnie Thompson)称之为"爱你身边的人"(love the one you're with)策略。

结论

改善教育结果对于经济发展非常必要,而要改善教育结果,唯一的途径是提高教师队伍的质量。确定最无效的教师并淘汰他们,以及提高新入职教师的质量,都有一定的作用,但正如本章所考察的那些数据和研究结果所表明的,这些举措的作用很小,且需要很长的时间才能奏效。简而言之,如果我们依靠这些举措来提高学生的成绩,其好处将太小,而且耗时也太长。因此,我们未来的经济繁荣取决于对那些已经在我们的学校工作的教师的投资。

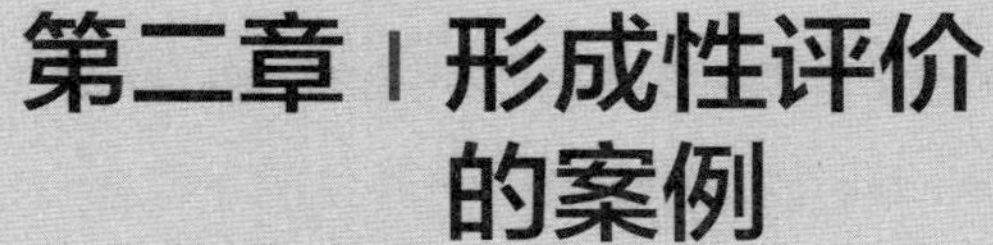

第二章 | 形成性评价的案例

我们已经讨论到，提高学生成就是国家经济的优先考虑。而提高学生成就的唯一路径是改善教师的质量。我们也已经看到，淘汰现有的教师以及提高专业的准入门槛最多会有一些边际性效果(marginal effects)，因此，要保证我们的未来经济发展，就需要帮助已有的教师提高水平。

本章将考察关于专业发展的研究——尤其是聚焦于学习方式、教育神经科学(educational neuroscience)以及内容领域知识(content-area knowledge)的那些研究——并说明尽管存在众多改善在职教师实践的可能途径，但对日常的形成性评价的关注可能对学生的学习结果有最大的影响。我们进而讨论形成性评价的起源，并对形成性评价进行准确的定义。本章最后将提出形成性评价的策略——这些策略是本书后面各章节的主题，同时将评价视为教与学之间的桥梁来加以讨论。

专业发展的重要性

安德鲁·利(Andrew Leigh, 2010)对包括 9 万名澳大利亚小学生的测验分数在内的数据进行了分析，结果发现，与美国的研究发现一样，教师是否具有硕士学位对分数没有影响。可是，他发现学生学到多少知识与教师的经验之间存在统计学上显著的相关，如图 2.1 所示。

一位教师的价值在其教学生涯的头 5 年增长尤其迅速，但图 2.1 中最令人警醒的是纵轴。如果一个学生的读写教师是一个有 20 年经验的老手，那么他学到的东西会比从一个新手教师那里学到的要多，但不会多很多。跟随一个有 20 年经验的教师一年，一个学生会获得多半个月的进步——换句话说，一个有 20 年经验的教师能在 34 周内完成一

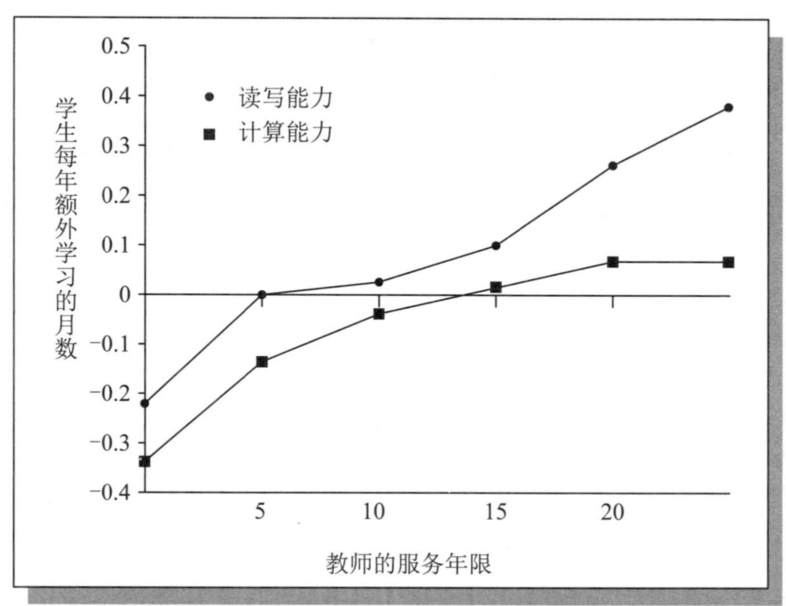

图 2.1 更多的经验促使教师效率的提高

个新手教师需要 36 周才能完成的任务。由于该研究规模较大,这一结果在统计学上是显著的。改善值得拥有,但这并不是一个很大的差异。因此,不出意料,许多人认为答案应该是教师要有更多更好的专业发展。

的确,很难找到说教师专业发展不必要的人。在大多数州,在职教师的专业发展是一项法定的要求。然而,这些要求中很多都表达得相当宽泛,几乎没有任何意义。宾夕法尼亚州的第 48 号法案(1999 年 11 月 23 日,48 号)要求教师每五年完成 180 学时与其教育资格证书类型或任务领域相关的专业发展。请注意,它没有对教师提出改善自己实践的要求,甚至没有提出学习任何东西的要求。唯一的要求是忍受 180 学时的专业发展。

许多州以教师需要"跟上"该领域的最新发展来为这些要求辩护,但这样的理由仅仅是鼓励教师去追逐最新潮流:一年是跨课程语言,接下来一年是差异化教学。由于教师受到各种创新的轰炸，使得这些创新都没有时间真正扎下根来，因此也就没有什么真正的变化。更糟的是，课堂里的情况很少甚至没有什么真正的改善，而且教师们会对自己所承受的源源不断的创新感到不满，这情有可原。教师需要专业发展，其理由与专业更新无关，仅仅是因为教学工作是如此的困难、如此的复杂，一个人穷尽一生都不足以掌握它。

教学是如此复杂，这一事实使它成为一项伟大的工作。安德烈・普雷文(André Previn)曾经是好莱坞片酬最高的电影配乐作曲家，但有一天，他辞职了。人们问他为什么要放弃这份了不起的工作，他回答说："我再也没有什么好害怕了。"每一天，当走进办公室的时候，他都知道工作对他来说没有任何挑战。可是，并不是所有教师都会在意工作有没有挑战性。

即使最好的教师也会失败。与这些教师交谈，我们发现，无论他们的课上得怎么样，他们总是能想到做得不如想象的那么好的一些事，以及下次会以不同的方式去做的一些事。但当我们收集学生的笔记本，看看他们是如何理解我们所说的时，情况变得很糟。这就是为什么道格・莱莫夫(Doug Lemov, 2010)说，对于教师来说，再多的成功也不够。唯一认为自己成功的教师就是那些对学生期望值低的教师。他们就是那种会说"对这些孩子，你还能有什么期待"的教师。当然，答案是远不止学生们在这些教师的帮助下所取得的成绩。最好的教师总是失败，因为他们对学生的成就有如此之高的期望(通常比学生自己的期望要高得多)。

经常有人联系我，问我是否有评价教学质量的研究工具。我没有，因为相对于搞清楚哪些教师好、哪些教师不好，我对帮助教师改进这一话题有兴趣得多。没有一个教师多么的好或多么的差，以至于他或她不能改进。这就是为什么我们需要专业发展的原因。

专业发展是有价值的，对此人们有广泛的共识。然而，关于专业发展应采取何种形式，共识却少得多；关于教师专业发展的焦点应该是什么，相关的研究也少之又少。不过，似乎有一种共同的做法，即"一锤子买卖"(one-shot deals)——暑期中 1～5 天不等的培训会——效果有限，然而却是最常见的专业发展模式(Muijs, Kyriakides, van der Werf, Creemers, Timperley & Earl, 2014)。以下各节重点介绍一些比较流行的专业发展焦点领域。

学习风格

许多教师被学生的学习风格之类的理论所吸引。每个学习者都有自己偏好的学习方式，这种观点很有吸引力，甚至符合直觉感觉这种观点是对的，因为它符合每个教师的经验：学生确实是不同的。然而，关于什么是学习风格，心理学家们没有什么共识，更不用说如何定义它们了。该领域的一项研究综述发现，有 71 种不同的学习风格模型(Coffield, Moseley, Hall & Ecclestone, 2004)。的确，这难免会给人留下这样的印象：学习风格新分类的提出者听从了安妮特·卡米洛夫-史密斯(Annette Karmiloff-Smith)的忠告："如果你想领先，那就找个理论"(Karmiloff-Smith & Inhelder, 1974/1975)。其中的一些定义以及用来测量它们的问卷，是如此不可靠，以至于人们可能今天将一个个体归入某种学习风格，明天又将其归入另一种学习风格(Boyle, 1995)。另一些人似乎确实挖掘出了个体之间在思维方式和学习方式上的深刻而稳定的差异，但似乎无法在教学中运用这些差异。

尽管许多研究试图证明，充分考虑学生的个人学习风格可以改善学习，但证据仍然难以捉摸(Coffield et al., 2004)。根据心理科学协会(The Association for Psychological Science)要求，一个由美国顶尖教育心理学家组成的一流小组对现有的研究证据进行审查，以确定是否有证据表明，按照学生喜欢的学习方式进行教学会对学生的学习成绩产生影响。他们发现，任何证明以学生喜欢的学习方式进行教学[他们称之为"啮合假说"(meshing hypothesis)]的益处的研究都必须满足三个条件：

1. 在对假定的学习者的学习风格进行评估之后，教师将学习者分为两组或两组以上(例如视觉型、听觉型和动觉型学习者)；

2. 教师为每种学习风格小组中的学习者随机分配安排至少两种不同的教学方法(例如基于视觉和听觉的方法)；

3. 教师会对研究中的所有学生进行相同的最终成绩测试。

在这样的一个实验中，如果结果表明，导致某个学习风格群体(如视觉型学习者)测验成绩最大化的学习方式，不同于导致另一个学习风格群体(如听觉型学习者)成绩最大化的学习方式，那么"啮合假说"就得到了证实。哈罗德·帕什勒(Harold Pashler)和他的同事们在他们的综述中发现，只有一项研究支持了"啮合假说"，甚至还只是部分地支持；而有两项研究则明显地与这一假说矛盾。于是结论很简单："关于学生学习风格的分类是否有实践性用途，还有待证明。"(Pashler, McDaniel, Rohrer & Bjork, 2008)

当然，目前没有证据支持"啮合假说"，这一事实并不意味着未来不会有这样的证据；证据缺失并不等于缺失证据(absence of evidence is not evidence of absence)。然而，学习风格研究的整体观点可能具有误导性，因为它的基本假设——教学设计的目的是让学习变得更舒适——也许就是错的。

自20世纪20年代休·卡尔顿·布洛杰特(Hugh Carlton Blodgett)的开创性工作以来,心理学家发现,在一项学习任务上的表现并不能很好地预测长期记忆(关于这项研究的总结,可参见 Soderstrom & Bjork, 2015)。更确切地说,当学习者在一项学习任务上做得很好时,他们可能比学习任务完成得不好时更容易忘记;良好的教学为学习者创造了“值得拥有的困难”(desirable difficulties)(Bjork, 1994)。正如丹尼尔·威林哈姆(Daniel Willingham)所说,“记忆是思想的残留”,使教学与学生偏好的学习方式相匹配,我们实际上可能正在阻碍学习。如果学生无须努力就能理解他们正在学习的东西,那么他们就不太可能在六周后还能记住它。也许对学习风格的研究最重要的结论是,教师只有在要避免以他们相信最适合于自己的风格进行教学这一陷阱时,才需要了解学习风格。一个关于学习风格和学习策略的文献综述(Adey, Fairbrother, Wiliam, Johnson & Jones, 1999)认为:

> 唯一可行的“解决方案”是教师不应试图让自己的教学适应每个学生的风格,而是应该认识到不同的风格(也帮助学生认识不同的风格),然后鼓励所有学生尽可能运用多样的风格。学生们既需要学习如何充分利用自己的学习风格,以及如何运用多种风格,也要明白以有限的眼光看待自己能力所可能带来的危险。

只有教师变换他们的教学风格,所有学生才有可能获得处于舒适区的经验,也能获得被推动着超越舒适区的经验。最根本的是,我们应该记住,教学因为我们的学生是如此不同而有趣,但教学只有因为学生如此相似才有可能。

教育神经科学

教师专业发展的另一个潜在领域——这一领域已经得到了许多关

注——是将我们所了解的关于大脑的知识应用到有效教学的设计中。认知心理学家努力去理解大脑做了什么，以及如何做所做的事，神经科学家则试图将大脑所做的事与其生理基础联系起来。

将脑生理与教育联系起来的早期尝试主要是关于左右脑在教育和训练的各种任务中各自发挥的作用，尽管有明确的证据表明所得出的结论是缺乏根据的(例如，参见 Hines，1987)。学校已经被关于如何运用认知神经科学的新发现来开发“基于脑的教育”(brain-based education)的建议淹没了，尽管有大量证据表明，这些说法往好里说是不成熟的，往差里说是不诚实的(disingenuous)(例如，Bruer，1997，1999；Goswami，2006；Howard-Jones，2009)，但许多“神经神话”(neuromyths)依然存在。

- 在中国、希腊、荷兰、土耳其和英国，大约有 50%的教师认为我们只使用了大约 10%的大脑。同样，在这些国家，超过 90%的教师认为用学生偏好的学习方式进行教学会更有效(Howard-Jones，2014)。这两种说法实际上都不正确。
- 如果声称给出的解释是以神经科学为基础的，人们更有可能相信心理报告，即使这种解释是无稽之谈。(Weisberg，Keil，Goodstein，Rawson & Gray，2008)
- 在荷兰和英国，超过 50%的教师相信，孩子们吃了含有大量糖分的饮料或快餐(它们可能并不含糖)后，注意力会分散；有 90%的教师相信左脑还是右脑主导有助于解释学习者的个体差异(它们实际上不能解释)。(Dekker，Lee，Howard-Jones & Jolles，2012)
- 许多人认为，读过，人们能记住 10%；听过，能记住 20%；看过，能记住 30%；既听过又看过，能记住 50%；看过且写过，能记住

70%；若做过，则能记住 90%。问题是，绝对没有证据支持这些整齐得可疑的百分比。(De Bruyckere, Kirschner & Hulshof, 2015)

其他“神经神话”包括：左脑主分析，右脑主创造；你可以运用头脑体操等之类的活动(Brain Gym)训练你的大脑；男性和女性的大脑是不同的；听古典音乐可以促进孩子的认知发展[所谓的“莫扎特效应”(Mozart effect)]；或者我们睡着时也能学习。就我们目前所知，这些都不是真的(De Bruyckere, Kirschner & Hulshof, 2015)。事实上，关于大脑如何工作以及什么样的活动有助于学生学习，我们知道很多，但这些发现来自认知科学而不是神经科学。相反，神经科学只是为我们从认知科学中已经知道的事情提供了合理的解释机制。神经科学和教育领域的两位顶尖专家，塞尔吉奥·德拉·萨拉(Sergio Della Sala)和迈克·安德森(Mike Anderson, 2011)在他们的著作《教育中的神经科学》(*Neuroscience in Education*)的“固执己见的引言”(opinionated introduction)中总结道：

虽然“神经科学”这个术语对教育很有吸引力，但在我们看来，所有有用的工作或“繁重的工作”似乎都是由认知心理学完成的。原因很简单。我们相信，对于教育者来说，揭示某种学习方式比另一种学习方式更有效的研究，要比了解学习发生于大脑的哪个部位的研究更有意义。神经科学和教育之间确实存在鸿沟。但是，通过神经科学家和教师之间的“互动”(几乎总是由前者对后者的保护来构成)，或通过用基础神经科学培训教师和让神经科学家积极参与儿童教育来在这两个领域之间“架起桥梁”，都无法填补这一鸿沟。最终将填补这一鸿沟的是发展以认知心理学为基础的基于证据的教育。

内容领域知识

如果在认知神经科学方面培训教师没有帮助，那么提高教师的学科知识水平会有用吗？毕竟，教师们对自己所教学科了解得更多，他们的学生也就一定会学得更多。

有证据表明，那些来自在国际比较方面比美国更成功的国家的教师们，似乎在他们所教的学科上有更坚实的知识(Babcock et al., 2010; Ma, 1999)，而这至少在一定程度上似乎推动了一个普遍的信念，即教师的专业发展需要聚焦于教师所教学科的知识上。

值得注意的是，并非所有种类的学科知识都对学生的进步有相同的影响。一项对德国高中数学教师的研究发现，教师拥有高级的数学知识(如大学学习的数学知识)，其学生并没有取得更大的进步。然而，当教师们对他们所教的高中水平的数学有了深刻的理解之后，学生们取得了更大的进步，这应和了希瑟·希尔(Heather Hill)、布莱恩·罗恩(Brian Rowan)和德博拉·鲍尔(Deborah Ball)的研究(Baumert et al., 2010)。因此，从教师的角度来看，相较于学习一门学科的更高层级的知识，对课程的深入理解可能更有利于学生的进步。

关于教师学科知识水平与学生进步之间的关系的大部分研究，包括前面提到的希尔等人和尤尔根·鲍默特(Jurgen Baumert)等人的研究，本质上是一个断面(cross-sectional)研究：研究人员想要搞清楚所教的班级取得更大进步的教师是否拥有更高水平的学科知识。然而，即使这两者的关系存在，其所意味的东西依然不清楚。可能真正重要的是一般的智力水平——那些智力水平高的人会发现学科学习更容易，也能成为更有效的教师。为了排除这种可能性，我们需要进行实验研究,让一些教师致力于提高他们的学科知识,而让另一些教师做其他事,然后再来比较他们学生的进步。然而,在这方面,结果相当令人失望。

暑期专业发展工作坊的确会提高教师的学科知识水平(Hill & Ball, 2004),但大多数提高教师学科知识水平的研究并未发现其为学生成绩带来了连锁反应。例如,对一项旨在提升二年级教师阅读教学的专业发展的评价研究发现,一个为期 8 天、聚焦于内容的工作坊提高了教师关于阅读教学科学化的知识水平,也改善了教师们在专业发展上所强调的三种实践中某一个方面的课堂实践(Garet et al., 2008)。可是,到接下来一个学年结束时,对学生的阅读测验成绩没有影响。更令人惊讶的是,即使用校本辅导来对工作坊加以补充,效果也是一样的。

一项针对 12 个学区中 77 所中学的数学教师的专业发展的评估也发现了类似的情况(Garet et al., 2010)。各学区按预期实施了该项目,参与者(通过抽签选出的)接受了平均 55 学时的额外专业发展。尽管专业发展被专门设计的与教师在其课堂中所教的课程相关,且对教师的课堂实践(特别是他们参与引出学生思考的活动的程度)有些影响,但对学生的成绩没有影响,即使在一个专门加以干预的特定领域(比率、比例、分数、百分数和小数)中也是如此。一项试图在早期教学中改进数学和科学学习的研究发现,增加教师的学科知识对学生成绩没有影响(Piasta, Logan, Pelatti, Capps & Petrill, 2015)。

这些发现显然违反直觉。教师当然需要了解所教的学科,但教师关于所教学科的知识与学生的进步之间的关系却很弱。通过增加教师的学科知识来提高学生成绩的尝试似乎完全失败了。

当然,这些失败可能是因为我们没有能力搞清楚良好教学所必需的那种学科知识，但这些失败表明，良好教学所需要的远不止是掌握该门学科。我们知道教师会起重要作用，但我们对什么让教师起作用知之甚少。然而，有一类研究，在不同的学科、不同的年龄组、不同的国家，对学生成绩都有很大的影响，这就是关于形成性评价的研究。

形成性评价的起源

1967 年，博学多才的学术思想家迈克尔·斯克里文(Michael Scriven)创造了“形成性评价”(formative evaluation)这一术语，用来描述评价在“课程的持续改进”中可以发挥的作用，并与总结性评价(Summative evaluation)作了对比。总结性评价是：

通过评价过程的运用，使管理者能够确定已完成的课程是否比现有的备选方案取得了足够大的进展，以证明对学校系统投入是合理的(Scriven，1967)。

两年后，本杰明·布鲁姆(Benjamin Bloom，1969)将这种区分应用于课堂测验之中：

与之形成鲜明对比的是，形成性评价在教学过程的每个阶段都提供反馈和矫正。我们所指的形成性评价是指借助于教师和学生用以作为学习辅助手段的简短测验的评价。虽然这些测验可以打等级，且可以作为评价的判断和分类功能的组成部分，但如果将形成性评价从评级过程中分离出来，主要用以辅助教学，那么我们能看到它更为有效的用途。

布鲁姆接着说：“评价与教学过程的展开直接相关，它可以对学生的学习、教师的教学过程以及师生的教学材料使用产生非常有益的影响。”

尽管在布鲁姆的研究之后的20年里,教育者们很少运用形成性这个术语,但许多研究综述开始强调使用评价来支持教学的重要性,其中最广为人知的是认知引导教学(Cognitively Guided Instruction, CGI)。

在最初的CGI项目中,一个由21名小学教师组成的小组在四年的时间里参加了一系列的工作坊,观看录像片段,这些片段是选出来用以说明儿童思维的关键方面的。然后研究人员通过挑战教师将一个儿童解决某个问题的方式与其解决其他问题的方式联系起来,来促使教师对所见进行反思(关于整个项目的总结,请参阅Fennema et al., 1996)。在整个项目中,研究人员鼓励教师运用他们收集到的有关学生成绩的证据来调整教学,以更好地满足学生的学习需求。由CGI教师所教的学生在事实性知识、理解、解决问题和信心方面表现得更好(Carpenter, Fennema, Peterson, Chiang & Loef, 1989),且在项目结束四年之后,参与项目的教师依然在践行该项目的原则(Franke, Carpenter, Levi & Fennema, 2001)。

运用评价来调整教学的作用在1991年测量和规划系统(Measurement and Planning System, MAPS)的实施中得到生动的说明。在这一系统中,29名教师各自带领一名助手和一名站点管理员(site manager),评价了428名幼儿的学习准备情况(Bergan, Sladeczek, Schwarz & Smith, 1991)。研究人员分别在秋季和春季对学生进行了数学和阅读测试。他们的教师学会了解释测试结果,并使用课堂活动资源库(classroom activity library)——一系列典型的低年级教学活动,但专门与经过经验验证的发展阶段相关——来进行个性化教学。然后,研究人员将这些学生的表现与其他410名由27名不同教师教的学生的表现进行了比较。年终时,对照组中有27%的学生被转接安置

(referred for placement)，有 20％的学生被安排在第二年接受特殊教育。而在 MAPS 实验组中，只有 6％的人被转接安置，只有不到 2％的人被安置到特殊教育项目中。

除了这些专门的研究，20 世纪 80 年代后期，一些研究综述开始聚焦于运用评价支持教学的重要性。林恩·富克斯(Lynn Fuchs)和道格拉斯·富克斯(Douglas Fuchs)的一篇综述综合了来自 21 项关于使用评价来指导有特殊需求的学生的不同研究的结果。他们发现，有后续行动的定期评价(每周 2～5 次)能促进学生学习的实质性提高。另一些发现也值得注意。首先，一些研究要求教师在评价学生之前，制定系统的评价规则，这些规则会告诉教师何时或如何改变他们为学生制订的教学计划。在另一些研究中，教师只有在看到学生的成绩后，才对需要什么样的教学变革做出判断。这两种策略都提高了学生的成绩，但当教师使用规则来决定下一步该做什么时，效果是依据判断来作决定的两倍。其次，当教师们运用作为行动指南和刺激的学生个人成绩图表(graphs of individual students' achievements)来追踪学生的进步时，效果几乎是不追踪进步时的三倍。这些研究结果告诉我们，当教师依据证据来做出下一步行动的决策时，学生会学得更多。

在接下来的两年里，两个进一步的研究综述——其中之一来自加里·纳特列罗(Gary Natriello, 1987)，另一个来自特伦斯·克鲁克斯(Terence Crooks, 1988)——提供了清晰的证据，证明尽管课堂评价可以提高学习，但它也可以对学生的成绩产生实质性的负面影响。纳特列罗的结论是，他所考察的许多研究都很难解释，因为在研究的设计中没有做出关键的区分(例如，反馈的质量和数量之间的区分)。因此，尽管一些研究表明评价可能是具有伤害性，但原因并不清楚。他也指出，在学校中评价可以服务于多种不同的目的，且许多研究表明，设计用来选拔学生的评价(如借助于给出等级),在改善学生学习上的作用不可能像专门设计出来支持学习的评价那么大。克鲁克斯的论文特别关注了评价实践对学生的影响,其结论是,尽管课堂评价的确有影响学习的力量,但太经常地为总结性的目的——给学生打等级、分类和排名——而运用评价会成为学习改进的障碍。

1998 年,我和保罗·布莱克试图更新纳特列罗和克鲁克斯的综述。我们遇到的直接困难之一是如何界定研究领域。他们各自的综述分别引用了 91 篇和 241 篇文献,但只有 9 篇文献是两篇综述共同引用的。两篇综述都没有引用福克斯的综述。虽然对许多研究综述使用了电子搜索来识别,但我们发现,作者们使用的关键词太不一致,因此没有多大帮助。比如:一个研究者可能使用形成性评价(formative assessment)这个术语,另一个研究者可能使用形成性评价(formative evaluation),* 第三个研究者则可能使用应答性教学(responsive teaching)。最后,我们决定,没有其他的选择,只能去图书馆,找出我们认为最有可能包含相关研究的 76 种教育和心理学期刊,对从 1987 年到 1997 年的每一期进行查阅。我们先阅读摘要,对那些看起来相关的文章,进一步阅读研究。通过这一过程,我们发现与课堂评价和学习相关的研究超过了 600 项,其中约有 250 项是直接相关的。

在这一点上,我们确实考虑过对我们已选定的研究进行正式的元分析(meta-analysis),但我们很快意识到,由于研究范围如此广泛,元分析根本不合适(参见 Wiliam, 2016,关于教育中使用元分析的问题的扩展分析)。相反,我们实施了所谓的"结构审查"(configurative review, Gough, 2015),因为我们的主要目的是理解这一领域,而不是将课堂评

---

* 在本书中,凡未在之后加括号注明原文的"形成性评价"均为 formative assessment——译者注。

价过程对学生的影响进行量化。可是，我们所考察的许多研究已经提供了丰富的证据，表明对课堂评价过程的关注能大大提高学生的学习效率，在某些情况下，能有效地将学生的学习效率提高一倍。我们意识到，由于研究的差异性，我们找不到可以便利地应用于所有课堂的简单的"处方"，但我们相信，我们已经找到了进一步探索的有效途径：

尽管存在一些微不足道的甚至负面的结果，但这些表明有成效的研究是在多种条件和脉络下实施的，这种条件和脉络的多样性表明支撑成绩的实质性改善的原理是强有力的(robust)。重大的成果可以通过许多不同的路径来得到，这里倡议的形成性评价不太可能因为忽视微小和微妙的特征而失败。(Black & Wiliam, 1998a).

虽然我们没有实施正式的元分析，但是在随后的一本书中(Black & Wiliam, 1998b)，我们确实试图让实践者和决策者明白形成性评价可能带来的潜在好处。我们认为，形成性评价的有效运用会使学生的学习成绩提高 0.4～0.7 个标准差，这相当于学生学习效率提高 50%～70%(详见 Wiliam, 2006)。

尽管我们相信，我们所找到的证据有令人信服的理由将形成性评价摆在优先位置，但我们并不确定这些观念如何在真实的课堂中得以实施，尤其是当学生要经常接受外部标准化测验，且教师要因学生成绩而被问责时。

因此，我们在英格兰两个学区的六所学校招募了 24 名(后来增加到 36 名)中学数学和科学教师，帮助我们探索课堂形成性评价在课堂上可能是什么样子(Black, Harrison, Lee, Marshall & Wiliam, 2003)。教师工作有两个主要组成部分：首先，在 18 个月中实施了成系列的 8 个工作坊，向教师介绍了关于评价如何支持学习的研究基础，给予他们机会来开发实施形成性评价实践的计划，并在稍后的活动中让他们有时间与同事讨论他们在实践中试图做出的改变。大多数教师的计划都包含了他们教学中的两三个重要的领域——他们期望在这些领域中更多地运用形成性评价——以及用以实现这些变化的行动的技术细节。第二个组成部分是对教师课堂的一系列观察，这样研究人员能够观察教师如何落实他们在工作坊中讨论的观点，并进而讨论如何更有效地将他们的想法付诸实践。

由于每位教师都已决定强调形成性评价的哪些方面，决定了在哪个班级中实施，因此，用传统的实验设计来评价我们的干预效果是不可能的。所以，我们设计了一个多重实验(poly-experiment)。对于每一个由尝试形成性评价技术的教师来教的班级，我们寻找最相似的比较班，进行一个微型实验(mini-experiment)，将运用形成性评价的班级的测验分数与比较班的分数相比较。在某些情况下，这个比较班是一个由同一位教师教的平行班；在某些情况下，这是教师在前一些年教过的类似的班级；在另一些情况下，这是由不同教师教的相似班级。这个实验设计不如随机分组实验(random-allocation trial)好，因为参与实验的教师可能一开始就是更好的教师，所以结果需要谨慎的解释。不过，在本研究中，若运用外部标准化测验分数来做比较，在使用形成性评价技术的教师的班级中，学生在一年中取得了两倍的进步(Wiliam, Lee, Harrison & Blade, 2004)。

形成性评价的定义

随着形成性评价对学生学习有重要影响的证据的不断积累，许多研究者提出了各种各样的形成性评价定义。在我们最初的综述中，保罗·布莱克和我将形成性评价定义为“教师和/或学生实施的、提供信息作为反馈来修正他们所参与的教与学活动的所有活动”。大约在同一时间，布伦文·考伊（Bronwen Cowie）和贝弗利·贝尔（Beverley Bell）对这个定义作了细微的修饰，要求教师和学生在学习发生时根据从评价中获得信息来行动。他们将形成性评价定义为“教师和学生在学习过程中，为了加强学生的学习，对学生的学习进行识别和应答的过程。”（Cowie & Bell, 1999）其他人也强调教学中行动的必要性，将形成性评价定义为“在教学过程中为改善教或学而进行的评价”（Shepard et al., 2005）。经济合作与发展组织考察了八个国家的实践，将形成性评价定义为“为确定学习需求和适当地调整教学，对学生进步和理解进行的频繁、互动式的评价”（转引自 Looney, 2005）。

值得注意的是，无论多么含蓄，这些定义都将形成性评价视为一个过程。另一些人则倾向于将形成性评价视为一种工具。例如，测量的进展（Measured Progress）的联合创始人斯图尔特·卡尔（Stuart Kahl, 2005），将形成性评价定义为“教师用来测量学生对所教的特定主题和技能的掌握程度的工具”。这是一种“过程中”（midstream）的工具，在教学正在发生时用来确定学生具体的迷思概念（misconceptions）和错误。事实上，教育工作者似乎更多地使用形成性评价来指一种特定的评价工具，而不是改进教学的过程。

试图将形成性评价这个术语应用于一件事（评价本身）的困难之处在于，它根本不起作用。设想一个大学先修（Advanced Placement, AP）微积分课程的教师，她正在帮学生为考试做好准备。和许多教师一样，她让学生在正式的考试条件下练习考试。通常，大多数教师会收集试卷，进行评分，写出评语，然后将试卷返还学生，让他们知道出错的地方。可是，这位微积分教师做了一些略微不同的事情。她在考试结束时收上试卷，但没有给它们评分。相反，在下一次上课的时候，她把每四名学生编成一个小组，将未评分的试卷发还，并给每组一份空白试卷。每一个小组都将收到一份未评分的试卷和一份空白试卷，被要求尽可能地整理出关于试题的最好答案。在每一组中，学生们都要检查自己的答案，将答案与每个问题进行比较，并讨论最佳答案可能是什么。课程快结束时，该教师回顾了全班的活动，要求每一组同学与班级其他同学分享达成一致的答案[1]。

该教师所用的大学先修微积分课程评价工具完全是为总结性的目的而设计的。美国大学理事会(College Board)设计大学先修课程考试的目的是授予大学学分，这样通过适当水平考试的学生就可以免修大学的入门课程。然而，这位教师形成性地运用了这种评价工具——布莱克和我称之为“总结性测验的形成性运用”[(formative use of summative tests), Black et al., 2003]。事实上，将一种评价工具描述为形成性的，属于哲学家吉尔伯特·莱尔(Gilbert Ryle, 1949)所称的归类错误(category error, 1949)：赋予某种东西以它不可能拥有的属性，就像将一块石头描述为快乐的一样。由于教师可以形成性和总结性地使用同一种评价工具，因此，相较于描述评价工具本身，形成性和总结性的术语在用来描述评价数据所服务的功能时更有意义(Wiliam & Black, 1996)。

有些人(例如，Popham, 2006; Shepard, 2008)认为，除非教学得以改善，否则根本不能运用“形成性评价”这一术语。在英国，评价改革小组(Assessment Reform Group)认为，使用评价来提高学习需要五个要素(转引自：Broadfoot et al., 1999)：

1. 向学生提供有效的反馈。

2. 让学生主动参与自己的学习。

3. 根据评价结果调整教学。

4. 认识到评价对学生学习动机和自尊的深刻影响——这两者是影响学生学习的重要因素。

5. 需要学生有能力评价自己，并知道如何改进。

评价改革小组认为，形成性评价——至少在许多人使用它的方式上——对于描述评价的这样一种用途并不是一个有用的术语，按该小组的观点，这是因为"'形成性'这一术语是开放的，能容纳多种多样的解释，其含义经常局限于在教学的同时频繁实施和规划评价"(Broadfoot et al., 1999)。因此小组建议，运用"为学习的评价"(assessment for learning)这一短语更好。

"为学习的评价"这一术语的运用最早见于《促进智障者学习的评价》(*Assessment for Learning in the Mentally Handicapped*, Mittler, 1973)一书中。哈里·布莱克(Harry Black, 1986)在其著作《评价教育成就》(*Assessing Educational Achievement*)中将这一术语用作其中一章的标题，而玛丽·詹姆斯(Mary James)1992 年在新奥尔良举办的督导与课程开发协会(Association for Supervision and Curriculum Development)年会上发表的以该术语为题的论文(James, 1992)为这一术语带来了更广的受众。但这个词在北美变得很常见还应归功于里克·斯蒂金斯(Rick Stiggins)的工作，他所运用的"为学习的评价"与形成性评价有很大的不同。

多年来，美国教育工作者用"形成性评价"这个术语来描述监控学生成绩的过程。学生们定期(通常为 4 至 10 周)接受评价，然后教师们查看结果数据，确定哪些学生取得了充分的进步，哪些没有。如果学生没有取得充分的进步，教师就要搞清楚改善进步所要采取的措施[这种评价也称为基准评价(benchmark assessments)或中期评价(interim assessments)]。

认识到对学生进步的监控是一件好事,这在当前很重要。任何运行良好的组织都应该能够监控其在达成目标的过程中的进展。正如被普遍归到W.爱德华兹·戴明(W. Edwards Deming)名下的名言所说:"我们信仰上帝,但其他所有人带来数据。"(Hastie, Tibshirani & Friedman, 2009)然而,如果形成性评价只用来确定哪些学生落后了,那么就局限了它对学生成绩的影响。正是为了回应这种有局限的形成性评价观,评价培训研究所(Assessment Training Institute)的创始人里克·斯蒂金斯才说:

> 如果形成性评价强调更频繁(more frequent),那么为学习的评价就强调持续(continuous)。如果形成性评价强调为教师提供证据,那么为学习的评价强调为学生自己提供信息。如果形成性评价告诉用户谁达到了国家标准,谁没有达到,那么为学习的评价就是在学生正在发生的时候——即还有时间加以改进的时候——告诉他们,在学习过程中,每个学生在达到每个标准的过程中取得了哪些进展。

然而,只用"为学习的评价"这一术语取代形成性评价这一术语,仅仅是在定义问题上纠缠(Bennett, 2011)。真正重要的是我们重视什么样的过程,而不是我们怎么称呼它们。正如研究者兰迪·贝内特(Randy Bennett, 2011)所指出的,问题在于,说形成性评价只关乎过程,或只关乎工具,这样的说法过于简单化了。好的过程需要好的工具,但如果教师不能明智地使用这些工具,这些工具就是没有用的。

根据《韦氏在线词典》(*Merriam-Webster's Online Dictionary*),"formative"一词最初的字面意思是"能够随着增长和发展而改变"("formative", 2017)。这表明形成性评价应该塑造教学——我们的形成性体验就是塑造了我们当前的自我体验——因此我们需要一个能够容纳评价塑造教学的所有方式的定义。这类方式有很多，我们来看以下八个场景：

1. 2016 年春季，一名科学课程主管需要为所处学区的初中科学教师安排暑期工作坊。她分析了该学区的学生在 2015 年州级考试中的分数，结果注意到，尽管科学成绩总体上与该州其他学区不相上下，但学生在与物理科学相关的试题上的得分要比检测生命科学的试题上的得分更差。因此，她决定将物理科学作为 2016 年暑期专业发展活动的重点。该学区的中学科学教师都很好地参加了这些活动。2016 年秋，教师们回到学校，运用他们在暑期确定的经过修正的教学方法进行教学。结果是，当该学区学生参加 2017 年春季州级考试时，在与物理科学相关的题目上的得分提高了，因此，按照 2017 年暑期的报告，该学区在州级考试中的表现提高了。

2. 每年，一个由高中代数 1 教师组成的小组都会检查学生在全州代数 1 考试中的表现，特别是审查考试中每道题目的答题情况(正确比例)。当正确比例低于小组的预期时，小组将考察教师在课程这一领域的备课和上课情况，并考虑教师将来可用的加强教学的方法。

3. 一个学区实施一系列中期测验，这些测验与课程联系紧密，每隔六到十周进行一次，以检查学生学习的进步情况。该学区利用过去的经验来确定一个临界值，即学生有 80%的机会通过州级考试，并要求那些中期考试成绩低于这个临界值的学生在周六上午接受额外的指导。

4. 自 2003 年起，费城学区实施了一项有严格序列的计划和时间进程的核心课程，其中的学年被分为若干个为期六周的周期。在每一个六周的教学周期中，学区希望教师在前五周进行教学。五周结束后，实施以多项选择为形式的测验，再根据学生在这个测验上的表现来决定如何使用周期中最后一周的时间。如果学生做得好，教师通常会安排拓展和强化活动，但如果学生的理解存在明显的弱点，最后一周就变成了“重教周”(re-teaching week)(Oláh, Lawrence & Riggan, 2010)。

5. 一位中学科学教师正在设计一个关于滑轮和杠杆的单元。她为这个单元确定了 14 个课时，但计划在前 11 个课时就教完所有的内容。基于日本常见的观点(可参见 Lewis, 2002)，在第 12 课时，教师实施了一个小测验并收集了学生的试卷。她并没有给试卷打分，而是仔细地审阅了这些试卷，然后根据她所发现的班级学生的学习情况，在第 13 和第 14 课时安排适当的补救性活动。

6. 一位历史教师正在教授历史资料中的偏见问题。在课程结束前三分钟，学生们收拾好课本，分到一张索引卡，教师在卡片上要求他们回答这样一个问题：“历史学家为什么要关心历史资料中的偏见?”学生们在下课离开教室时上交这些出口通行证(exit passes)。在所有学生离开后，教师读完全部卡片，然后扔掉，她的结论是，学生的回答证明他们已经有了很好的理解，教师可以开始新的一章了。

7. 一位语言艺术教师正在教他的学生学习各种各样的修辞性语言。在转向下一部分内容之前，他想要检查学生对他所教术语的理解，因此安排了一个实时测验(real-time test)[2]。教师给每个学生一套共六张卡片，上面分别有字母 A、B、C、D、E 和 F；同时在黑板上，他呈现了如下内容——

A. 头韵

B. 拟声词

C. 夸张

D. 拟人

E. 明喻

F. 隐喻

然后他读了一系列的句子——

(1) 这个背包有一吨重。

(2) 他和房子一样高。

(3) 甜美的阳光下，所有的雪都融化了。

(4) 他对骑自行车的人按喇叭。

(5) 他是瓷器店的一头公牛。

读完每句话后，教师要求学生举起一张字母卡(或几张卡)，指出每句话的修辞性语言特点。所有学生对(1)的回答都是正确的，但是在回答第二句话的时候，每个学生都举起一张卡片(有的举着 E，有的举着 C)。教师就提醒全班学生，有些陈述可能有不止一种修辞性语言。一旦学生意识到可以有不止一个答案，全班同学就能对(2)(3)(4)这三个陈述句做出正确的回答。然而，大约一半的学生认为陈述句(5)是一个明喻，教师就引导全班同学讨论他们认为陈述句(5)是明喻或隐喻的理由，几分钟后，所有学生都同意这是个隐喻，因为陈述中没有“像”或“如同”之类的词。

8. 大学先修课程微积分课程的教师正在教学生画曲线图。她想快速检查学生是否掌握了主要原理，就要求学生：“请画出 $y=1/(1+x^2)$ 的曲线图。”每个学生都在白板上画出图形，然后举起来让教师看。教师看到全班同学都理解了，然后继续讲课。

在这八个例子中，教师都运用证据来引出并解释学生的成就，进而决定下一步要做什么。但这是否足以让每一个例子都成为形成性评价的例子，依然存在争议。

我经常问教师，在这八个案例中，他们认为哪一个是形成性的，结果很少有共识。在第一个例子中，评价改变了教学——特别是当你把督导看成教师，把教师看成学生时，但许多人对这种改变要在一年多之后才发生感到不满。对例 2 也存在类似的担忧，特别是因为作为数据来源的学生未能在这个过程中受益。此外，教师不清楚明年学习代数 1 课程的学生是否会有同样的问题。例 3 引起了许多教师的担忧，他们认为这是以一种惩罚的方式来运用评价，但正如哈佛大学经济学家罗兰·弗莱尔(Roland Fryer, 2014)所指出的，一些学生需要更多的教学时间来达到他们所在州标准规定的优秀水平。他把这称为教育的基础物理(basic physics of education)："如果你的学生落后了，你有两个选择：要么在学校多花些时间，要么说服成绩优异的学校给他们的孩子四天周末。关键在于改变这个比例。"

要求学生周六额外上课可能不太理想，尤其是在农村地区，交通不便导致了额外的困难。然而，一所周六为有需要的学生提供额外教学的学校至少为这样一个问题——如何为有需要的学生提供更多的教学输入——找到了一个解决方案。任何一所学校，希望"缩小差距"，却没有办法为需要的学生提供更多的教学投入，那么对于平等观念的实现只是口惠而实不至！

例 4 很有趣，因为这是一项全学区的政策，形成性评价过程与学年紧密相连。为了创造该系统运行所需的宽松环境，教师必须对内容进行优先排序。这是困难的，因为教师和管理人员通常被告诫，所有的州标准都是至关重要的。问题是，大多数州的标准包含了太多的内容，只有学得最快的学生才有可能在可用的时间内掌握所要求的内容。罗伯特·马扎诺(Robert Marzano)和他的同事询问教师，教完州标准中的所有内容，他们每年需要多少时间。答案的平均数字是 20 个月(Marzano, Kendall & Gaddy, 1999)。

虽然在采用共同核心州立标准(Common Core State Standards)的不同版本的州，这一数字可能有所降低，但事实是，大多数州为学生规定的学习内容要比大多数学生在可用时间内可能学完的内容多得多。当然，教师可以以确保所有标准都被教到的速度来教完所要求的内容，但这意味着大多数学生将会抓狂。如前所述，在费城的学校体系中，教师必须选择哪些标准是必须达到的，哪些标准是可以追求的，然后教排在优先位置的优先标准，再进行评价。如果学生已经取得了足够的进步，那么教师可以占用“重教周”中的一些时间来学习新材料；但是如果有相当数量的学生在基本标准上没有取得足够的进步，那么这些标准依然处于优先位置。这个系统最典型的特征是，在教师了解学生在评价中的表现之前，不知道自己要在重教周中教什么。

按我的经验，大多数教师都很喜欢将例 5 当作形成性评价的一个例子，尽管有些教师认为，要用 12 节课才能知道学生是否学到了什么，等待时间太长了。另一方面，很多教师对例 6 感到困扰，因为教师丢弃了学生的回答，而不是给学生个别反馈。然而，这种想法却搞错了重点，因为在这个情境中，教师使用出口通行证并非想给学生个别反馈，她的目的是决定如何开始下一节课。当我问她为什么要丢弃卡片时，我发现了这一点。

我：你为什么要丢掉出口通行证？

教师：因为我已经知道明天的课从哪里开始。

我：你怎么决定的？

教师：他们大部分都答对了，所以我转向下一内容。

我：如果他们没有准备好开始下一内容，你会怎么做？

教师：我会再教一遍，但是要慢一点，声音大一点。我当然是在开玩笑。我可以再教一次，但会用不同的方式。

我：如果一半学生答对了，一半学生答错了，你会怎么做？

教师：我会保留两张卡片——一张有很好的答案，另一张的答案不那么好——在上课开始时把它们同时放在文档投影仪(document camera)上,然后要求举起一两根手指来回答他们认为哪一个答案更好,然后就从那里开始。

我:你为什么不给学生个别反馈呢?

教师:我做不到啊。学生们没有把他们的名字写在卡片上。

我:你为什么不让学生们在卡片上写上名字?

教师:那太蠢了。如果我想给学生个别反馈,我会让他们把答案写在他们的历史笔记本上,笔记本上已经写了他们的名字了。

这位教师做得很聪明。她不想做大量的标记。她要的就是快速了解全班的学习结果,以决定下一步做什么。她没有做“数据驱动的决策”(data-driven decision making),她所做的就是我所称的“决策驱动的数据收集”(decision-driven data collection)。她在收集做决策所需要的最低限度的信息,这说明了评价的一个非常重要的原则。支持数据驱动决策的人会关注数据,他们收集数据,期望能在将来某个时候派上用场。而那些专注于决策驱动数据收集的人在收集数据之前就已确定要用数据来做什么,且只收集他们所需的数据。这样,他们总是知道运用数据来做什么。

大多数教师乐于将最后两个例子(例 7 和例 8)看作形成性评价,但值得注意的是,在例 8 中,评价并没有改变教学。该教师正在计划下一步的教学,但她所收集的证据告诉她,开始下一步的教学是正确的。她并没有因为她拥有了数据而做出更好的决定;相反,即使她没有收集数据,她也会做出完全相同的决定。这不是一个更好的决定,但这是一个更有根据的决定,因为她现在不只是靠直觉,而是借助于证据证明转向下一步教学是对的。

鉴于人们在形成性评价的定义上众说纷纭,要就哪些是形成性评价、哪些不是形成性评价达成完全一致是不大可能的。有些人相信，作为数据来源的学生必须是评价的直接受益者，而另一些人则希望看到，评价对其他学生产生形成性作用。一些人相信，评价必须几乎立刻对教学产生影响，而另一些人则希望形成性评价是一个延续更长时间的评价—解释—行动循环圈（assessment-interpretation-action cycles）。一些人认为，只有学生得到个别反馈，评价才有资格成为形成性评价；而另一些人则期望，评价要为教师提供指引，让他们知道接下来要和整个学生群体一起做什么。而且，由于没有人可以为“形成性评价”这一术语注册商标或申请版权，因此试图限制这一术语的用途似乎是徒劳的。人们会用他们期望的方式来使用这个词。这就是为什么我认为我们应该保证自洽地定义形成性评价，而不要试图让别人接受一个限定更为严格的定义的原因。当然，运用一个更宽泛的定义，可能带来的麻烦是，它会变得过于模糊，以致无助于指导行动。在花了大量的时间进行思考之后，我坚信下面的定义提供了在精确性(这显然关乎什么是以及什么不是形成性评价)和全面性(这关乎我们想纳入形成性评价的那些东西是否全部被纳入)之间的一个合理的折中：

若教师、学习者或其同伴引出、解释和运用关于学生成就的证据，以做出关于下一步教学的决策，而这种决策比缺乏证据时做出的决策可能更好或更可靠，那么这种评价就在形成性地运行。

这个定义的第一个要点是，它运用“形成性”这个术语来描述来自评价的证据实际上所服务的功能，而不是描述评价本身。

第二个要点关注的是谁在实施评价。虽然在许多情况下是教师做出决策，但该定义也将学习者个体或其同伴当作做出这种决策的主体。

第三个要点是把焦点放在决策上，而不是像“为学习的评价”的某些定义那样，关注参与者的意图。教师收集证据的目的是使用，但若从未实际使用，那就没有帮助。

第四个要点进一步讨论第三点的观点，即焦点在于所引发的行动，而不是意向。如前所述，形成性评价的有些定义要求教师运用证据做出教学调整，从而实际提高、改善学习——即超过未做调整的教学的效果。然而，这使得形成性评价的定义太过严格。我们要对学习做出预测太难了，因此无法保证在某个特定场景中学习一定会发生。此外，如果我们要求评价一定导致比没有评价时更好的学习，那么我们就无法确认某种评价是形成性的，因为我们必须明确：事实上发生的不同于（且好于）原本可能发生（但未发生）的。我们在定义中运用的或然性表述方式——决策可能更好——反映了这样一种事实：即使是设计得最好的干预措施，也不能总是让所有学生都学得更好。

第五，重点是关于下一步教学（instruction）的决策。在大多数英语国家，“教学”（instruction）一词都隐含着培训或传授（transmission）的意思。在这里，“教学”（instruction）一词指的是教与学（teaching and learning）的结合，或任何旨在创造学习（指的是因经验而带来的，个体以有价值的方式行动的能力的增长）的活动。

第六，相较于未基于评价过程所引出的证据的决策，（基于评价证据的）决策要么更好，要么更有根据。之所以将“更有根据”包括在内，是因为正如我们在第 5 个和第 7 个例子中所看到的，形成性评价可能会让教师知道，最好的行动就是他们原本就想采取的那种行动。形成性评价未必就要改变行动，也可以只用来证明所设想的行动是正确的。

强调将决策置于形成性评价的核心，也有助于评价的设计过程。在许多所谓的形成性评价中，评价数据被生成并传达给教师，是期望教师将能够以某种方式使用这些信息。可是，如果在设计形成性评价时头脑中没有任何清晰的决策，那么这些来自评价的信息很可能将是无用的。例如,如今许多供应商向学校提供定期的学生测验(通常每四至十周一次),然后将结果反馈给教师。有时,这些供应商只是简单地报告哪些学生正处于达成国家考试优秀水平的轨道上,但即使结果更加详细,也往往对教师没有什么用处。原因有二:首先,结果通常关注达成国家或地方标准的水平,而这些标准通常过于粗糙,无法指导教师的指导决策;其次,有时评价结果要等到教师开始另一个学习主题的教学几周之后才能送达学校。卡罗琳·威利(Caroline Wylie)和我将这种形成性评价描述为数据推动[(data-push),Wylie & Wiliam, 2006]。数据被推送给教师,尽管那些设计评价的人并不清楚教师应该如何处理这些信息,但他们希望教师能够使用这些数据。

形成性评价设计的另一种选择,也是最理想的方法,就是从决策出发,反过来设计评价。当注意力集中在他或她需要做出的决策上时,教师就可以去关注有助于他们以更明智的方式做出决策的相关证据来源。借助于这种决策拉动的方法(decision-pull approach),教师就可以在收集信息的时候始终明白要用这些信息来做什么,因为在收集数据之前已经考虑清楚了。

第 60 页的形成性评价定义使我们可以将前面所有的例子都看成形成性评价的例子,因为在每一个案例中,评价都被引出并用于做出比在证据缺失时做出的决策更好、更有依据的决策。这就是说,我认为,由于形成性评价实际形成的东西存在差异,因此区分不同类型的形成性评价是有价值的。

例 1、2、3 和 4 可以称为长周期形成性评价(long-cycle formative assessment),因为其形成性评价周期的长度至少四周(其中一个案例,即例 1,还持续了一年以上)。这种长周期形成性评价过程的主要目的是监控学生的进步,并如案例 3 所显示的那样,确保课程、标准和评价之间更好地匹配(alignment)。这类评价通常可以称为基准评价或中期评价(benchmark or interim assessments)。

案例 5 是一个中周期形成性评价(medium-cycle formative assessment)的例子,因为这个周期发生在一个教学单元内。其他的中等周期形成性评价的例子可能包括寻求保证学生理解作为评价依据的标准的各种形成性评价,学生不会说"她给了我一个 C",而是说"我得了 C",因为他们理解标准是用于评价他们自己的工作的,也知道了自己的工作还存在缺点。这是里克·斯蒂金斯和他的同事们在"促进学生学习的课堂评价"(Classroom Assessment for Student Learning)领域所做的工作的一个明显特征(Chappuis, Stiggins, Chappuis & Arter, 2012; Stiggins, 2001)。

例 6、7 和 8 就是我们所说的短周期形成性评价(short-cycle formative assessment),因为周期的长度就是几分钟、几天,其影响不在于数据的生成,而在于帮助教师实时应答学生的学习需求。此外,由于这些形成性评价过程收集了所有学生而不仅仅是那些自愿参与的学生的证据,因此它们提高了学生的参与率。

这些不同类型的形成性评价之间的关系如表 2.1 所示。

表 2.1 形成性评价的分析维度

项目	长周期	中周期	短周期
跨度(Span)	跨学期或跨单元	在单元之内或之间	课时之内或之间
长度(Length)	四周到一年(或更长)	一到四周	几分钟或几天
影响(Impact)	监测,课程匹配性	学生参与的课堂评价,教师认知能力的提高	学生参与度的提高,教师反应能力的提高

正如前面已经多次提及的,将前面 8 个案例所呈现的每个过程描

述为形成性评价是合理的。不合理的是，声称所有类型的形成性评价都同等有效。因为有证据清晰地表明，评价—解释—行动的周期越短，对学生成绩的影响越大(Wiliam, 2016)。长周期、中周期和短周期形成性评价都能在确保有效教学上发挥作用。但对于学校和教师，要把短周期形成性评价放在优先位置，因为它对学生的影响更大。

形成性评价的策略

到目前为止的讨论都表明，任何评价都可以是形成性的，且当它改进了教师、学习者或学习者同伴所做的教学决策时，评价就形成性地起作用。这些决策可以是即时的、匆忙的决策，也可以是长期的决策。然而，如果我们想真正了解实地情境中形成性评价看起来像什么，我们就必须更深入地去挖掘。

所有的教学都可以归结为三个关键过程和三种参与者角色。过程是：① 搞清楚学习者的学习状况；② 确定他们要去哪里；③ 决定如何到达那里。所涉及的角色是：① 教师；② 同伴；③ 学习者。若将这些角色与过程加以组合，就得到了一个由 9 个单元格构成的 3×3 表格。不过，为了方便起见，我们可以用一个核心观念[(big idea), Leahy, Lyon, Thompson & Wiliam, 2005]将这 9 个单元格整合成形成性评价的五个关键策略，如表 2.2 所示。这五个关键策略是：

1. 明晰、分享和理解学习目标与成功指标。
2. 引出学习的证据。
3. 提供促进学习的反馈。
4. 激发学习者成为彼此的教学资源。

5. 激发学习者成为自己学习的主人。

表 2.2 形成性评价的五个关键策略

<table>
<tr><th>项目</th><th>学习者要去哪里</th><th>学习者当前在哪里</th><th>如何去那里</th></tr>
<tr><td>教师</td><td rowspan="3">明晰、分享和理解学习目标与成功指标</td><td>引出学习的证据</td><td>提供促进学习的反馈</td></tr>
<tr><td>同伴</td><td colspan="2">激发学习者成为彼此的教学资源</td></tr>
<tr><td>学习者</td><td colspan="2">激发学习者成为自己学习的主人</td></tr>
</table>

核心观念(big idea)是,关于学习的证据被用来调整教学,以更好地满足学生的需求——换句话说,教学是应当适应学习者的需求的。在接下来的五章中,我们将更详细地讨论这些策略。然而,在转向下一部分之前,有必要思考为什么评价在教学中占据如此重要的地位。

评价:教与学之间的桥梁

评价之所以在良好的教学中占据如此核心的地位,是因为无论如何设计教学,我们都无法预测学生将学到什么。在一个精心设计的实验中,布伦达·丹弗(Brenda Denvir)对儿童早期的数字技能进行了详细的分类,并证明其中一些技能是其他技能的先决条件(Denvir & Brown, 1986a)。例如,她发现,在学生们学会个位数相减之前,他们需要能够倒着数数(换句话说,能够说出给定数字之前的那个数)。

一个学生——在这项研究中代号为 Jy——在以下几个领域中存在一些具体的知识空白:

- 知道如何从 20 开始倒着数。
- 知道数字键(number bonds,不只是复制)。

- 知道在十位数上加上单位时的答案。
- 知道两位数加 10 的答案。
- 知道两位数减去 10 的答案。

在两个多月的时间里，Jy 的教师针对这些差距规划并实施了教学。在这个过程结束时，她再次对 Jy 进行了评价。

令人惊讶的是，在后测中，Jy 并没有掌握教师专门教给她的那些技能，尽管在延迟的后测中（5 个月后），她确实表现出对其中一项技能（"在十位数上加单位时知道答案"）的掌握。然而，在后测中，她确实掌握了下列一些在前测中没有展示出来的其他技能：

- 使用向上、向后、向下计数的减法策略。
- 不用凑十法的两位数加法。
- 不用凑十法的两位数减法。
- 运用凑十法进行两位数加法。
- 运用凑十法将数字变成多个十和多个一的集合。

Jy 所获得的技能与丹弗所确定的分类等级一致——只是这些技能不是她的教师教的。研究者在这一研究中的其他学生身上也发现了同样的结果（Denvir & Brown, 1986b）。

这就是为什么评价是教学的核心过程的原因——学生没有学会我们所教的东西。如果他们学会了，我们就不需要记录等级本了。我们可以简单地记录下我们所教的内容。但是，任何在课堂中待过的人都知道，学生在我们的教学中所学到的东西是无法预测的。我们教了我们认为很好的课，但在收集学生的笔记簿后，会惊讶于他们怎么就完全误解了我们所说的话呢。

事实上，我们经常混淆教学和学习，如下面的老笑话所示：

艾米：我教我的狗吹口哨。

贝蒂：那让它吹吹看。

艾米：它不会吹啊。

贝蒂：你不是说你教了它吹口哨吗？

艾米：我教了，只是它没学会。

曾有一段时间，英国的学校督导声称能够区分课堂中的教学质量和学习质量(Office for Standards in Education, Children's Services and Skills, 1999)，然而，很难弄清楚这样一种区分的基础是什么。毕竟，谈论一堂教学质量高但学习质量差的课没有什么意义，这就像是一个外科医生声称手术完全成功，但很不幸的是，病人死了。

在一些语言中，教与学是不可能区分的。例如，在威尔士语和毛利语中，都使用同一个单词指代教与学(分别是"dysgu"和"ako")。然而，在那些能将教与学分开的语言中，"教与学"(teaching and learning)这一短语在很多情况下被"学与教"(learning and teaching)这一短语所取代(尽管前者的谷歌点击率仍然是后者的三倍)。

这常常被吹捧为一个好的变化，似乎把"学"放在"教"之前就会产生影响，但这在很大程度上是一种表面上的改变，而且实际上可能是有害的，因为它会把人们的注意力吸引到琐碎的差异上，而掩盖了更为重要的问题。说学习比教学更重要，有点像说旅行比驾驶更重要。旅行是目标，驾驶是实现目标的一种方式。同样，学生学习是目标，而教学是实现这一目标的一种方式。就像司机通过驾驶实现他们的目标(旅行)一样，教师通过教学实现他们的目标(学生学习)。

教师所做的一切都是教学。这就是教师所能做的一切。学习是我们给学生头脑中发生的相当神秘的过程起的名字，指的是他们能做以前做不了的事情(或者是，在某些情况下不做他们以前可能做过的事情)。学区有关于教学(教师所做的事)的政策，但没有学区会出台关于学习的政策。若认为这是一个终点，而不是达到目的的手段，那就落入陷阱之中了。正如一位教师所说：

事实上，对教学的思考意味着我已经能够提出想法和策略来应对出现的任何问题，且这种思考极大地有助于我的专业发展。我现在想得更多的是这堂课的内容。影响已经从"我要教什么？学生们要做什么？"转向"我该怎么教？学生们能学到什么？"(Black，Harrison，Lee，Marshall & Wiliam，2004)

实践中，这是一个难以掌控的过程。一个极端是，有些教师试图替代学习者学习，这可以用一句格言来概括：学校是孩子们观看教师工作的地方。我到访过许多课堂，发现在大多数课堂中，教师真的很努力，可学生并没有那么努力。我之所以经常对教师说"如果你的学生放学后回家时没有你那么累，那么你就需要关注你课堂中的劳动分工"，原因就在于此。

另一个极端是运用 F 开头的词(F-word)——"促进"(facilitate)——的教师。"我不教书，"他们说，"我只是促进学习。"我一直不太清楚这是什么意思。我猜，教师们只是无所事事，却希望某种学习会发生。

教学非常困难，这两个极端都不可接受。当压力到来时，我们中的大多数人表现得好像说教会起作用，但在内心深处，我们知道它是无效的。但让学生自己去发现一切，同样是不合适的。为此，我把教学(teaching)描述为"有效学习环境的营造"(the engineering of effective learning environments)。有时，在学生们来到课堂之前，教师就已经实现了最好的教学了。

许多教师都有过创建有效的小组讨论任务的经验，在这个任务中，学生们完全投入他们必须解决的棘手挑战之中。唯一的问题是，教师无事可做。他感到有些无聊，且因为什么都没做而感到有些内疚，所以他打乱小组的活动。这就是我所称的“教—学陷阱”(teaching-learning trap)的一个版本:我什么都没做;因此,学生不能学到任何东西。另一个版本的陷阱已在前面讨论过了:我在努力工作,所以学生们一定学会了一些。

教师的工作不是传授知识,也不是促进学习,而是为学生营造有效的学习环境。有效学习环境的关键特征是,它们能让学生参与进来,让教师、学习者及其同伴确保学习朝着预期的方向进行。实现这一点的唯一方式就是通过评价。这就是为什么评价确实是教与学之间的桥梁的原因。

在本章结束之前,我认为重要的是要承认形成性评价的局限性。正如保罗·基施纳(Paul Kirschner)和他的同事所指出的,学习是长期记忆的一种改变,“如果长期记忆没有改变,那么什么也没学到”(Kirschner, Sweller & Clark, 2006)。学生们今天能做一些事情这一事实并不意味他们下周还能做同样的事。但是,如果他们今天做不了,那么很可能下周也做不了。形成性评价的核心观念(big idea)是,在决定下一步做什么之前,最好先了解学生已学会了什么。

结论

在这一章中,我们了解到,定期运用日常的课堂形成性评价可以极大地提高学生的学习成绩。尽管研究者们考虑了关于形成性评价的许多不同的定义,但其基本思想很简单:教学是一种变动不居的(contingent)活动,我们无法预测学生们在特定的教学活动之后会学到什么。形成性评价就是获取关于学生所学的最佳证据,然后利用这些信息来决定下一步要做的事。

我们还发现，我们可以将形成性评价概念化为五个关键策略。接下来的五章将更深入地探讨这五种策略，提供能证明这些策略的重要性的详细的研究证据，以及一些有助于在课堂中实施这些策略的实用技术。

第三章 | 明晰、分享和理解学习目标与成功指标

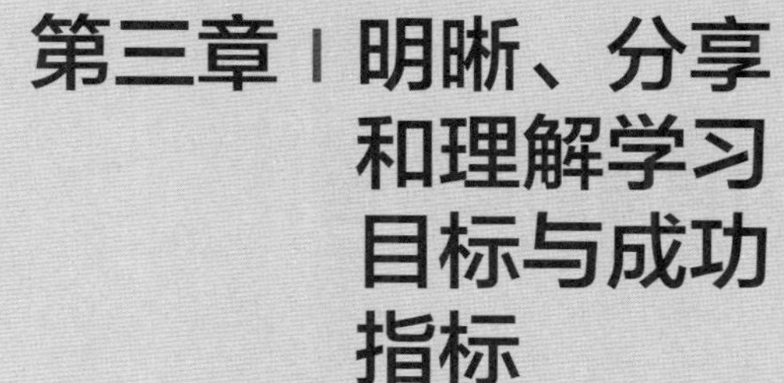

学生显然会发现,知道自己将要学习什么会大有裨益,可是,在大多数课堂中,持续地与学生分享学习目标还是一种相对较新的现象。本章将考察学习目标的重要性以及何时运用它们,进而解释为何区分学习目标、学习情境和成功指标是有益的,并讨论在创建这些结构时的特殊问题。本章在提供一些教师可以用来与学生分享学习目标和成功指标的技巧之前,我们先讨论支持和反对评分规则的理由。

学习目标的重要性

早在 1971 年,玛丽·爱丽丝·怀特(Mary Alice White)就试着想像她所称的“来自学生课桌的观察”(the view from the student's desk):

要让学生的看法更易于为成人所理解,我们可以作一个类比。一艘船正航行于未知的大海之中,驶向一个未知的目的地,你就在这艘船上。一个成年人会想方设法搞清楚要去哪里。但一个孩子却只知道自己要去上学……这张航海图对他来说既不可得也无法理解……很快,船上的日常生活变成一切……成为现实的是日常琐事、要求、检查等,而不是航程,也不是目的地。

并不是所有的学生都像他们的教师那样清楚要在课堂中学习什么。举个简单的例子,我们可以要求学生回答,下列物品清单中哪种物品比较奇怪:刀、叉、锤子、番茄酱瓶子。有些学生会说番茄酱瓶子很特别,因为其他的都是金属器具。另一些学生可能会说锤子比较特别,因为就餐时他们可以在餐桌上找到所有其他的东西。当然,从绝对意义上说,我们无法说这两个答案中哪一个答案更好,但正如社会学家内尔·凯迪(Nell Keddie, 1971)所指出的，学校认为第一种思考世界的方式比第二种更有价值。有时学校会把这个意思明白地表达出来——大多数学生可能会意识到，教师更看重的是能说出所有美国总统的名字，而不是能报出新奥尔良圣徒橄榄球队(New Orleans Saints football team)的花名册，尽管这两项任务的难度相当。但通常情况下，教师并没有明确表达自己想要什么，这使得一些学生获得了相当大的优势，因为他们已经知道了教师想要什么。

如果我给一群三年级的学生看一篇文章，并询问他们为什么我认为这是一篇好文章，有些人会回答说，“它有很多描述性形容词”“它有强动词(strong verbs)”，或者“它使用了很多不同的连接词”。其他学生可能会认为，我觉得这篇文章好是“因为它整洁，且写得长”，这让人想起伊夫林·沃(Evelyn Waugh, 2001)在《衰落与瓦解》(*Decline and Fall*)一书中写到的教师保罗·彭尼费瑟(Paul Pennyfeather)，他要求学生“与此同时，你要写一篇关于‘自我放纵’的文章。写得最长的文章将获得半克朗的奖金，不管它可能有什么样的优点。”

一些研究强调，学生理解自己应该做什么，这非常重要。艾迪·格雷(Eddie Gray)和大卫·托尔(David Tall)研究了 72 名 7～13 岁的学生的数学推理能力。他们发现，学习成绩好的学生能够应对他们正在做的事情中未解决的模糊性，而那些学习成绩较差的学生却在苦苦挣扎，因为他们正在尝试做太难的事。

为了说明这一点，我经常要求教师写出 $4x$ 和 $4\frac{1}{2}$，然后我问他们 4 和 x 之间的数学运算是什么，大多数人意识到这是乘法。然后我问 4 和$\frac{1}{2}$之间的运算，这当然是加法。然后我问他们之前有没有人注意到数学符号上的这种不一致性——当数相邻时，有时意味着相乘，有时意味着相加，有时意味着完全不同的东西，比如我们写一个两位数的数字43。大多数教师从来没有注意到这种不一致，这大概就是他们在学校取得成功的原因。那些为此焦虑的学生可能会问教师为什么数学符号不一致，却有可能被告知不要提愚蠢的问题，尽管这是一个相当聪明的问题，恰恰展示了那种对数学家非常有用的好奇心——但是，他得首先完成学业！

理解一个人将要做什么非常重要，一项对美国两所城市中学的12个科学课堂的研究生动地说明了这一点（White & Frederiksen，1998）。在这项研究中，七年级有7个班，八年级是3个班，九年级2个班。每个班级(平均30名学生)每天有45分钟的科学课。

所有12个班级都在大约11周的时间之内学习思考者工具课程（Thinker Tools Curriculum）——其目的在于促进科学课堂上的思维发展，在此期间他们共学习了7个模块。

模块1. 单维运动

模块2. 摩擦

模块3. 质量项目[(Mass Project)共同探究项目]

模块4. 二维运动

模块5. 重力

模块6. 轨迹

模块7. 期末项目[(The Chosen Inquiry Project)所选择的探究项目]

每个模块都包含了一系列的评价活动。在其中的6个班级(随机选出来作为对照组)，这些评价片段以讨论的形式出现，学生每周一次来讨论这个主题中他们喜欢和不喜欢之处。在另外6个班中，学生每周一次进行反思性评价。通过一系列的小组和个体活动，教师们向学生们介绍了将用来评价学生工作的九个评价指标(每一指标都采用五级量表来评分)。在一个模块的每一片段结束时,学生们被要求根据其中的两个指标来评价自己的表现。在整个模块结束时,学生必须对照全部九个指标来评价自己的表现。学生在每一次评价后都得写一份简短的陈述,呈现作为他们自我评分的基础的那些工作。在每个模块的最后,学生向全班展示他们的作品,他们的同学运用这些指标向他们提供反馈。实验设计的重要方面是所有的学生都得到了相同的教学时间,无论他来自实验组还是对照组。

所有参与研究的学生都参加了基本技能综合测试(Comprehensive Test of Basic Skills, CTBS)——一项基本读写能力和数学能力测试——来检查实验组(treatment group classes)和对照组是否与先前的成绩匹配。在模块 3 结束时,学生们完成了一项以 5 分制评分的项目。根据各组学生的 CTBS 成绩是在班级中上半部还是下半部分,对学生成绩进行分类,结果如表 3.1 所示。

表 3.1　不同组别学生的项目分数和 CTBS 分数

项目	平均项目分数	CTBS 分数	
		较低的一半	较高的一半
“喜欢和不喜欢”(对照组)	2.6	1.9	3.4
反思性评价	3.2	3.0	3.5

表 3.1 中的数据有两个重要特征。首先,反思性评价课堂中学生的平均成绩高于对照组。其次,也是更重要的一点,相较于对照组,反思性评价组在基本技能综合测试中高分学生和低分学生之间的成绩差距降低了三分之二(平均差距为 0.5 分,而在对照组中这个差距是 1.5 分)。

在期末项目中，学生们展示科学探究技能，并被按百分制来评分。这个成绩要与他们在研究开始之时的前测成绩相比较。结果如表 3.2 所示。

表 3.2　不同组别学生期终探究测验分数和 CTBS 分数

项目	前测		后测	
	较低的一半	较高的一半	较低的一半	较高的一半
“喜欢和不喜欢”(对照组)	32	59	39	68
反思性评价	28	52	53	72

这是一个相当令人惊讶的结果，因为对照组班级和反思性评价班级接受的教学是相似的——在所有参与项目的 12 个班级中，有 80%以上的教学是相同的——但这些变化是如此之大。在对照组，高成就者提高了 9 分，低成就者提高了 7 分。然而，在反思性评价组中，高成就者提高了 20 分，低成就者提高了 25 分。在反思性评价小组中，每个人都有进步，但这种做法对成绩较差的学生的好处要大得多。有些学生已经知道成功的工作是什么样，但另一些并不知道。确保所有学生都知道高质量的工作是什么样，对成就差距有着深远的影响。

鉴于所有这些，评价专家 D.罗伊斯·萨德勒(D. Royce Sadler, 1989)有以下论断就不奇怪了：

要改进，不可或缺的条件是，学生要拥有与其教师大致类似的质量概念，能够在生产行动中持续地监控所产出的东西的质量，并拥有能够随时加以应用的备择招式或策略库。

虽然萨德勒的宣称——除非他列举的条件得到满足，否则任何改善都是不可能的——可能会遭到一些争议，但毋庸置疑，确保学生理解他们在课堂中从事的活动背后的学习意图，的确是个好主意。

何时运用学习目标

美国一些学区规定，每一个教学阶段都应从教师公布学习目标开始。的确，如我在许多学区所看到的，教师评价方案专门关注到这一点，要求那些观察员记录教师是否清楚地阐述了课时目标。结果发现，分享学习目标的做法经常是不连贯的。教师把目标写在黑板上，学生们把目标抄到笔记本上，在剩下的时间里，每个人都开始忽视目标——这就是一些教师称之为“墙纸目标”(wallpaper objective)的原因。

这只是分享学习目标的表面化做法，根本不是“明晰、分享和理解学习内容与成功指标”这一策略的本意。正如阿尔伯特・爱因斯坦(Albert Einstein)曾说过的那样：“让事情尽可能简单，但不要过于简单。”显然，让学生知道他们在学习中要去哪里，主意很好，但不能用一种公式化的方式来实现。

有时候，以告诉学生这堂课讲的是什么来作为开场白，甚至不是一个好主意。考虑图 3.1 中的问题，该问题适用于中学数学课。

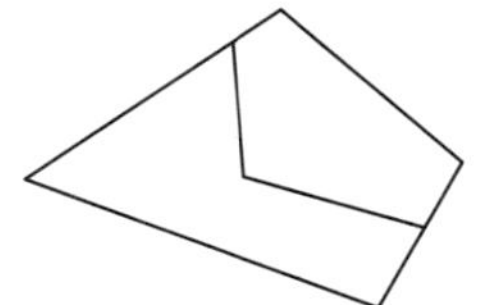

图 3.1　“两块土地”的图形问题

两名农夫继承了相邻的土地，但分界线是曲折的(见图 3.1 所示)。他们都觉得这样的边界不方便，所以他们想将边界弄直，但面积依然相同。

当然，这个问题有无数种解决方案，但有助于极大简化该问题的一个关键的洞见是，等底等高的三角形面积相等(因为三角形的面积公式是$\frac{1}{2}$×底×高)。因此，如果在原边界与土地边线的交点之间画一条直线，再通过边界线的折点画一条平行线，那么任何一个以边线上两个点相连构成的线段为底边，且第三个角在该线段的平行线上的三角形面积都是相等的(见图 3.2)。

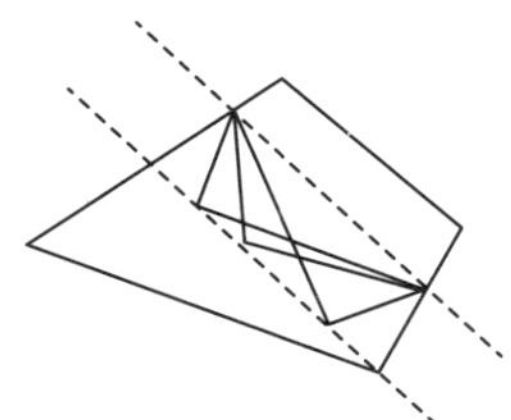

图 3.2 “两块土地”问题的思路

这样，就可以画出图 3.3 中的那两条加粗的线。

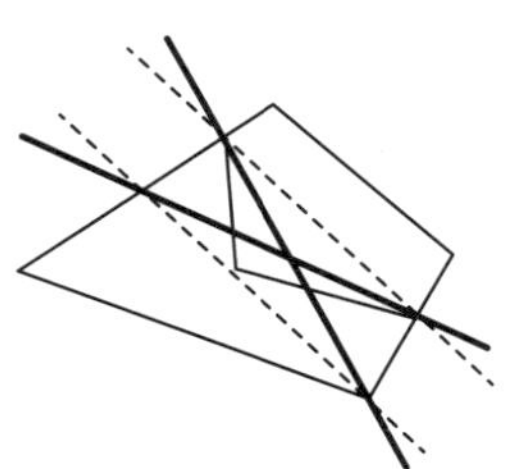

图 3.3 “两块土地”问题的解决

如果教师一开始就告诉学生，我们正在学习解决涉及三角形面积的问题，那么这个问题就完全没有意义了。一旦认识到这个问题与三角形面积相关，那么这个问题的解决就比较简单了。有时，告诉学生他们要去哪里会完全毁了旅程！事实上，在与学生的交流中，许多学生告诉我，每一天总是以接到目标来开始，让他们感到厌倦。

另一些时候，我们可能非常乐于认同给予学生关于我们想要什么的清晰的指导，但事实证明这太难了。例如，一位教师想要发展学生吸引读者注意力的能力，他可能就要花一段时间来发展学生写出引人注意的开场白的技能。虽然这确实是我们希望学生能够做到的事情，但是，告诉学生今天的学习目标是理解什么构成了一个能抓住眼球的开场白，这是否会对学生有很大的帮助，还是值得怀疑的。我们无法总是用语言表达我们所知道的东西，这一事实意义深远，可如今很少有人能够领会，尽管几十年前它就已被认识到。

在 1958 年首次出版的开创性著作《个人知识》(*Personal Knowledge*)中，迈克尔·波拉尼(Michael Polanyi)探讨了人们如何认识事物的问题。他指出，在人类活动的许多重要领域，我们无法写出导致"好"的规则，但我们经常可以运用箴言来总结我们对质量的认知。不过，他的关键洞见是，箴言仅对于那些已经了解特定情境中的质量含义的人有用，对那些不了解质量含义的人却毫无用处：

箴言不能被理解，更不用说为那些不具备良好的艺术实践性知识的人所用了。它们从我们对艺术的欣赏中获得好处，但它们本身既不能取代欣赏，也不能塑造这种欣赏。(Polanyi, 1958)

说得更简单些，罗伯特·皮尔西格(Robert Pirsig)在他的《禅与摩托车维修艺术》(*Zen and the Art of Motorcycle Maintenance*)的结尾部分中写道："质量不必被定义。你无须借助定义来理解它。质量是一种直接的经验，独立于且先于理智上的抽象"(Pirsig, 1991)。

波拉尼和皮尔西格提出的观点就是，我们有时运用学习目标，就好像它们是质量的定义，但事实上它只是事后对质量的合理化，对那些知道自己在做什么的人来说已经足够熟悉了，但对那些还没做到的人来说，就没什么帮助了。我的一个朋友是一位认真的高尔夫球手，他告诉我，他的教练这几周一直在告诉他，要"让下半身安静下来"(quieten his lower body)。他把这当作行动的指南，但发现根本不可能理解它的意思。然后，有一天，一切都豁然开朗。一旦搞明白了，这个忠告就有了意义。它可能没有帮助他达成目标,但确实帮助他知道何时达成了目标。

因此,在向学生传达学习目标时,首先要确定的是,用波拉尼的话来说,我们是要给出规则还是箴言。有时我们可以非常具体,例如,我们要求实验报告要以特定的方式——图表要用铅笔绘制,并做好标签,等等——来呈现。另一些时候,我们能做的最好的事情就是帮助学生发展盖伊·克拉克斯顿(Guy Claxton, 1995)所称的“质量鼻”(nose for quality)。正如芭芭拉·怀特(Barbara White)和约翰·弗雷德里克森(John Frederiksen)在 1998 年的研究中所做的那样,评分规则能在这一过程中起作用。在他们的研究中,教师与学生分享评分规则,但更重要的是,让学生有时间思考并与他人讨论,评分规则在实际应用于自己的工作时可能意味着什么。

与学生一起来开发学习目标是有价值的——这是一个有时被称为“共同建构”(co-construction)的过程。重要的是要注意到,与学生一起来开发学习目标和成功指标并非一个民主的过程。教师在所教的主题上居于主导地位(privileged position),比学生知道得更多,且教师没有责任保证将学生认为的任何有价值的东西当作成功指标。与学生一起开发成功指标的好处是,创造了一种学生可借此来讨论进而内化学习目标和成功指标的机制,这使得学生更有可能在自己的学习情境中应用学习目标和成功指标。

雪莉·克拉克(Shirley Clarke, 2005)提供了下面的例子。一名中学教师正在教一个关于发展中国家商品生产的单元。她告诉学生们,学习目标是理解香蕉生产对香蕉生产者本身的影响。学生学习了这一主题,在单元结束时,教师进行单元评价(end-of-unit assessment),要求学生展示对这种影响的了解。由于之前两周他们每天花一个小时研究这个问题,因此大多数学生都在评价中获得高分。这种做法的问题在于，如果我们只用我们所教给学生的东西来测试他们，他们可能会做得很好，但那又怎样呢？

克拉克指出，教学和评价上这种肤浅的做法经常是将学习目标与学习情境混淆的结果。她认为，在这个特定的例子中，将学习目标定位于“理解发展中国家生产对生产者的影响”要好得多，香蕉生产应该是学习的情境。成功的指标——教师如何确定学习目标是否被达成——则可能是学生能否将他们从香蕉生产中所习得的知识迁移到其他产品(比如说糖)的生产上。

这凸显了一个意义重大但被理解得很糟糕的观点。作为教师，我们不需要对学生是否有能力做好我们教他们做的事情感兴趣。我们要感兴趣的只是他们将新习得的知识应用到相似但不同的情境中的能力。

这一点在数学上或许最为明显。如果教师用实际例子教学生分数加法，比如 1/2＋3/5。一旦他教了，他就不应再对学生完成 1/2＋3/5 的能力感兴趣。大多数学生都能做那道题，因为他们刚刚学过！教师想要知道的应该是，学生能否将他们新习得的知识迁移到适度相似但又不同的一对分数上。同样，如果一位教师教学生如何求一个特定梯形的面积，那么这个特定的问题就不再有趣了，重要的是学生们能否把他们的知识迁移到其他梯形上。在语言艺术课中，当我们要求学生们在最终稿上纠正标点符号时，我们想看到的不只是这篇文章，而是希望学生们能把他们所学的迁移到其他习作中。

正如阿尔菲·科恩(Alfie Kohn)所指出的，过于详细的评分规则可能适得其反，原因正在于此。如果你详细地规定学生要达到的目标，那么他们可能会很好地达到，但这可能是他们能做的全部(Kohn, 2006)。你对自己想要什么越清楚，你就越有可能得到它，但它不太可能有意义。

表 3.3 借用克拉克的研究成果，提供了教师混淆了学习目标和学习情境的一些例子，并提出了教师可以用来重构学习目标的方法。

表 3.3　混乱和清晰的学习目标实例

混乱的学习目标	清晰的学习目标	学习情境
能够写关于如何更换自行车轮胎的说明	能够将说明写清楚	更换自行车轮胎
能够提出支持或反对辅助自杀的论据	能够提出支持或反对情绪化命题的论据	讨论辅助自杀(assisted suicide)
了解当地牧师的工作	了解宗教领袖的职责	向当地牧师咨询
制作并分析一份关于观影习惯的问卷	编制问卷并分析问卷数据	揭示观影习惯
设计一个实验以搞清球潮虫(pill bugs)偏好的条件	为科学问题设计可靠的测试	了解球潮虫首选的栖息地

将学习目标与学习情境分开的另一个好处是，它使得差异化教学变得容易得多，而无须创建一个课堂让不同的学生为不同的目标而努力。所有学生都可以朝着同一个学习目标努力；差异化只体现于成功指标。一个特别有效的方法是，根据学生将学习迁移到新情境的程度来将成功指标差异化。所有的学生都应该能够把他们所学到的东西迁移到非常相似的情境中，同时有些人则可以展示他们能把所学到的东西迁移到多远。

此外，我们必须能够将预期的学习结果与我们希望用以产生这些结果的教学活动区分开——许多教师难以做出这种区分。我经常问教师："您这堂课的学习目标是什么？"很多时候，教师都是这样回答的："我要让学生……"然后指定一项活动。我接着问教师，作为这些活动的结果,你期望学生学到什么?此时,我经常会得到一个茫然的凝视,就好像这个问题毫无意义或微不足道。这就是为什么良好的教学是如此极度困难的原因。相对来说,想出一些很酷的事让学生在课堂中去做是比较容易的,但这种基于活动的做法的问题在于,学生对将要学习什么却常常不太清楚;另一方面,站在教室前面向学生讲授你希望他们学习的东西也是比较容易的,但许多学生在这种做法中学不好。教学是困难的,因为,正如格兰特·威金斯(Grant Wiggins)和杰伊·麦克蒂格(Jay McTighe)指出的,它必须逆向设计(designed backward)。

建构学习目标和成功指标的相关议题

关于教师如何确立学习目标和成功指标,有很多忠告:在这方面特别有影响力的包括英国雪莉·克拉克的研究、美国里克·斯蒂金斯和他在评价培训研究所的同事的研究,但良好的学习目标的开发更像艺术而不是科学,总是取决于教师的创造力。不过,在制定学习目标和成功指标时,考虑以下三个问题会很有用:

1. 特定任务(task-specific)的评分规则与通用(generic)的评分规则;

2. 聚焦结果(product-focused)的指标与聚焦过程(process-focused)的指标;

3. 正式语言和学生易懂的语言。

特定任务的评分规则与通用的评分规则

评分规则——实际上只是呈现成功指标的一种方法——可以是任

务特定的，只应用于单一任务；也可以是通用的，同一评分规则可以应用于许多不同的任务（参见 Stiggins，2001）。特定任务的评分规则是有益的，因为它们运用了非常清晰的语言，有助于准确地向学生传达特定任务的要求。

然而，特定任务的评分规则的这个优势同时也是一个弱点，因为它们只关注特定的任务。这又回到了之前关于情境化学习目标的讨论中出现的同样的问题——因为想要的东西太过具体，我们就会过度局限于学生的学习。特定任务的评分规则的另一个弱点是，学生需要适应每个任务的新规则。

朱迪恩·阿特（Judith Arter）和杰伊·麦克泰认为特定任务的规则通常更适合于总结性评价。如果想让学生确切地知道我们希望他们展示能做什么，那么特定的指标是非常有用的。它能确保学生知道我们在追求什么，因此在学习结束时是非常有用的。然而，在学习过程中，保证评分规则中一定程度的通用性会有助于促进迁移。通用的评分规则的另一个优点是，它们不需要为每次新作业重新编制，这节省了教师的时间。［关于"良好评分规则"的更多特征，请参见《基于设计的再学习》（*Relearning by Design*，2000）］

聚焦结果的指标与聚焦过程的指标

大多数的学习目标和成功指标都聚焦于学习结果，例如，期望学生在一段时间教学结束时应该能够做什么。这是很自然的，因为正如前面提到的，最好的学习需要从预期的目标出发逆向设计。然而，过程性指标，或者能够指示你的工作正在向这些成功指标进展的指标，也可以是有用的。就如同在开车旅行时知道自己在正确的道路上（例如，"你将通过位于你左方的一个加油站")会很有帮助(也让人安心)。

形成性评价专家、曾经当过教师的雪莉·克拉克提供了下面的例子:

学习目标:写出一个有效的性格特征。

结果性成功指标:读者会觉得自己认识这个人。

过程性成功指标:特征描述至少包括以下特征中的两个方面——

- 角色的爱好和兴趣。
- 角色对自己和他人的态度。
- 角色性格外向或内向的实例。
- 角色喜欢和不喜欢的东西的实例。

体育教师和教练员往往很擅长制定过程性指标,他们将复杂的技能分解成简单的技能,然后重新组合。对于那些从来没有教过掷球的人来说,掷球看起来只是一个动作,但在教练看来,如果它被分解成几个步骤单独练习,然后再整合成一个流畅的动作,那么大多数孩子能学得更好。

写作框架也是过程性标准的例子,因为它们为学生的答案提供了结构[3]。然而,就像拐杖对腿有缺陷的人很有用,却会限制健康人一样,写作框架能够帮助一些学生,但会阻碍另一些人做出创造性的反应。

举个例子,如果一群学生要写一个悬疑故事,那么让他们从阅读一些同年龄段孩子所写的悬疑故事开始会很有用,再通过前面所描述的共同建构过程,确定哪些故事更好,并说明为什么。然后,小组可能会确定,最好的悬疑故事包括四个主要阶段:角色设定、紧张情绪上升时期、高潮和结局。当然,这确实代表了悬疑故事的标准模式。但它可能变得相当程式化——几乎成了一种束缚——因此,现在许多电视节目以高潮开始,然后在几分钟后,用"几小时(或几天)前"这个短语将故事引回开头。事实上，那么多的电视节目都使用了这种方法，以至于这本身也成了某种俗套，但这说明了结构、模板和指南既可能提供支持，也可能带来约束。说这些并不意味着我们不应该给予学生支持，而是要确保我们的学生认识到，如果相信自己很清楚地知道自己在做什么，那么就可以扔掉支持。很多时候，结果是学生们会摔倒，但这不动摇，正如塞缪尔·斯迈尔斯（Samuel Smiles, 1862）在 150 多年前说的那样，“从不犯错的人永远不会有发现”。

当学生忽略教师关于如何解决问题的建议时，创造力就会产生。关于这一点有个来自我自己早期教学生涯的例子。我给九年级一个班级的学生上课，布置了一个任务，让他们算出许多条竖线和许多条横线（条数可能不同）相交可能构成多少个矩形。

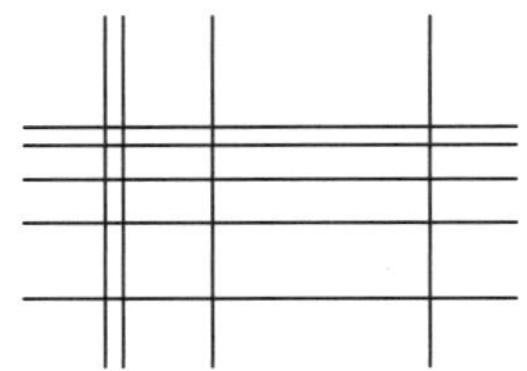

我制订了一套过程标准，鼓励学生“尝试更简单的案例”（try simpler cases），就像乔治·波利亚（George Polya, 1945）所建议的那样——例如，只看两条水平线，然后计算由两条、三条、四条垂直线所构成的矩形数量，以此类推。仅仅几分钟，一个学生就写出了下面的数学公式。

$$\frac{m(m-1)}{2}\times\frac{n(n-1)}{2}$$

我要求看他的草稿，他说：“什么草稿？”他耐心地跟我说，每个长方形都是由两条水平线和两条垂直线构成的。如果有 m 条水平线，那么两条水平线中的第一条就有 m 种选择，第二条水平线有 $m-1$ 种选择，

总共有 $m\times(m-1)$对。但由于每对水平线都被计算两次，所以所选择的水平线对数是 $m\times(m-1)$除以 2。垂直线也可以这样来计算，两个表达式相乘就得到答案。

对于这个学生，我精心策划的框架(如果他注意到的话)会阻止他找到一个我没有发现的真正有洞察力的解决方案。我们需要认识到，过程性指标对学生既会带来限制同时也会提供支持(affordances)，因此我们需要审慎地思考如何构建以及运用这些框架。

就此而言，过程性指标对于帮助学生成为自己学习的主人尤为重要(见第七章)。如果教师花时间帮助学生发展前面所提到的“质量鼻”，那么学生也将认识到他们当前所处的位置与想要去的地方之间的差距。他们所不知道的是如何去那里。为他们提供过程性指标能将从现在所在之处到想要到达的地方这一漫长旅程分解成稍小的步骤，使其更易于管理。

当我们想实施总结性评价时，成功指标的目的就是确定学生成功的程度。当我们处于形成性模式时，成功指标的目的就是带来成功。

正式语言和学生易懂的语言

州和省的课程标准通常都是用相当正式的语言陈述的，学生(或教师)要搞明白它们的意思并不容易。因此，一些研究者倡导，教师应该调整州或地方标准，并用学生易懂的语言把它们呈现给学生(例如，参见 McEldowney & Henry, 2017)。这种做法有其优点，但也需要记住，国家标准中使用的语言通常具有标准所代表的学科的特征。学生们可能不理解“听众意识”(sense of audience)这一术语的意思，因而试图用更简单的词来表达它的含义，然而，在语言艺术中作为一个艺术术语的"听众意识"这个短语学生们又必须要理解。在向学生介绍一门学科时，用学生易懂的语言可能很有用，但帮助学生发展作为学科特征的思维习惯也很重要，而与"正式"语言达成妥协就是这一过程的一部分。

支持和反对评分规则的情形

读者可能会感到惊讶，本章到目前为止几乎没有提到北美教师向学生传达学习目标的最常见方式，那就是评分规则的运用。但这不是疏忽。

正如我在这一章中所希望阐明的，我坚信所有年龄段的学习者都应该尽可能地理解自己需要学习什么，并能监控自己在达成目标的旅程中的进步。然而，评分规则是不是实现这一点的良好途径，目前还远远没有搞清楚。许多关于评分规则的研究并不关注它们是否改善了学习，而是关注它们是否提高了评分上的一致性，有证据表明它们确实能有效提高评分的一致性(Jonsson & Svingby, 2007)。有些研究在探究它们能否帮助学生学得更多，但结果却相当模棱两可(Panadero & Jonsson, 2013)。尽管一些研究表明，评分规则对学生成绩有巨大影响，但这些发现中的大多数来自较短周期的研究。如果评分规则界定了一项作业所必需的特定特征，那么学生就更可能保证这些特征被体现，但从长远来说，这是否会促进更有效的学习，依然不是那么清楚。如果评分规则意在改善学习，而不只是提高评价的准确性，那么至少有三个问题需要认真考虑。

首先，评分规则依赖于对质量的描述，因此，即使我们能够就高质量工作的外显表现达成共识，评分规则也经常只是质量内涵的不完美的表征。正如作家罗杰·沙特克(Roger Shattuck)所说："语言不能反映世界，不是因为世界不存在，而是因为语言不是镜子。"(转引自Burgess, 1992)哲学家斯蒂芬·图尔明(Stephen Toulmin)在他的著作《回归理性》(*Return to Reason*)中对此给出了一个有力的例证。他描述了自己在美国国家人类保护研究课题委员会(National Commission for the Protection of Human Research Subjects)任职期间的工作。在该委员会，他的任务是就在生物医学和行为研究中使用幼儿的伦理问题提供建议。经过6个月的审议和多次公开会议后，委员会确定了一套方案，并在委员会成员中获得了几乎全体一致的同意。然而，当他们被分别问及赞同方案的理由时，图尔明说："巴别塔建起来了(Babel set in)。"委员们看起来就方案的内容达成了一致意见，但在表面的共识之下，对其中某些表述的含义的理解却存在巨大的分歧。有时这对某个领域的专家来说是正确的，但新手可能会以完全不同于专家的方式来理解标题中的术语。

例如，在分析文学文本时，人们期望最好的作品可能是"持续和简洁的"(sustained and concise)，这很合理。但一些学生会对此感到困惑，因为"持续"意味着"长"，"简洁"意味着"短"。的确，他们的即时反应很可能是："讲清楚，你到底想要持续还是简洁?"因为他们看不出一件作品如何能两者兼备。对于学科专家来说，这两个术语是可以很好共处的，因此要求作品既持续又简洁，并没有内在的冲突。这就是迈克尔·波拉尼的观点，他曾说，语言无法向新手传达对质量的理解。

其次，评分规则似乎更注重评分，而不是改进。如前所述，只要不是太具有挑战性，高质量的作业样例就可以非常有效地帮助学生理解质量。目前还不清楚的是，向学生提供对质量不那么高的样例的描述是否有价值。举个具体的例子，我们来看看西北教育（Education Northwest, 2016）广泛使用的 6+1 写作评分规则。对于最高级别[第 6 级，或优质（exceptional）]，关键问题是“作者的用词是否传达了精确的、令人信服的含义和/或为读者创造了生动的画面?”该评分规则包含了如下说明：

> 运用强大的有吸引力的词汇创造了生动的形象；以有趣的自然的方式运用精确的词汇和/或修辞语言来强化意义。（Education Northwest, 2016）

这似乎完全合适。不太清楚的是，除了提供这种描述之外，在提供不那么好的作业的特征描述时是否会有用。例如这个评分规则中的第 3 级水平[发展中（developing）]描述为：

> 运用了可理解的但缺乏活力和想象力的词汇；可能需要一些解释才能理解作品的某些部分。（Education Northwest, 2016）

从评分的角度讲，以这种方式来描述不那么优秀的作业的特征肯定很有用，但它可能导致注意力偏离了作业的改进。

此外，在许多评分规则中，这样的描述经常相对程式化，只用一些词汇的变化来表示质量上的差异。的确，我曾听一些编制评分规则的人承认，借助于同义词词典（thesaurus）来生成近义词，然后运用它们来区分一个等级和另一个等级的作业。当然，学生接下来会搜索形容词，以看看哪些词汇能够表示从一个等级到另一个等级的变化。所有这些都没什么意义，更不能促进学生学习。

再次，评分规则规定了质量的某些特定方面，并将之提升到一种特殊的地位。将表现从一个等级提升到另一个等级，可能涉及众多复杂特性上较小甚至细微的改变，但要列举所有这些微小的变化会使评分规则变得非常烦琐，因此只能在评分规则中考虑特定的维度，评分规则的开发就聚焦于这些特定的维度,优先考虑它们,而以忽视其他的维度为代价。格雷格·阿什曼(Greg Ashman, 2015)用图3.4对此做了总结。

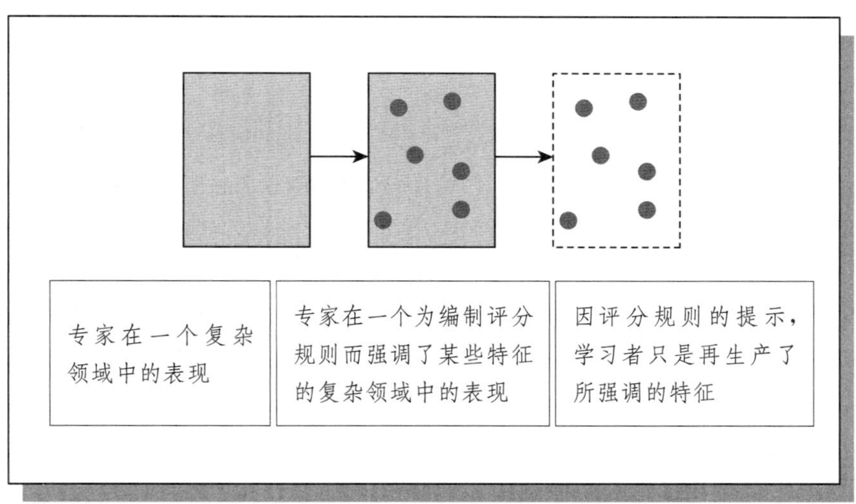

图3.4 评分规则如何失去作用

从学前教育到大学,评分规则帮助学生理解了他们应该学习什么,但切记,评分规则实际上只是被组合成一个矩形网格的成功指标的集合。这种安排当然是实用的,但也可能有局限性甚至误导性,因为这些评分规则很少经过严格的校准。若使用大而复杂的评分规则,就不可能保证评分规则上某个维度的水平4与该评分规则另一个维度的水平4在价值或难度上对等。评分规则可以发挥作用,但与教师用以与学生分享学习目标和成功指标的其他方法一样,评分规则的关键是要能有效地让学生知晓他们应当学什么,以及教师评价学生作业所依赖的基础。最重要的不是教师将什么放入评分规则,而是学生从中得到什么。

实用技术

以下技术将有助于帮助学生在课堂上理解和实现学习目标：优缺点讨论(strengths and weaknesses discussion)；范文(model papers)；不能写什么(what not to write)；即时和延时后测(immediate and delayed post-tests)；试题设计(test-item design)；每日登录(daily sign-in)；选一换一选(choose-swap-choose)；以及 WALT，WILF and TIB。以下将详细讨论每一种做法。

优缺点讨论[4]

帮助学生理解学习目标和成功指标的一个重要技巧，是要求学生审查其他学生的作业实例，并参与讨论每一份作业的优缺点。例如，一位中学理科教师正在教一个班学生如何写实验报告。在学生们撰写实验报告之前，教师从前一年所教的班中挑选了 5 份实验报告，隐去姓名，提供给学生，让学生分成小组来确定其中的一些是否比另一些好。如果他们认为有些确实比其他的好(他们总会这样认为的！)，就会根据报告的质量对它们进行排序，然后每个小组向全班汇报他们的讨论结果[5]。在每个小组都分享了自己的观点之后，教师邀请学生们阐述理由，然后这些理由被用来共同建构实验报告的评分规则。如前所述，这不是一个民主的过程。教师运用自己的学科知识来指导讨论，以确保评分规则能够忠实地抓住该学科中正在发展的能力概念。

为了达到这个目的，教师准备好一个进阶模型将会很有用，这个模型可以用作评分规则的基础。例如,一群地理教育者提出了如下关于地理写作的进阶模型(Davies, Durbin, Clarke & Dale, 2004):

- 第一阶段　端点:使用准确的地名来确定地点,并运用诸如硬/软、丘陵/平地、湿/干、富/穷之类的两极情况来描述特征和位置。
- 第二阶段　不同类型:运用“温暖”“凉爽”“冰冷”“酷热”“非常热”以及“热”“冷”等词来辨认不同的地方;运用像分离(detached)、半分离(semi-detached)、阶梯状(terraced)和平铺状(flats)之类的术语来描述不同的住宅。
- 第三阶段　比较:使用数字对特征(例如,两倍的人数、一半的温度范围)和地点加以比较,并描述地点之间的差异。
- 第四阶段　比率和模式:对这些描述进行类聚,以获得对整个地方的印象,运用诸如人口密度、收敛和发散、湿度等整合多种观念的术语来描述特征和地方。

这样的模型对学生可能不会有什么帮助,但它对教师事先思考其所教学科的进阶模型会有帮助。

范文[6]

前面所描述的优缺点讨论技术的一个变体是,运用学生的论文样本来例证优秀的作业。例如,一个高中教师在班级中布置了论文写作任务。教师将这些论文收上来,并在自己的成绩登记本上给每篇论文一个临时的等级,但不在论文上写任何东西。第二天,教师将学生的论文发还,同时还给学生三篇教师认为班级中最好的论文的复印件,并要求学生在下节课上课前阅读(与优缺点讨论的关键区别在于,在这种方法中,学生们被告知哪些例子是好的)。在接下来的一节课中,学生们就这三篇被评为优秀的文章所具有的重要特点展开讨论[7]。然后教师邀请所有的学生(包括那三篇优秀论文的作者)重新起草并提交他们的论文。

这种技术有两个特点值得注意。首先,它以具体的方式例证了优秀的作业。其次,可能也是更重要的,那些论文没有被选中的学生必须开展智力活动,将他们自己的作品与教师提供的样例进行比较,因此这种反馈比他人提供的反馈更能让学生投入。然而,在与学生分享作业样例时,需要考虑到一些注意事项[8]。

首先,让学生相信范文是在他们能力范围内可达成的,这很重要。在一项对注册于大规模公开在线课程(Massive Open Online Course, MOOC)的 15 万人的研究中,共有 5740 人提交了第一份作业,然后评价了他们同学的作业(Rogers & Feller, 2016)。若读到的同伴论文比自己的好得多,学生就不太可能继续学习这门课程,这种影响对那些读到最好的论文的学生最大。然而,对于读到比自己的更差的论文的学生来说,也没有弥补性效果(complementary effect)。那些读到水平比自己差很多的作业的学生,与那些读到与自己水平差不多的作业的学生,在完成课程的速度上是一样的(Rogers & Feller, 2016)。

其次,当仅向学生展示高质量作业的单一实例时,这个例子可能被视为一个需要复制的样板,而不只是一个例子。在社会研究的例子中,教师与全班分享了三个(非常不同的)高质量作业的例子,而不是单个例子,这非常有意义。学生们可以看到,通往成功的“捷径”(royal road)并不只有一条,事实上,有多种表现能够得到 A 等。

再次,如果能将学生的注意力引导到我们所关注的事情上,那么学生的学习将会最大化。例如,很多人都熟悉下面的虚拟文本段落:

Lorem ipsum dolor sit amet, consectetur adipiscing elit, sed do eiusmod tempor incididunt ut labore et dolore magna aliqua. Ut enim ad minim veniam, quis nostrud exercitation ullamco laboris nisi ut aliquip ex ea commodo consequat. Duis aute irure dolor in reprehenderit in voluptate velit esse cillum dolore eu fugiat nulla pariatur. Excepteur sint occaecat cupidatat non proident, sunt in culpa qui officia deserunt mollit anim id est laborum.

自 16 世纪以来,这段文字就一直被运用。这是当时一位佚名的打字员为了打印出字体样本而乱敲出来的。在这里,重要的观点是,如果段落是读者能够理解的文本,那么读者就会阅读文本,而不是注意布局和字体。如果文本难以理解,读者必须把注意力集中在他或她必须关注的东西上——字体和布局。同样的,如果我们选择作为样例的学生作业在所有方面都很优秀,而不只是在教师所关注的特定特征上很优秀,那么学生就不太可能得出预期的结论。

举例来说,如果一篇关于美国宪法中权力制衡的真正的好文章,拼写正确,字迹也很工整,学生们可能会把注意力集中在书写和拼写,以及有关权力制衡的观点上,于是可能会更清楚地知道,是什么构成了一篇关于权力制衡的好文章,这正是这项工作唯一重要的特性。我们当然不希望学生提交上来的作业有很多拼写错误,字迹非常潦草,但当我们需要学生只专注于一件事时,让我们希望学生专注的那件事凸显出来,这很重要。

有些人认为,这种过程只对年龄较大的学生(那些中学生和大学生)起作用。但事实上,学生可以在很小的时候就在工作中形成质量观念。例如,在我亲历的一个例子中,一个幼儿园班级正在用水彩画画,大约 15 分钟后,教师拿起一个女孩的画,问全班同学为什么教师认为这幅画特别好。一个男孩看了看那幅被举起来的画,又看了看自己的画，过了一会儿，他说："因为它不全是棕色的。"男孩意识到自己在画画时太焦急了，没等颜料干了就换了一种颜色。将自己的作业与一个样例进行比较，就能实现这种认知飞跃，就说明，即使在年幼的时候，只需要做比较就能让这种跨越发生。

不能写什么[9]

有些教师会质疑，为什么要让学生花本该用来做作业的时间去看其他学生的作业，但正如许多教师所发现的，相较于在自己的作业中找出错误和缺点，学生在别人的作业中找出错误和缺点时表现得要好得多。如果学生指出了这些错误或缺点，那就更可能在自己的作业中避免重复这些错误或缺点。

开出一堂课让学生们去确定其他学生作业中的薄弱环节，可用的方法之一是列出一份"不能写什么"(What Not to Write，借鉴于电视节目"What Not to Wear")的清单，学生可借此来分享关于他人应该避免的陷阱的建议。我们将在下一章更详细地讨论错误的概念，但是现在，重要的是要注意到，向学生提供正确和错误的例子似乎比仅仅给学生正确的例子更有效。

即时和延时后测[10]

另一种方法是实施两次后测——一次在教学之后立即实施，另一次延迟实施。在一项研究中，74 名四年级和五年级的学生参加了一个 25 分钟的教学活动，学习将小数放在一个数轴上并按大小进行排列(Durkin & Rittle-Johnson, 2012)。学生们被随机分成两组。一组的学生只学习正确的例子，另一组的学生学习的是正例和反例混杂的内容。在实验开始时，学生们完成了一个 20 分钟的小数知识测试，用来测试他们关于小数的程序性知识和概念性知识。程序性知识的测试题是要求学生将一个数放在数轴上（例如，把 0.9 放在从 0 到 1 的区间里），概念性知识的测试题是要求学生确定等值小数（例如，要求学生在 0.5100、0.051、0.510 和 51 中圈出等于 0.51 的数）。在教学结束时，学生们参加了与第一次测试相同的第二次测试，两周后，他们完成了延期的后测。

不出所料，所有学生在即时后测中得分都高于他们在前测中的得分，两周之后的延时后测中得分也一样高（见表 3.4）。然而，只学习正确例子的学生的概念性知识得分和程序性知识得分分别提高了 7 和 19 个百分点；那些既学习了正确例子又学习了错误例子的学生改善更大，分别提高了 14 和 26 个百分点，且成绩差和成绩好的学生得益差别不大。按照标准化效应量（standardized effect size）来看，这些提高分别为 0.35、1.01、0.72 和 1.05 个标准差，相当于将一个平均水平的学生提高到第 64、84、76 和 85 百分位。此外，同时学习正例和反例的学生在延时后测中因错误概念导致的错误更少；“仅正确”组的比例下降了 1 个百分点，“正确与错误”组下降了 8 个百分点（Durkin & Rittle-Johnson, 2012）。

表 3.4　“仅正确”组和“正确与错误”组的后测分数

项目	概念性知识		程序性知识	
	即时后测分数提高	效应量	即时后测分数提高	效应量
“仅正确”组	7	0.35	19	1.01
“正确与错误”组	14	0.72	26	1.05

试题设计[11]

对于年龄稍大的学生(如四年级及以上)，让他们就正在学习的内容来设计试题并给出正确答案，是一种对学生明晰、分享和理解学习目标且对教师了解学生的理解水平都很有用的技术。一项涉及 260 名大学生的几个实验的研究证明，相较于给予学生指导，让他们以自己的方式来准备测验，并实施实际的测验，试题设计被证明更有效(Foos, Mora & Tkacz, 1994)。

在一个实验中，那些为正在学习的内容创建自己的大纲，并基于这个大纲生成学习主题的学生，表现要好于那些接受他人设计的材料的学生，但仅仅表现在那些用以评价关于学生生成试题的学习内容维度的试题上。这项研究的问题是，它没有搞清楚成绩的提高是因为大纲的创建还是研究问题的生成。第二个实验表明，起作用的是学生生成自己的试题——生成自己试题的学生的表现好于被给予其他学生编制的试题的学生(Foos et al., 1994)[12]。

对于许多学生来说，为他们已经学完的主题编制一个测验，且知道教师要评价的是试题而不是答案，是一种能带来巨大释放感的体验。对于经常感到受考试威胁的且有逆反情绪的高年级学生来说，这是一个特别有效的策略。

让学生提出问题的另一个好处是，教师可以搞清楚学生认为自己所学的是什么，因为学生认为自己在学的东西经常不同于教师认为他们在学的东西，我观察到的一堂科学探究课就是一个很好的例子。在这堂课中，教师要求学生设计一个实验搞清楚球潮虫偏好的栖息地(我们在表 3.3 中提到过)——特别是，它们喜欢干燥还是潮湿的环境，以及温暖还是凉爽的环境。最后,学生们被要求设计一个问题,让教师可以用这个问题来判断实验能否成功,绝大多数学生写下的问题是,球潮虫喜欢什么样的栖息地。这让教师知道,学生在很大程度上忽略了这项活动的要点——为科学问题或命题设计一个可靠的测试——毫无疑问,其部分原因在于教师构建学习目标的方式(见表 3.3,第 82 页)。

每日登录[13]

这个技术对于吸引幼儿园的孩子非常有用。教师每周都准备一大张签到纸,在纸的左边一栏写上孩子名字,并在顶栏写上星期几,每天学生到校时就在适当的地方签名。很显然,在这个年龄段,一些学生能把自己的名字写得很清楚,而另一些学生只能在方框里乱画。每周的周五,每个学生和一个同学一起去签到,他们必须就各自的五个签名中哪个最好达成共识。

选—换—选[14]

能吸引幼儿园到二年级学生的另一种技术是“选—换—选”。这种技术的运行类似于“每日登录”。例如,一位教师让全班同学把字母 d 抄写 10 遍,然后每位学生在自己所写的 10 个 d 中选出自己认为写得最好的并圈出来。然后同桌交换,各自圈出认为对方所写的 10 个 d 中最好的那一个。如果不一致,他们会讨论原因。

学生们谈论高质量作业的机会实际上是无限的。我曾经见过一位现代语言教师,想让她的学生们知道一口纯正的法国口音是什么样的,于是她把班级分成小组,每组五人,然后发给每个小组一张卡片,上有同一篇法语短文。在小组中,学生轮流大声朗读这篇短文,每位同学都读完之后,小组要确定哪位同学的法语发音最好。接下来,每个小组选出的代表面向全班朗读,教师引导全班同学讨论他们听到的各种发音的优缺点[15]。

WALT, WILF and TIB[16]

当然,有时直接向学生呈现学习目标和成功指标是合适的。雪莉·克拉克在她开创性的著作《揭秘形成性评价》(*Unlocking Formative Assessment*)中,向小学教师介绍了首字母缩写 WALT(我们将学什么/We are learning to)、WILF(我在寻找什么/What I'm looking for)和 TIB(这是因为/This is because)。尽管这些词的运用一定会变得程式化,但对于许多小学生来说,WALT、WILF 和 TIB 的运用会是一个有用的起点。例如,如果一位幼儿园教师正在向学生介绍句子结构的惯用法,其学习目标就可能是:“我们正在学习写出语法正确的句子。”然后教师可以告知学生成功指标:“我要找的是每个句子开头的大写字母,单词之间的手指大小的空格,以及以标点符号(句号、问号或感叹号)结尾的句子。”接着她可能会说:“这是因为它让我更容易读懂你写的东西。”

结论

要想有所成就,明确自己要去哪里显然会有帮助。但传统上教师们并不认为与学生分享学习目标和成功指标很重要。事实是,在许多学区,钟摆已经朝另一个方向摆动得太远了:如果教师一开始没有公布学习目标,这堂课就会被认为是糟糕的一课。

本章考察了一些研究证据,这些证据表明,让学生知道自己在学习中要去哪里以及高质量的作业会关注什么很重要。但要做到这些,没有任何简单的公式可依赖。与教学中的其他事情一样,这项工作没有简单的规则,相反,这需要教师的专业判断,以确定如何最好地让学生明确学习目标和成功指标。虽然不可能有任何简单的公式,但有许多教师认为非常实用的技术,其中一些已在本章中进行了总结。

一旦教师和学生明确了他们的方向,下一步当然是搞清自己是否处于正确的轨道上。为此,收集学生在学习中所处位置的证据就非常必要。这是下一章的主题。

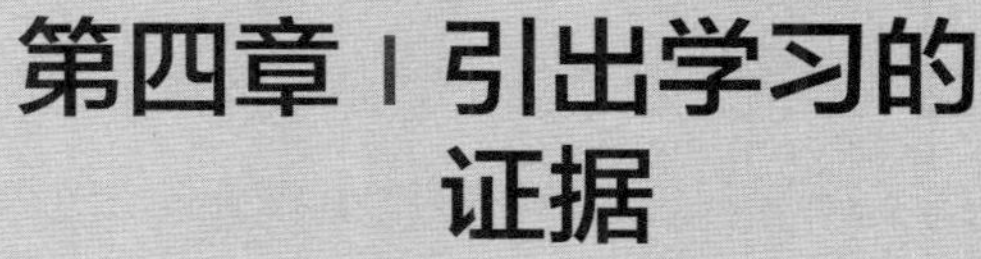

第四章 | 引出学习的证据

在第三章中，我们已经发现了搞清对学生学什么的期望的重要性。一旦做到了这一点，我们就需要确定学生们当前的学习状况。多年前，心理学家戴维·P.奥苏贝尔(David P. Ausubel, 1968)就提出，影响学习最重要的因素是学习者已经知道的东西，而教师的工作就是确定学生已知的东西并据此进行教学。在许多课堂中，引出这些证据的过程基本上是仓促完成的——教师们总是会对让学生参与其中的教学活动进行规划，但他们很少详细计划如何搞清楚学生当前的学习状况。本章强调了对引出证据的过程加以规划的重要性，并提供相应的指南，来指导教师运用问题(questions)搞清学生之所知，发现学生观念的来源。它深入研究了好的问题的构成，并提供了一些供选择的问题。本章也就如何有效运用问题来调整教学以满足学生需求，提供了一些实践指南。

搞清学生已知什么

表 4.1 呈现了施洛莫·维纳(Shlomo Vinner, 1997)所引用的来自第三届国际数学与科学研究(the Third International Mathematics and Science Study, TIMSS)的两个问题。

表 4.1　关于分数的例题

问题 1：哪个分数最小？	问题 2：哪个分数最大？
A. 1/6	A. 4/5
B. 2/3	B. 3/4
C. 1/3	C. 5/8
D. 1/2	D. 7/10

这两道题目看起来很相似，尽管第二道题显然更复杂一些，因为它涉及的数字比较大。但是，第二道题被证明要比第一道题难得多。比如，以色列中学生在第一道题上的成功率是88%，而在第二题上只有46%(Vinner, 1997)。换句话说，答对第一题的学生中只有大约一半能答对第二题。

当我问教师为什么会这样时，得到了很多可能的原因。有些教师认为第一题比第二题容易，因为第一道题的分数很容易看出来。另一些教师认为，第一题中除了选项B——它明显大于选项C——其他的选项都是单位分数(unitary fractions，分子为1的分数)，这使得进行比较更为容易。第三种普遍的看法是，在第一题中，最小公倍数已被呈现出来，而在第二题中，没有呈现最小公倍数，所以得计算，这样，这道题就要分两步来完成，这显然更为复杂。——有趣的是，许多成年人(包括数学教师!)在回答第二题时，更喜欢通过将分数转化成百分数，而不是运用学生在学校中通常被教给的方法回答。

所有这些解释都有道理，但进一步的研究发现一些相当有趣的事。在回答第二题时，有39%的学生选了B。学生在这道题上的答题正确率为46%，答错的学生占54%，39%的学生选择了同一个错误答案。也就是说，在答错的学生中有近四分之三的学生选择了同一个错误答案。

这是非常显著的。毕竟，如果学生的错误是随机的，那么我们可以期待每一个错误答案被选择的概率应与其他错误答案相当，也就是说选择B、C、D的学生比例大约为18%。事实上，选择B的学生数两倍于选择其他两个错误答案的学生数总和。这表明学生在这一题上的错误不是随机的，而是系统性的(systematic)。

最合理的解释是，选择B选项与学生学习分数的方式有关。虽然一开始有些困惑，但是学生们会意识到五分之一比四分之一少，因为整体被分成了更多的部分。由此，许多学生得出结论，最大的分数是分母最小的分数，最小的分数是分母最大的分数。这条规则对单位分数非常有效，但对一般分数不起作用。

当尝试回答第一道题的时候，一个对分数理解不完整的学生只去寻找最大的分母，找到了 6，然后选择 A——正确答案。可是，将相同的策略应用于第二题，导致学生去寻找最小的分母，结果发现了 4，所以就选择了 B——一个错误答案。

虽然我们不能确定这就是造成对两个问题的回答产生差异的唯一原因，但是将在第二题上选择正确答案的学生百分比(46％)，加上那些选择了那种幼稚的策略(naive strategy)生成的答案的学生百分比(39％)，结果是 85％，这很有意义。这个数已非常接近第一题 88％的正确率。换句话说，有强有力的证据表明，许多学生是因为错误的理由而答对了第一道题。

为什么这很重要？因为当我们作为教师问学生一个问题，且得到了所希望的答案，就可能会得出这样的结论：学生的学习正朝着正确的方向前进。然而，如果问题都更像是第一个问题，而不是第二个问题，那么我们就遭遇了一个真正的危险，那就是，当学生的学习事实上已偏离到一个完全不同的方向上时，我们还以为他们的学习仍在正确的轨道上。

搞清学生观念的来源

在被要求描述下面的图形时，许多学生都会说，它是“倒三角形”

(upside-down triangle)。

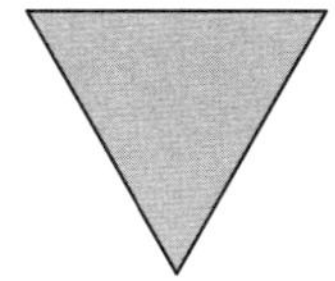

这被普遍认为是一个错误概念(misconception),因为这似乎表明学生没有意识到形状和方向是相互独立的;无论其方向如何,三角形始终是三角形。然而,即使一些学生知道方向与形状的名称无关,还是会把这种形状描述为倒三角形,因为他们使用的是日常语言(vernacular language),而不是数学语言。

这种区别的一个很好的例子就是正方形(square)这个词。在数学课堂上,这个词的意思是有四条等边和四个等角的四边形。然而,在数学课堂之外的世界里,人们经常用 square 这个词来描述方向,而不是形状[例如,一幅画在墙上挂正(square)了,即使这幅画的边长不一样]。此外,我们还根据方向而不是形状来描述实际规整的形状(棒球内场就是规整的形状)。

也许,一个似乎错误的概念在错误的地方却经常会是一个完美的概念。在数学课堂上把三角形描述成倒三角形显然是一个错误,但在其他语境中却有助于交流(试着在网上搜索一下"倒三角形"这个短语,看看我的意思)。

在学校的其他课程中也可能有相同的情况。当一个孩子说"I spended all my money"[我把所有的钱都花光了(spend 的过去式表达是 spent,而不是按常规加 d 或 ed)——译者注],这可能被认为是一种错误,但把这看作是对一般规则的过度使用,或许更有意义。大多数情况下,在动词后面加上 d 或 ed 来构成过去时是有效的,所以学生可能只是在碰运气!

有些人认为，这些意料之外的概念是因糟糕的教学所导致的。只要教师能更仔细地解释，确保在学习预期特征的同时没有学习那些非预期的特征，那么这些错误概念就不会产生。但这一观点没有考虑两个重要情况。首先，过度概括是人类思维的一个基本特征。孩子最初可能会把“狗”这个词与一个特定的有耳朵、四条腿和尾巴的毛绒玩具联系在一起。很快，当孩子们知道“狗”不仅适用于特定的填充玩具，还适用于其他东西时，“狗”这个词就和多种有耳朵、四条腿和尾巴的毛茸茸的玩具——其中一些不是狗——联系在一起，直到他们学会区分狗、猫和马。

这里的关键洞见是，学生们主动地建构自己的知识。他们从字面上理解周围发生的事情，包括我们教的东西。但有时，他们的理解不是我们想要的。也许这方面最好的例子就是，当你问4～7岁的孩子，“风是由什么引起的?”大多数成年人认为孩子们会说“上帝”——这是一种常见的回答;但同样普遍的答案是“树”。这种答案不太可能是他们被教导和错误记忆的结果。孩子们观察到，风吹过时，树会摇摆，因此可能得出结论，相关性意味着因果关系。

其次，我们不可能控制学生的环境，以保证避免出现任何意料之外的观念——尽管我们想控制。例如，许多学生认为2.3乘以10的结果是2.30。他们不可能被这样教过的。相反，这种认识是他们观察周围事物的规律性的结果。他们看到7×10＝70，8×10＝80，等等，所以他们得出结论，数乘以10的结果就是在数后加个0。我们可以在教授个位数乘以10之前先介绍小数，从而减少这种“误解”的发生，但这是荒谬的。

教师必须承认，他们的学生所学的不一定是他们所想要的。这是不可避免的，因为教学是不可预测的。因此，教师在假定学生已经理解某些东西之前，先探究学生的思维。这很重要。然而，想要提出一些问题，以获得关于学生思考这种强有力的洞见，远不是那么简单。

我们来看下面这个方程组：

$$\begin{cases}3a=24\\a+b=16\end{cases}$$

当被问及 a 和 b 是什么时，许多学生回答说方程不能解。教师可能会得出这样的结论：他们在这类方程上需要更多的帮助。但通常情况下，这一题困难的原因不在于学生的数学技能，而在于他们的信念[(beliefs)，Schoenfeld，1989]。当学生们被鼓励讨论他们的困难时，他们经常这样说："我解出来 b 一直是 8，但这是不可能的，因为 a 也是 8。"许多学生发展出这样的信念的原因在于，在他们开始学习解方程之前，会练习把数字代入数学公式，而在这些公式中，每个字母代表一个不同的数字。虽然没有人教学生每个字母必须代表一个唯一的数字，但他们从先前的经验中概括出了隐性的规则；他们之所以说"倒三角形"，是因为我们总是向他们展示底边是水平的三角形，然后，当我们教他们三角形面积等于底乘高的一半时，加重了这种误解[如果没有把"上下弄对"(right way up)，三角形怎么会有底？]。

这里的重点是，如果把第二个方程中的 16 换成任何其他数字，那么只要学生有基本的算术技能，就能解出这些方程，而此时，教师也很可能会假设全班的学习处于正确的轨道上。

能够给予我们关于学生学习的洞见的问题并不容易编制出来，而且通常看起来不像传统的考试题。的确，对有些教师来说，它们似乎是不公平的。许多数学教师对下面这个来自切尔西代数诊断测验(Chelsea Diagnostic Test for Algebra)的题目的反应就是这样的(Hart，Brown，Kerslake，Küchemann & Ruddock，1985)。

简化(如果可能的话)：$2a+5b$。

这个问题被认为是不公平的，因为学生们“知道”：在回答考试题时，你必须做一些事，所以简化这个表达式必须是可能的；否则，教师就不会问这个问题了——毕竟，你不做事就不会在考试中得分。这样的试题可能达不到为高利害考试题制定的标准和公平性指南[例如，教育考试服务中心(Educational Testing Service)，2002 年]。但若要弄清学生是否理解代数中的一个关键原理，这就是一个有用的题目。如果一个学生被引诱着去简化 $2a+5b$，那么教师就应该知道学生去尝试了，因为学生要在代数上取得进步，纠正这种误解是至关重要的。

当问学生下面两个分数哪个更大时，类似的问题也会出现。

$\frac{3}{7}$ or $\frac{3}{11}$

学生一般不能正确地回答这个问题。许多教师认为这是一个偏题，因此它可能不应该用于高利害考试之中。但这是一个引发课堂讨论的很好的问题。这个问题被看作是一个偏题，这一事实表明，以下的观念在我们头脑中有多么的根深蒂固：评价应让我们对学生进行分类、排序和打分，而不是用来告诉教师下一步需要做什么。

在我见证的另一个实例中，一位教师上了一堂关于物质分子结构的课。她向学生们解释说，水是由分子组成的，每个水分子都由两个氢原子和一个氧原子构成。班上的学生画出了适当的草图，但当教师问全班学生分子之间是什么时，每个学生都说是“水”——学生们认为分子在水中，而非它们就是水本身。

是再复习一遍，还是转向下一内容的学习，这是教师必须做出的专业决定。在做这个决定的时候，她需要考虑很多因素。例如，课程的某些方面可能很重要，但对学习的进阶可能并不重要。换句话说，如果一个学生在某个点上没有学到一些东西,他仍然可以取得进步。另一方面,有些学习是任何有意义的进展的绝对先决条件。例如,如果学生不能找出给定分数的等值分数,那么尝试教授分数加法就没有意义。考虑更广泛的背景也是必要的。例如,在美国大学理事会(College Board)的一项大学预修课程考试中,四分或五分就能获得大学学分,而一分和两分则不能。所以,教师可能会判断,继续往下教,教到某个特定的点是正确的——即使许多学生没有理解。因为,对于学生来说,得到四分与得到三分就代表着一种真正的差异,而得两分与得一分就无关紧要。我并不是在说这是对或者错。这是每个教师都需要为自己做出的专业决定。没有搞清楚学生知道什么就做决策是不专业的。能够为探测学生思考提供窗口的问题不易生成,但如果我们想改善学生学习的质量,那么这样的问题至关重要。

在这一点上,一个常见的反对意见是,教师没有时间来开发这样的问题,尤其是因为他们太忙于评分了,但这只是表明我们的许多标准化的课堂常规是多么低效。每个教师都有过在 15～20 个学生的笔记本上写同样东西的经历。因为等到教师发现学生还没有理解一些关键的内容时,学生可能已经离开课堂了,所以,重要的问题是,教师能在学生尚在课堂之中且还有时间做出补救之时搞清他们的理解状况,还是只有在看了学生的笔记本之后才能发现他们的问题?从这个角度来看,评分可以被视为对教师的一种惩罚,因为他未能在学生尚在自己面前时搞清学生是否达成预期的学习目标。教师是直接面向整个班级,让全班的学习回到正轨,让学生的回答与教师的问题相互作用,还是等学生离开之后,通过文字一次与一个学生交流?

在美国,无疑有大多数教师把主要的备课时间花在批改学生作业上,而且几乎总是独自批改。在其他国家,备课时间有很多,大部分都花在计划如何引入新话题，使用何种情境和例子上，且教师们共同设计问题来确定他们的教学是否成功。如前所述，能给予我们观察学生思考的窗口的问题很难生成，教师之间的合作将有助于建立一个好的问题库。

实用技术

教师主导的课堂讨论是最普遍的教学实践之一。通常，它遵循的是发起—应答—评价（Initiation-Response-Evaluation, I-R-E）模型（参见 Mehan, 1979）：教师提出一个问题，选择一个学生回答问题，然后对学生的回答做出回应——这通常是对学生所说内容的某种评价。

显然，教师说话在这种互动中占据主导地位，但不同国家教师和学生谈话的相对比例存在显著差异。相较于平均成绩更高的国家的教师，美国教师说得更少。例如，1999 年 TIMSS 的视频分析研究发现，在美国中学数学课堂上，学生说的每个词对应教师说的 8 个词，而在日本和中国香港，这个数字分别是 13 和 16（Hiebert et al., 2003）。因此，尽管许多人认为美国教师说得太多，但事实上他们说的要比那些成绩表现较好的国家的教师少。学生们学了多少似乎更多地取决于教师说了多少，而不是他们说了什么——教师话语的数量，而不是质量。

作为一项关于小学课堂的大规模研究的一部分，特德·雷格（Ted Wragg）和他的同事们分析了所记录的 1000 个教师的提问（Brown & Wragg, 1993）。超过一半（57%）的问题是管理方面的，比如“谁做完了所有的题？”或者“你带书了吗？”还有三分之一的问题只要求回忆以前提供的信息，比如，“一只昆虫有几条腿？”教师提出的问题中只有 8%要求学生分析、推断或概括,比如,“为什么鸟不是昆虫?”(Brown & Wragg, 1993)。在这些课堂中,教师们提出的问题中只有不到10%的问题真正带来了新的学习。其他问题则只是重复学生已经知道的东西或用于管理课堂。解决好这个问题似乎是提高学生学习水平的一个显而易见的方法。

我认为在课堂上提问只有两个好理由:① 引发思考;② 为教师提供下一步该做什么的信息。举个引发思考的例子。我曾观察到一个六年级的教师问全班学生,一个三角形是否可以有两个直角,学生们分组讨论他们的答案。在其中一组,有个学生认为可以有,他想画一个很长很细的三角形,因为他记得有人告诉他平行线在无穷远处相交。小组里的另一个学生知道三角形三个角加起来等于180°,也意识到如果有两个直角就已经达到180°了,所以他想知道是否可能有一个0°的角。小组中的一个女孩自信能创造出三个直角的三角形——如果允许她把一个角放在北极,把另两个角放在赤道上(前两个学生把这给排除了,认为这不是三角形)。尽管这是一个看起来封闭的问题,但是回答这个问题对学生来说是个有价值的活动,因为它引发了思考。

提问的另一个理由是收集信息,以支持教学决策。例如,一个科学教师问学生:“光以何种方式传播?从我的眼睛到物体还是从物体到我的眼睛?”这也是一个封闭的问题。毕竟,它有两个答案,其中之一是错误的。但这是一个很有价值的问题,因为许多学生相信光从眼睛传播到他们看到的物体,而不是相反。

TIMSS视频研究的另一个发现是,美国课堂的一个特征是学生参与度相对较低(Hiebert et al., 2003)。这与其他研究的结论一致(例如, Rowan, Harrison & Hayes, 2004; Weiss, Pasley, Smith, Banilower & Heck, 2003)。在开始讨论有助于引出学习证据的实用技术时，我们将首先关注促进学生参与的技术，然后再讨论等待时间(wait time)、评价性和解释性倾听(evaluative and interpretive listening)、问题壳(question shells)、热座提问(hot-seat questioning)、全学生应答系统(all-student response systems)、ABCD 卡(ABCD cards)、迷你白板(mini whiteboards)、出口通行证(exit passes)、讨论性问题与诊断性问题(discussion versus diagnostic questions)以及替代性问题(alternatives to questions)。

学生参与技术[17]

在《异类》(*Outliers*)一书中，马尔科姆·格拉德韦尔(Malcolm Gladwell, 2008b)展示了加拿大一支名为“梅迪辛·哈特猛虎”(Medicine Hat Tigers)的少年冰球联赛(Junior Hockey League)球队 25 名队员的数据，包括身高、体重、出生日期、场上位置等。然后，他邀请读者查看数据，找出不寻常的特征。这些数据的显著特征是——它很少被人注意到，直到某个人发现了这一点——尽管这些运动员年龄不同，但 25 名球员中有 8 名出生于 1 月，有 6 名出生于 2 月或 3 月。这个联赛是按年龄分组的，同一年出生的人一起比赛。当孩子们开始在竞争激烈的联赛中比赛时，那些在年初出生的孩子比其他人更强壮、更快、更高大些，所以他们更有可能被选入球队。因此，他们有更多的时间待在冰场上，也能得到更多的指导。随着时间的推移，这便有了一个显著的优势。

其他运动中也有类似的效应发生，那些在年龄分组的分界线后不久出生的人更可能参与最高水平的赛事，这被称为“马太效应”(Stanovich, 1986)。“对于那些已经拥有的人，会被给予更多，他们将变得富足;对于那些一无所有的人,连同他所拥有的也要夺去。”这跟我们讨论的有什么关系?因为我们每天都在课堂中创造着同样的效应。

几乎在任何一个课堂中,有些学生迫切地想得到教师的指导,他们能够回答教师刚刚提出的问题,他们举手举得几乎要让肩膀脱臼了。然而,就在同一课堂,还有一些学生试图低调行事以避免被叫到。一位教师这样描述他的课堂:

我对自己缺乏思考的教学所陷入的封闭式的一问一答方式(closed Q & A style)非常不满,经常懒得理会正确答案,有时甚至会心照不宣地与学生串通一气,以确保我们每个人都不必过于努力。他们和我都知道,一旦问答变得不顺畅,我就会改变问题,自己来作答,或者只从“更聪明的学生”那里寻求答案。一定有很多次(现在还是这样吗?),外部观察者会将我的课看成许多昏昏欲睡的围观者所围绕着的讨论小组。(Black et al., 2004)

高参与度的课堂环境对学生的学习成绩似乎有显著影响。在一项研究中,191 名学生在七个四年级课堂实施“共同思考”项目(“Thinking Together Program”, Dawes, Mercer & Wegerif, 2000)。在该项目中,要求教师提供 12 课时的计划,旨在帮助学生发展运用语言思考与其他学生合作来思考数学和科学的工具的能力。研究人员发现,这些学生在教师自己编制的测验和标准化科学成就测验上的表现都优于处于同一学校的对照组(Mercer, Dawes, Wegerif & Sams, 2004)。更令人惊讶的是,这些学生在瑞文递进矩阵测试(Raven's Progressive Matrices)——一项纯粹的空间智力测试——中的表现也优于对照组。参与课堂讨论确实能让你更聪明。

所以,当教师允许学生选择是否参与时——比如,通过允许他们举手表示他们有了答案——实际上就是在使学生之间的成绩差距变得更大,因为参与的人变得越来越聪明,而避免参与者就放弃了提高自己能力的机会。然而,教师可以利用一些策略来鼓励学生带着持续的热情参与。最常见的做法是随机选择学生,实施“不举手”(no hands up)规则[18]。

如今,许多教师在课堂上采用了“除提问外不许举手”(no hands up except to ask a question)的规则(Leahy et al., 2005)。教师提出一个问题,然后随机挑出一个学生。一位来自伦敦东南部格林尼治的中学教师将这种技术称为“提出—暂停—抓取—转接”(pose-pause-pounce-bounce)[19]。她提出了(pose)一个问题,暂停(pause)至少 5 秒钟(有时,为了帮自己测定时间,她默数:“一、二、三、四,再等一会”),随机抓取(pounce)一个学生回答,然后将这个学生的答案随机转给(bounce)另一个学生,问他:“你对这个答案有什么看法?”

许多教师相信自己不需要任何帮助就能随机选择学生,但在经过一些反思之后,他们通常能认识到,当急于结束讨论以进入下一步活动时,自己经常被某个可能有好答案的“常见疑似对象”(usual suspects)所吸引。这就是许多教师发现使用某种随机化设备有帮助的原因。这些设备的一些实例可以在网上下载,且交互性白板所携带的软件之中通常也包含了随机化规则。现在甚至有些手机的应用程序能让教师输入学生名字,然后应用程序会随机抽取学生名字。当然,装着贴有学生名字的冰棒棍(也可以用压舌板)的烧杯对于随机抽取也很有用[20]。冰棒棍更灵活,一位教师可以把注意力不集中的学生的名字写在外加的十根棍子上,然后把它们加到烧杯里。如果有人担心教师“操纵”了棍子的选择,许多教师已经解决了这个问题,即把装棍子的烧杯交给某个学生,让他掌握当天的选择权。

冰棒棍的主要优点也可能是缺点。为了确保让最近回答过问题的学生明白自己需要继续完成任务，替换木棍是必要的，但是教师不能保证所有的学生都有机会回答问题。解决这个问题的一种方法是在烧杯中设置一个分隔栏，当教师选择了某根木棍时，可将所选木棍放在烧杯中的“丢弃物”(discards)一侧。这样，如果刚刚回答完一个问题的学生似乎开小差了，教师就可以从烧杯的丢弃物一侧拿出这根棍子，这样可以强化一种意识：回答了一个问题，并不意味着他可以在接下来的30多个问题上放松下来。

随机选择学生是对课堂契约(classroom contract)(Brousseau, 1984)——关于课堂运作以及教师和学生角色的规范与期望体系——的一个根本性的改变。此外，公平地说，在初次运用时，几乎所有人都不喜欢“不举手”策略。教师们不喜欢它，因为它涉及对运行良好的惯例的改变，而习惯于可以选择课堂参与或不参与的学生们也不喜欢它。大多数教师认识到，随机叫答对不习惯参与课堂的学生将是一个冲击。就像任何一种教学技巧一样，教育者应该随机提问并在这一过程中保持敏感、谨慎。许多学生非常害羞，不愿参与，教师需要对此保持敏感。然而，若认定对这种情况的最好反应就是永远不叫这些学生回答，结果可能同样糟糕，因为这将允许这些学生不参与正在发生的任何事。有些教师允许学生把食指放在下巴上，表示他们还在思考。这是一个清晰的视觉标志，可以让教师监控某些学生是否一直在使用它。

同样重要的是要注意到，运用“不举手”策略并不是为了让学生难堪；相反，它旨在确保所有学生认识到参与与否不是可选的！在教师选择学生回答问题之前，如果能让学生有几分钟的时间来思考问题的答案，并与同桌讨论，他们就不太可能张口结舌。要求学生与同伴交谈有两个好处——它能让学生整理自己的想法，同时也为学生提供了一个机会来演练回答问题时的表达。另一种降低“不举手”策略的风险的好方法，就是当学生被随机选到时，他们不会被要求说出他们自己的想法，而是被要求报告他们的讨论伙伴说了什么。这对情绪影响较小，因为学生只是被要求转述别人说的话。当然，这还有一个额外的好处，那就是让学生互相倾听。

然而，运用随机叫答也不可能总是受乐于参与的学生的欢迎。对一些人来说，这是因为他们不能再向教师显示他们能回答。解决这个问题的一种方法是随机叫两个学生来回答问题，然后借助于询问全班同学谁还有不同的想法可以贡献来寻求第三个答案。同样重要的是，先提出问题，给予学生思考并与同伴讨论的时间，再选择学生来回答。如果不这样做，那么除了被叫到的学生，所有人都知道自己不需要集中注意力。

另一些学生不喜欢随机提问是因为他们无法控制自己何时被提问。在一个课堂中，有三名学生，在教师眼中，他们实际上在回答每个问题时都会举手，但他们趁教师不注意时把有自己名字的冰棒棍从烧杯里拿掉了(Barry & Hardy, 2010)。当这一行为被发现时，他们透露说，在大部分情况下都是只有在能回答时才会举手。然而，他们发现有可能在自己没有答案时被提问到，这威胁到他们作为表现出色的学生的自我印象。这种感受如此强烈，以至于他们不再愿意冒着在没有答案时被要求回答问题的风险(Barry & Hardy, 2010)。这是一个心理学家称为“工作绩效导向”(performance orientation)的完美例子(Dweck, 1986)，下一章将对此进行更详细的讨论。学生们对“不举手”的反应，或许说明了这项技术的一个令人惊讶的效果，那就是它可能使课堂更有凝聚力，并使学生作为学习者更加相互支持。成绩优异的学生只有在绝对确定自己是正确的时候才会参与，这样给人的印象是他们什么都知道。当被随机选中时，他们会犯错误，而这向班上其他学生传递了这样的信息:没人会不犯错。此外,成绩优异的学生变得更会欣赏他们的同学。正如一位成功者所说,在他的教师连续十周运用“不举手”后,“我之前从不知道我的同学那么聪明”。当学生被允许用举手来表示参与的意愿时,课堂上的谈话倾向于由反应最快的学生主导,而不一定是由那些经过深思熟虑或有最有意思的话要说的学生来主导。

也许最让许多教师惊讶的是,学生们很快就习惯了“不举手”的课堂。即使不喜欢那样,他们也会接受它,认为它是公平的,并想让它起作用。瑞典哈宁奇(Haninge)的巴茨曼斯科兰(Batsmansskolan)小学发生的一件事很好地说明了这一点。教师苏珊娜·霍姆伯格(Susanne Holmberg)描述了新学年开始很久之后,一名新生加入班级时发生的事情:

> 两周前,我班里来了一位新同学。当我从杯子中拿出棒棒糖棍想让学生回答问题时,我发现有一根木棒上写着新来女孩的名字(不是我放的)。后来我发现还有一根写着她名字的木棒。原来是有两个学生做了这件我忘记做的事——给新来的女孩一根名字棒。(引自 E. Hartell,个别访谈,2015 年 3 月 17 日)

在这一点上,值得指出的是,问题不在于学生举不举手,而在于教师只选择那些举手的学生来回答。只要教师不把提问对象局限在举手的学生之中,那么让学生举手示意自己想要回答是没有问题的。问题是,当面对挥舞着的手臂构成的海洋时,你似乎很难去选择一个没有举手的学生。

当教师随机提问学生时——道格·莱莫夫(Doug Lemov)称之为“冷提问”(cold calling)——许多学生仍然会以“我不知道”来抵制参与。教师对这种情况的反应至关重要。一些教师接受了这一点,然后转向其他学生问同样的问题,但其结果是允许学生选择退出。借助于采用“除提问外不许举手”的规则，教师隐含地表达了这样一个意思，课堂应是所有学生都参与其中的。然而，学生表示不想参与，而教师就接受了这一点，这意味着学生成功地抵制了教师改变课堂契约的尝试。碰到这样的情况，教师更好的反应是说“好的，我等下再回来”，然后在课堂中转一转，得到其他同学的一些回答，之后重新转向刚才的学生，说“好，这些答案中你最喜欢哪个？”即使其他学生的回答中只有一个正确的答案，转向刚才的学生，让他重复正确的答案，仍然很有价值，因为这强调了这是一个没人可以选择退出的课堂(Lemov, 2010)[21]。

通常，学生们说“我不知道”，并不是因为他们不知道，而是因为他们懒得去想。亨利・福特(Henry Ford)曾经说过，我们知道思考是困难的，因为人们为了避免思考而付出了很多努力。虽然教师首先需要确定这就是学生回答的理由，但在这种情况下，一位教师建议，教师们可以问：“好吧，但如果你知道，你会说什么[22]？”(E. Keene，个人访谈，2011 年 3 月 7 日)。另一些支持学生而又不让他们逃脱责任的做法包括，让学生给朋友打电话[23]，或者做选择题，他们可以询问听众[24]，或者要求二选一(go fifty-fifty)[25]，这样教师就可以去掉两个错误答案。所有这些策略的力量都来自这样一个事实：课堂参与是不可选的，即使学生拒绝回答问题，教师也要寻求保持学生参与的方法。

等待时间[26]

在评价学生的回答之前，教师给学生多少时间来作答也很重要。多年来我们就知道教师不会给学生很多时间来回答问题(例如，参见 Rowe, 1974)，如果他们未能在这个“思考时间”(thinking time)内很快得到回应，就可能通过提供一个线索，以某种方式降低问题难度，或者转向另一个学生,来“帮助”学生。然而,从学生的回答到教师评价该答案之间的时间——我们可以称之为“精致化时间”(elaboration time)——的多少也同样重要,如果不是更重要的话。因为如果教师不立即评价学生的回答,学生就可能会扩展他们的回答。当他们说话的时候,就是在思考,且当他们思考的时候,就是在学习。

当然,如果问题只涉及对事实的简单回忆,给学生时间去思考和扩展答案是不可能有多大帮助的。如果你不知道康涅狄格州的首府,额外的时间是不会有帮助的。但是,如果问题需要思考,将学生回答结束与教师评价之间的平均等待时间从不到 1 秒钟增加到 3 秒钟,会带来明显的(measurable)学习增长。但是,根据肯尼斯·托宾(Kenneth Tobin, 1987)的观点,思考时间提高到 3 秒以上效果就很小了,且可能导致教学失去节奏[27]。

在典型的课堂问答环节(尤其是在高等学校的阶梯教室)中,增加等待时间可能是个好建议,但更为关键的是,学生在这个等待时间里做什么。长时间的静默时间(“dead” time)显然令人难以忍受,但是如果教师在班级中提出了一个问题,却没有得到回应,我们的建议是,不要提供答案,而要让学生与同伴讨论这个问题[一种经常被称为“思考—结对—分享”(think-pair-share)的技术]。如果学生们知道教师会在讨论结束时随机选择一位同学来回答问题,那么他们在讨论中一定会更加专心。

评价性与解释性倾听[28]

约翰·伍登(John Wooden),是位于洛杉矶的加利福尼亚大学的篮球队主教练,也是有史以来最伟大的大学篮球教练之一——有些人认为他是所有运动项目中最伟大的教练(Serwer, 2010)。有一次有人问他,为什么其他教练没有他成功,他答道:“他们不会倾听。倾听是最好的学习方法。你必须倾听你所指导的人的想法。”(Serwer, 2010)但是,毫无疑问,重要的是你如何倾听。

许多教师在倾听学生回答时更关注答案的正确性,而不是关注自己对学生理解的了解。(Even & Tirosh, 1995, 2002; Heid, Blume, Zbiek & Edwards, 1999)这类教师很容易识别,因为当他们从学生那里得到错误答案时,他们会用“还差点”(almost)、“很接近了”(close)、“差不多,再试一次”(nearly; try again)等来回应。此时,教师实际在说的是:“给我正确答案,这样我就可以继续完成我备课本上剩下的内容了。”布伦特·戴维斯(Brent Davis, 1997)将教师的这种行为称为评价性倾听(evaluative listening)。

对学生的答案进行评价性倾听的教师只能了解学生是否知道教师想让他们知道的东西。如果学生不能正确地回答,那么教师就只知道学生没有学会,需要重教,大概需要教得更好。然而,如果教师能意识到,学生们的回答经常会向自己提供关于如何教得更好的信息——因此,从中可以获得如何调整教学以更好地满足学生需求的信息——他们就会解释性倾听。这些教师想从学生的回答中了解的不是“他们学会了吗”,而是“通过认真倾听学生们说的话,我能对他们的思考有什么样的了解”。一名七年级学生雄辩地总结了从评价性倾听到解释性倾听的转变——当她被问及,是否注意到教师最近几个月来有什么变化时,她说:“过去,教师提问时总是对正确的答案感兴趣。现在她对我们的想法感兴趣。”(Hodgen & Wiliam, 2006)

问题壳[29]

有许多通用的结构可以帮助我们以更好地揭示学生思维的方式为目的来构建问题。一个通用结构是，“为什么____（或不）是关于________一个例子？”我们之前看到过其中的一个（“为什么鸟不是昆虫？”）。同样，我们不该问“镁是金属吗？”，而要问“为什么镁是金属？”，其他例子如表 4.2 所示。

表 4.2　问题壳的运用实例

原问题	重构的问题
正方形是梯形吗？	为什么正方形是梯形？
碳是金属吗？	为什么碳不是金属？
Être 是规则动词吗？	为什么 Être 不是规则动词？
这是一个句子还是一个从句？	为什么这是一个从句而不是一个句子？
板岩是变质岩吗？	为什么板岩是变质岩？
《威尼斯商人》是喜剧（或悲剧）吗？	为什么《威尼斯商人》是喜剧（或悲剧）？
23 是质数吗？	为什么 23 是质数？
光合作用是吸热反应吗？	为什么光合作用是吸热反应？

另一种方法是给学生一个对比，然后让他们解释对比，如表 4.3 所示。

表 4.3　运用对比来重构问题[30]的实例

原问题	重构的问题
什么是质数？	为什么 17 是质数而 15 不是？
种族隔离制度下的生活是什么样的？	在种族隔离制度下，黑人和白人的生活有何不同？
蝙蝠是哺乳动物吗？	为什么蝙蝠是哺乳动物而企鹅不是？

热座提问[31]

另一种促进课堂讨论的有效方法是热座提问(hot-seat questioning)。在典型的课堂上，教师不会只针对少数人提问。这可以让学生参与进来，但往往会导致相当平淡的讨论，且讨论主题进展不大。在热座提问中，教师先问某个学生一个问题，然后对这个学生再进行一系列的后续提问，深入探究学生的想法。班上的其他同学都在密切关注，因为他们知道，教师随时都可能从那个坐在热座上的学生转向班里的任何其他人(用冰棒棍来选)，并且可能说："好的，帮我总结一下贾米拉(Jamilla)刚才说的。"当教师与一个特定的学生讨论时，其他学生仅仅保持安静是不够的。如果我们想创建一个学习者共同体，那么当一个学生在说话时，其他学生都在欣赏性地倾听那个学生和教师所说的，这很重要。

到目前为止，所讨论的技术都是促进创造课堂参与的非常有效的方法，但它们不一定是教师教学决策的良好证据来源。当我全职从事教学的时候，我每天最常做的决定是："我需要再教一遍吗?"或者，"好了，可以转到下一步教学了吗?"和大多数教师一样，为了做出这个决策，我会当场编一个问题，然后问全班同学，大概有六个人会举手。然后我会选择其中的一位来回答，如果这个学生回答正确，我会说"很好"，然后继续。我似乎隐含地假定那个学生的回答是全班同学学习很好的指示器。现在我很确定，如果当时有人问我，"那个学生的回答能很好地代表班级其他同学的理解水平吗?"我会说它不能。但是当时没有人问我这个问题。因此，和大多数教师一样，我会继续根据一位自信的志愿者的回答，来对一个由30名或更多学生组成的差异化群体的学习需求做出决策。

现在,正如前面提到的,随机选择一个学生来回答要比只让举手者回答更好,因为随机选择的学生比一个自信的志愿者更有可能代表整个群体的需求,但这个决策所基于的证据仍然相当薄弱。如果我们想要做出反映所有学生学习需求的决策,那么我们就需要拓宽证据的基础,这就是为什么评价是形成性评价的核心的原因。

这个观察结果很重要。许多人认为“形成性评价”这个术语没有帮助,因为当使用“评价”(assessment)这个词时,人们想到的是测验、测试和考试——一种了解学生所知的正式机制。这是对的。但“评价”才是描述这一过程的正确术语,因为正如李·克龙巴赫(Lee Cronbach, 1971)多年前指出的那样,评价就是一个做出推论的过程。我们让学生做事,观察他们所做,然后基于我们确定的证据,来得出结论。将教师的教学决策当作一个评价过程来思考,可以让我们更多地关注那些支撑我们所想要得出的结论的证据的适当性。如果你基于一名学生的证据而得出关于 30 个或更多学生的学习需求的结论,那么无论你是一位多么优秀的教师,你都不会得出好的结论,因为你的证据质量很差。如果教师要利用高质量提问让自己的教学决策更有力量,就需要找到拓宽教学决策证据基础的方法。这意味着在上课时要定期运用全学生应答系统。

全学生应答系统[32]

全学生应答系统的观念相当简单:教师提问,且保证能实时得到每个学生的应答。一些教师采用课堂调查(class polls)的方式,在课堂中四处走动,询问每个学生对诸如“全球变暖:自然还是人为?”或者“麦克白:变疯了还是变坏了?”之类问题的看法。但只有当每个学生都表达了自己的观点,这些方法才能奏效,且教师走遍全班会导致巨大的动量损失。这就是为什么最好同时收集每一个学生的信息的原因。

许多教师在同时收集整个班级的信息时,会使用一些技术技巧,比如把拇指或拳头当作五,学生可采取以下的做法来表示对自己理解情况的信心:利用拇指的位置(向上指:自信;水平:不确定;向下:仍然困惑),或用紧握的拳头加上适当的手指数(0:完全不懂;5:有信心)。但这类技术的问题在于,它们是自我报告(self-report),而正如我们从成千上万的研究中所知道的那样,自我报告是靠不住的。

然而,一个很小的改变就能把无用的自我报告变成一个非常有用的工具,只要确保教师问的问题是关于认知的,而不是关于情感的——换句话说,所提问题是关于思考的问题而不是关于感受的问题。例如,我观察到一个小学教师教她的学生,单词 it 什么时候需要一个撇号,什么时候不需要。她在黑板上写了一个句子:“Its on its way”,并邀请学生到黑板前,添加任何必要的标点符号。一个学生走上来,加了一个句号(可能是因为:总是应该“先摘那些容易摘到的果实”);第二个学生在第一个“its”上加了一个撇号;第三个学生在第二个“its”上加了一个撇号。教师接着问:“现在对了吗?”每个学生都必须做出应答,用拇指向上或向下。仅仅是提问方式上的一个小变化就带来了学生无法隐身的局面。如果他们在有错的时候发出信号表示“正确”,那么就表明他们还没有理解。另一方面,如果他们给出信号示意“有错”,那么教师很可能会让他们到黑板前来纠正错误。

同样的基本观念可以用在每一个学科和每一个年级。例如,在我曾经目睹的一节高中化学课上,学生们正在学习如何配平化学方程式。在黑板上,教师写出了氢氧化汞与磷酸反应生成磷酸汞与水的基本不平衡方程。

$$Hg(OH)_2 + H_3PO_4 = Hg_3(PO_4)_2 + H_2O$$

学生们被邀请到黑板前，提出修改意见以配平方程式。在再没有志愿者上来之后，教师要求学生们用大拇指向上或向下表示方程式现在是否已配平。同样，在本科经济学课程中，教授可以问，政策变化的影响是否正确地反映在供需图上。

当然，这一基本技术也可以通过将选项数量增加到三个或更多来提高难度。在一堂小学数学课上，教师想要检查学生对长度的理解，要求学生举起一根、两根或三根手指，指出图 4.1 中哪个选项是正确的。

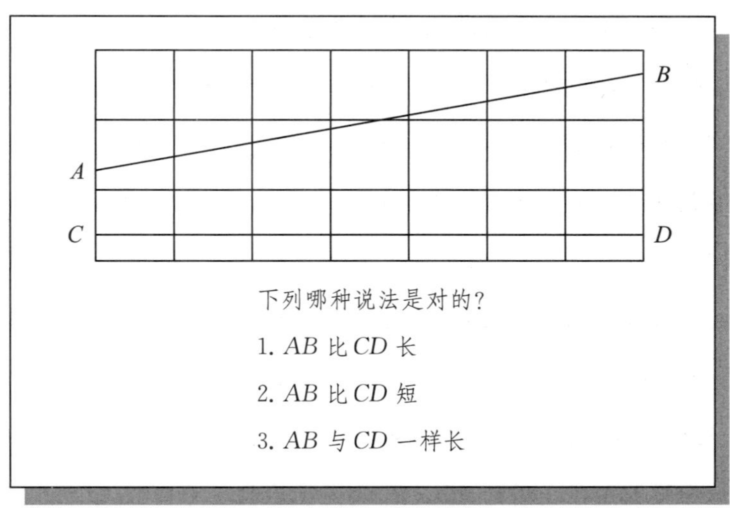

图 4.1　有多个答案选项的问题实例

我曾经观察过一位中学理科教师的课，她在教学生区分不同种类的杠杆。她先解释了杠杆分类的关键原理涉及负荷(load)、作用力(effort)和支点(fulcrum)的相对分布，然后用三个例子说明了这个关键原理：秋千(1 型)，独轮手推车(2 型)，深海钓鱼竿(3 型)。为检查学生的理解，她要求学生对一把钳子进行归类，举起一根、两根或三根手指，来表示他或她的回答。令她惊讶的是，大多数学生认为钳子是一种 2

型杠杆。当她询问理由时，学生们回答说钳子有两只手。她意识到，她需要通过介绍更多的例子，如剪刀和胡桃钳子，来让学生们明白，重要的是作用力、负荷和支点的相对分布，而不是部件的数量。

莫林·威尔贝里(Maureen Wellbery)是立陶宛(Lithuania)维尔纽斯(Vilnius)的美国国际学校(American International School)的二年级教师，在一次研讨会上听到使用全学生应答系统的作用后，决定第二天就尝试一下。她采用了前面描述过的做法——“现在对了吗?”(给“its”加上标点和配平化学方程式这两个例子)，并给了它一个巧妙的变化。学生们不仅要判断答案是否正确，还要用手指来表示错误的数量。

今天早上在语言艺术课上，我在智能白板上打出了一个有六个语法错误的句子，要求学生确定其中有几处错误。我提供了几个选项，从 0 到 6(6 是正确的答案)。

形成性评价是如此具有启发性。一个女孩说没有错误，只有一个学生作了正确的回答，其他学生选了剩下的选项。我邀请了两名学生到黑板前来解释他们的理由，发现每个人都非常专注。

没有人嘲笑任何不正确的回答，而最有意思的评论来自那个选了“六个错误”选项的男孩。他说，虽然他确实选择了正确的答案，但他把一个正确的地方当成错的，而没有找到最后的那个错误之处。他很诚实，但也没必要这么做。他本可以好好享受出风头的感觉的，因为他是唯一一个解决了这个问题的人。(Wellbery，个人访谈，2016 年 3 月 14 日)

为了说明如何在高等教育中使用这类问题，这里最后提供几个例子。有两个问题是我在研究生课程中经常使用的。在表 4.4 中的第一个例子是一个问题，用于检查我的学生是否真的阅读了作为教育心理学硕士课程必读的皮亚杰(Piaget)和维果斯基(Vygotsky)的著作。

表 4.4　用来检查学生对皮亚杰和维果斯基的差异的问题实例

以下哪一选项是皮亚杰和维果斯基理论之间最重要的区别？
A. 皮亚杰更加重视守恒在认知发展中的作用
B. 维果斯基更加重视文化产物在认知发展中的作用
C. 维果斯基不相信认知发展的不同阶段
D. 皮亚杰是一位社会建构主义者，维果斯基则更强调文化历史活动理论

没有完成阅读作业的学生倾向于选择选项 C，因为他们知道皮亚杰确实相信发展的不同阶段，并给它们起了名字，如感知运动阶段(sensorimotor stage)和具体运算阶段(concrete operational stage)。然而，正如我布置的阅读材料所表明的那样，维果斯基同样认为，学习者会经历一系列的发展阶段，只不过没有给这些阶段命名而已。最好的答案是选项 B，因为维果斯基比皮亚杰更重视文化产物(如语言)在儿童发展中的作用。

第二个例子，如表 4.5 所示，来自博士层次的研究方法课程，涉及统计推理的一个核心原则——零假设显著性检验(null hypothesis significance testing)的逻辑。

表 4.5　用以检测对零假设的理解的问题实例

一项关于新的阅读教学方法的实验研究表明，结果显著($p<0.05$)。这意味着：
A. 实验组的表现比对照组好 5%
B. 实验组的表现不超过对照组的概率是 5%
C. 实验组和对照组之间没有区别的概率是 5%
D. 如果实验组和对照组有相同的成绩，发生观察到的结果的概率只有 5%

选项 A、B 和 C 都不正确，这些理解与许多学生(甚至一些研究人员)犯的常规错误有关。唯一正确的答案是 D，如果学生独立选择了这个选项而没有抄袭，就很好地表明他们已经理解了这一点，并已为接下来的学习做好了准备。

在每一个例子中，教师都能够确保学生的参与——毕竟，要看到学生是否举手还是很容易的——并且能够根据学生的需求调整自己的反应。这两条原则——参与和应答——是有效形成性评价的核心。

在高等教育中，哈佛物理学家埃里克・梅热(Eric Mazur)多年来一直倡导这类问题的运用(Crouch & Mazur, 2001)，诺贝尔奖得主卡尔・威曼(Carl Wieman, 2014)也倡导过。一项综述考察了 225 个研究，这些研究都聚焦于这类问题在大学科学、技术、工程、数学等课程中的运用，结果发现，相较于在教师运用全学生应答系统以促进学生主动学习的课堂中的学生，在运用传统(非交互式，non-interactive)讲授的课程中的学生失败的可能性要高出 59%(Freeman et al., 2014)

在大班额班级中(如高等教育中的那些大班)，运用电子投票系统[electronic voting systems，有时称为课堂点击器(classroom clickers)]来收集学生的反应是有意义的。这些系统的供应商指出，使用这样的电子设备，或者被诺兰・艾米(Nolan Amy)称为“Plickers”的纸质版点击器，很容易收集每个学生的回答。但对于年纪较小的学生来说，这可能不是一件好事。如果我们想创造一个学生乐于犯错的课堂环境，那么我们最不应该做的就是记录下他们的每一个错误。一个人在课堂中犯的每一个错一直要被记录在电子表中，这种想法毫无吸引力。因此，我一般都提倡那种不经常记录学生反应，而提倡教师用以决定下一步做什么的系统。电子投票系统的另一个限制是，大多数这样的系统只允许一个正确答案，因此许多教师更喜欢使用 ABCD 卡。

ABCD 卡

这个想法很简单。每个学生都有多张卡片，每张卡片上都有一个字母。一些教师只使用 A、B、C 和 D,而另一些教师则使用 9 张卡片:A、B、C、D、E、F、G、H 和 T(适用于是非题)。它们可以像手指一样使用,但是也可以用于有多个正确答案的问题,如图 4.2 所示,或者用于存在不同观点时[33]。

图 4.2 中哪些图形的阴影部分面积占了图形面积的四分之一?

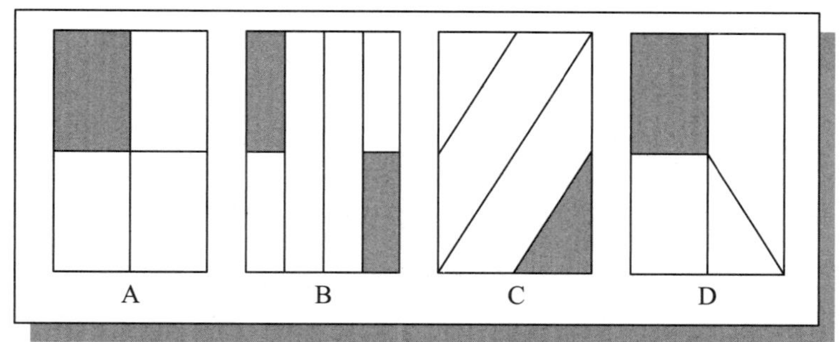

图 4.2　运用 ABCD 卡的实例

大多数学生应该认识到 A 和 B 是正确答案,且可以预见,大多数学生也会知道在图 C 中的阴影部分面积不是四分之一。许多教师告诉学生,如果在一个图中,四个区域的某个区域有阴影,且要代表整个图形面积的四分之一,那么四个区域必须有相同的面积,因此,许多学生会认为图形 D 中的阴影部分面积占比不是四分之一,是因为四个区域面积不同。

使用有多个正确答案的题有助于教师整合题目来支持差异化教学,教师可以在题中放一些所有学生都能正确辨认的答案,以及一些只有最有能力的学生才能正确识别的答案。这样一种差异化也能使成绩好的学生得到挑战,从而能投入其中。

ABCD 卡也可以用于没有正确和错误答案的题目,而只有不同的观点的情形。一位教师正在讲授关于情绪冲动事件的媒体报道的课程,他选择了 1985 年发生于海瑟尔体育场(Heysel Stadium)的悲剧。

在那场发生于利物浦和尤文图斯之间的足球比赛之前的骚乱中，有 39 人死亡，600 多人受伤。学生们阅读了关于事件报道的各种剪报，然后教师让学生们举起卡片，指出他们认为谁应该为这场悲剧负最大责任。

A. 利物浦球迷

B. 尤文图斯球迷

C. 警察

D. 赛事组织者

E. 体育场的建造者

在讨论过程中，学生们把表明自己观点的卡放在桌子上，教师在适当的时候把他们引到讨论中(鼓励在讨论中改变主意的学生调换卡片)。在讨论结束时，教师让学生们再投一次票，他很高兴地看到全班同学现在对这场悲剧有了更复杂的看法，每个学生至少展示了两张卡片。一个叫凯蒂(Katie)的女孩在空中挥舞着全部五张卡片，“因为这里的每个人都有一些责任。”有趣的是，在大多数电子投票系统中，学生们做出这些复杂而微妙的反应是不可能的，因为在那里，只存在一种正确的反应。

一位小学教师将卡片的想法又向前推进了一步，她称之为“字母角”(letter corners)[34]。她运用有四个选项(A、B、C、D)的多项选择题，如果一个选项得到至少三个学生的支持，她就把支持的学生送到房间里已经标记上 A、B、C、D 的四个角落中的相应角落。每个角落的学生的任务是说服其他角落的学生，让对方相信，他们的选择是最好的。偶尔，学生们会从一个角落溜到另一个角落。他们偷偷摸摸地行动，因为担心教师会认为他们在作弊。不过，教师当然会鼓励这种想法的改变，因为它表明学生已通过与同学讨论学到了一些东西。

ABCD 卡的一个主要困难是，它们通常要求教师事先仔细计划好问题,因此它们对自发讨论的用处不大。迷你白板正好能在自发讨论中发挥作用。

迷你白板[35]

迷你白板有时被吹捧为一项现代发明,实际上只不过是 19 世纪的课堂所使用的石板的最新翻版。若从教师可以呈现一个问题,并从全班得到一个答案这一角度来说,白板是一种强大的工具,无论是要求小学生写出一个带有 i 的四字母单词,还是如我们在第二章看到的,要求 AP 微积分课程中的学生画出 $y=\frac{1}{(1+x)^2}$ 的图形。

一位教师想要使用白板,但是学校预算中没有足够的钱来购买这些东西,所以她把信纸大小的白色卡片纸放在纸页保护套里,以提供一个低成本的替代品[36]。她意识到,这实际上远比白板灵活得多,因为她能够预先为特定的课在插件上印上不同的图像。当她教数学时,插件可以是一张图表纸。当她教地理时,它可能是一幅美国地图。

迷你白板也可以用来在两堂课之间架起桥梁。一堂中学数学课,学生正在学习解一元一次方程,在课程结束前五分钟,教师要求学生们求出下面 6 道题的答案(见表 4.6),并把答案写在一个迷你白板上。

表 4.6 运用迷你白板的问题实例

$3x+3=12$ $5x-1=19$ $12-2x=3$ $4=28-3x$ $4x-3=2x+7$ $3-2x=17-4x$

其中四个问题与这堂课的内容有关。当学生们举起卡片展示关于

这些问题的回答时，教师很高兴地看到大多数学生都答对了。最后两个问题与她下节课计划教的内容有关，即未知数出现在等式两边。很少有学生正确地回答了这两个问题中的任何一个，所以她可以得出结论，她计划在下一节课要做的事是适当的。这些问题的另一个显著特征是，教师已经对正确答案做了安排，以形成一个她很容易认出但学生们可能不会认出来的模式（在这个案例中，是七分之一的十进制展开的头六位数字）。这使得她更容易快速地评价学生的答案。

出口通行证[37]

问题需要较长的回答时，教师可以使用第二章中描述过的出口通行证。下面就是出口通行证问题的一些例子：

· 为什么概率不能大于 1？

· 质量和重量的区别是什么？

· 为什么历史学家在分析历史资料来源时要考虑偏见？

当教学中有个自然的中断时，出口通行证问题的效果最好，这样教师就有时间阅读学生的答案，进而决定下一步做什么。在第二章（第 55 页）的例子中，教师丢弃了出口通行证，但是如果学生把他们的名字写在卡片背面，教师就可以使用出口通行证作为下节课的起点。教师可以创建同质小组，为困难最多的学生提供帮助，或者创建异质小组，其中至少有一个学生提供了一个好的答案。当然，由于作业没有被评价，不知道哪些学生有好答案，这可能引发更为开放的讨论[38]。

所有这些技术都能促进学生的参与，同时为教师提供了每个学生学习程度的证据，从而使教师能够调整教学以更好地满足学生的学习需求。当然，证据的质量——以及由此而来的教学调整的质量——取决于所提问题的质量，因此本章将更详细地讨论哪种问题效果最好。

讨论性问题和诊断性问题[39]

表 4.7 是一个可以用于中学数学课堂的讨论性问题(discussion question)。

表 4.7　讨论性问题的实例

仔细观察下面的数字序列： 3，7，11，15，19，… 请问用下面哪种规则来描述这个序列最合适？ A. $n+4$ B. $3+n$ C. $4n-1$ D. $4n+3$

很多学生会选择 A；他们看到序列中的每个数字都比它前面的数字大 4，所以规则必须是“继续加 4”。其他人选择 B，因为虽然规则 A 告诉你继续加 4，但它没有告诉你从哪里开始，而 B 表示序列从 3 开始，数字加上 3 来生成序列中余下的数字。有趣的是，选择 A 或 B 的学生经常会说教师告诉他们 n 可以是任何数字，以此来证明他们的选择是正确的！ A 和 B 的缺点是，生成第 100 项需要先生成前 99 项[教育工作者有时称这些为“项到项”规则(term-to-term rules)，因为它们允许从上一项生成下一项]。规则 C 和 D 基于这样的观察：序列中的数字都比 4 的倍数小 1 或大 3[教育工作者有时称这些为“位到项”规则(position-to-term rules)]，因为它们允许人们通过知道每一项在序列中的位置来生成该项)。规则 C 让人通过 100 乘 4 再减去 1 来生成第 100 项，即 399。规则 D 的工作原理是一样的，只是要记住第 100 项要把 n 设定为 99 来生成——因为第一项对应的是 $n=0$，而不是 1——然

后加上 3。

这个问题可以在数学课堂上引发有价值的讨论，因为它让教师挑战数学是关于对错的学科的观点。例如，规则 A 和规则 B 可以被认为是正确的，即使它们没使用标准的数学符号，但它们不如规则 C 和规则 D 强大。规则 C 和规则 D 是等价的，但是你可以论证规则 C 比规则 D 更简洁，因为要找出第 100 项，在规则 C 中，n 被设置为 100，但是在规则 D 中，你得记住它被设置为 99。

例如，某学生仅仅选了规则 C，并不意味着他理解了为什么规则 C 优于规则 A。学生选择 C 可能是因为它看起来更"数学"(mathematical)。教师只看学生们选择了哪一种，了解的东西就很少。他必须听到这些选择的理由。这就是为什么这个问题是一个有价值的讨论性问题，但不是一个好的诊断性问题(diagnostic question)的原因。这个问题能导致课堂上富有成效的讨论，但除非教师打算进行讨论，否则提这个问题就没有意义。如果教师没有 20 分钟的课堂讨论时间，那就不要问这个问题。

教师可以考虑图 4.3 中的问题作为替代。

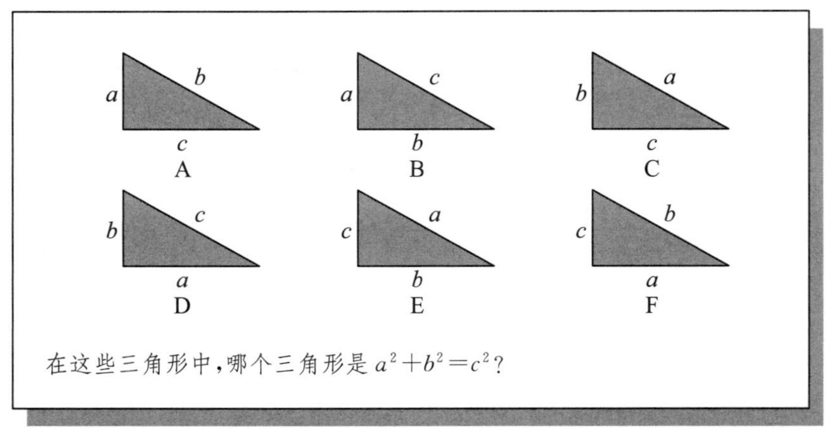

图 4.3 诊断性问题的实例

在某种程度上，这是一个狡猾的问题，因为有两个正确答案和四个错误答案。这个问题的答案有 64 种可能的选择(学生需要判断这 6 个三角形中每一个等式是否成立，因此有 2×2×2×2×2×2 种可能的组合)。因此，如果学生只选择了 B 和 D，而没有选择其他选项(前提是他们没有抄袭其他学生)，那么教师就有理由相信，他们已知道如何应用毕达哥拉斯原理，因此可以进行下一步的学习。当然，如果有时间，教师可以去了解学生这样选择的理由，但重点是，有了这样的问题，教师就足以获得学生学习的具体证据，而无须借助于课堂讨论。

这类诊断性问题的关键特征的基础是教学中的基本不对称(fundamental asymmetry in teaching)：一般来说，在学生知道时假定他们不知道，要比他们不知道时假定他们知道要好。因此，一个问题成为一个诊断性问题的关键是，学生不太可能因为错误的理由而得到正确的答案。

在科学课中，一位教师可能会提出表 4.8 中的问题来激起讨论。

表 4.8 科学中的讨论性问题的实例

把冰块加到一杯水中，冰块融化后水位会发生怎样的变化？ A. 水位下降 B. 水位保持不变 C. 水位上升 D. 需要更多的信息来确定

一位关注阿基米德原理(Archimedes's principle)的教师希望学生选择 B，但选择其他选项有正当的理由。如果蒸发是一个重要的因素，选项 A 会是一个更好的选择。题目没有明确规定冰块是浮动的。如果加了那么多冰块，使它们停留在杯子底部，那么当冰块融化时，水位就会上升。很有能力的学生可能会意识到，B 事实上不正确——不管科

学教师怎么想。当冰融化时，它从周围的水中吸收热量——实际上，将0℃的冰转化为0℃的水需要相当大的能量(大约是334 J/g)。所以，当冰融化时会冷却周围的水，并非仅仅是因为冰比水冷。如果水在4℃以上，那么它冷却时就会收缩，所以A是正确的(尽管降低的量可能太小，无法测量)。另一方面，如果水低于4℃，那么冷却它会使它膨胀，这样，C就是正确的。由于所有这些答案都依赖于所做的假设，所以，公平地说，学生需要更多的信息来确定自己的答案，因此，D也是正确的。就像前面关于数学序列的问题一样，仅仅通过看学生选择了哪些答案，教师无法多了解学生的思考质量；教师需要听到学生选择的理由，所以这可能是一个很好的讨论性问题，却是一个糟糕的诊断性问题。

思考一下图4.4的诊断性问题，作为一种供选方案，它是由加州大学伯克利分校的马克·威尔逊(Mark Wilson)和他的同事开发的(Wilson & Draney, 2004)。

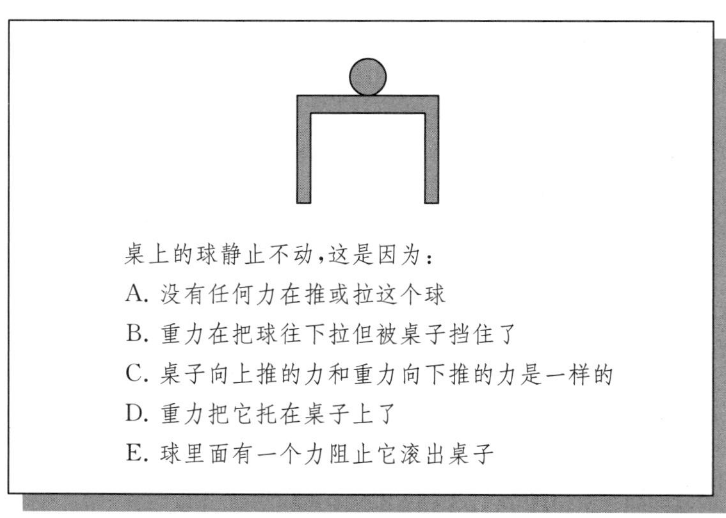

图4.4 科学中的诊断性问题的实例

第一个选项A，通常会被那些具有原始概念(naive conception)的学生所选择，他们认为没有运动就是因为没有力的作用。第二个选项

B看起来很合理。重力在把球往下拉吗？好吧，我们可能在挑剔语言表达，但球肯定是被地球的引力所吸引的，而桌子肯定是挡道的。因此，回答B对很多学生来说很有吸引力。

答案C是科学教师所希望看到的。她一直教导说，没有运动，可能意味着没有作用于物体的力，也可能，更常见的是，作用在物体上的力被抵消了。选项D描述的情况类似于选项B，而如果学生将惯性(inertia)看作一种力，而不是物体的属性，那他可能会选E(大概至少部分是因为“惯性”这个词在日常用语中的运用方式)。

因此，第一个和最后一个选项显然是不正确的，它们与学生们对物理世界所持有的众所周知的天真观念有关。答案C显然是最好的答案，但是B和D呢？他们是正确的，至少在直觉上是正确的，那么教师应该把B和D当作正确答案来接受吗？在科学课堂上，答案是不应该。答案B和D可能是看待这种情况的一种可接受的幼稚方式，但教师想要确定的是，学生能否像物理学家一样思考这种情况。物理学是思考世界的一种非自然的方式——如果它是自然的，那么学生学习物理就不会那么难了。例如，当一个人在寒冷的天气里冒险外出时，他肯定会觉得寒冷穿过他的衣服进来，但是物理学家已经认识到，把这种情况看作热量正在逸出会更合理。

这个问题并不是在问“这里发生了什么？”它是在问：“你能像物理学家一样思考这种情况吗？”从这个角度来看，B和D是不可接受的。唯一可以接受的回答是C。然而，正是B和D的合理性使得这个问题变得如此有价值。对自己理解“力”没有把握的学生会被引诱着去选B和D，所以只有很好地理解了力的平衡的观念的学生才会选择C。如果教师提了这个问题，而学生选了C，那么教师可以合理地相信他们很好地理解了力的平衡的关键观念。当然，她可以让学生解释他们选择的原因，然后进行全班讨论，但这对于教师获得关于学生理解的有价值的证据是不必要的。

据我们所知，关于讨论性问题和诊断性问题的区分对学校中的每一科目、所有年龄段学生学习的所有内容都有用。历史教师可能会提表 4.9 中的问题。

表 4.9 历史中的讨论性问题的实例

第二次世界大战开始于哪一年？ A. 1937 年 B. 1938 年 C. 1939 年 D. 1940 年 E. 1941 年

大多数欧洲历史学家可能会选择 1939 年，而美国人可能认为战争始于美国加入战争的 1941 年。然而，还能提出（事实上已经存在）一些有趣的论点，如 1938 年［苏台德地区（Sudetenland）被吞并］和 1940 年［签订三国同盟条约（the Tripartite Pact）］。这个问题的一个特别有趣的特征是，它把注意力集中在“世界大战”（world war）这一短语的实际含义上。1939 年，德国与英法交战，日本已侵略中国，但当时德国与日本还没有正式结盟。然而，即使在 1939 年，这场冲突也是全球性的，因为来自英国殖民地（如印度、加拿大、澳大利亚和新西兰）的武装力量已被卷入其中，而德国在非洲的殖民地与英法的殖民地接壤。

再次强调，关键在于，教师无法根据学生所选的答案深入了解学生思考的质量；教师需要听到选择的理由，这意味着他要听取课堂中每一个学生的想法。如果你有时间听取每个学生的想法，那就太好了，但是这类题目对于快速检查学生的理解是没有用的。

表 4.10 中的问题提供了历史课中诊断性问题的一个好例子，这是

我们在第二章中提及的一个可能的出口通行证问题。

表 4.10 历史中的诊断性问题的实例

为什么历史学家在分析资料来源时要考虑偏见问题？ A. 永远不能相信人们会说真话 B. 人们故意遗漏重要的细节 C. 人们只有亲身经历一个事件，才能提供有意义的信息 D. 人们根据自己的经验对同一件事进行不同的解释 E. 人们不知道他们行为的动机 F. 人们会把事件的发生顺序搞混

这道选择题的选项是根据出口通行证中最有趣的错误答案组成的。大多数历史教师都认为，若一个班级中每一个学生都选择 D 作为最佳答案，那么可以认为这个班级已为下一步的学习做好准备了。组织讨论可能是有帮助的，但它对教师判断学生是否理解了这个教学片段的要点，却是不必要的。在这里，干扰项的质量是至关重要的——只是因为干扰项是如此可信，教师才能够合理地推断出，选 D 的学生是基于正确的理由而选 D 的。

来自新泽西州樱桃山(Cherry Hill)的一群语言艺术教师当时正在教学生进行说服性写作(persuasive writing)，生成了表 4.11 中的题目。

表 4.11 语言艺术课中的诊断性问题的实例

以下哪个是最好的论点陈述？ A. 典型的电视节目有 9 起暴力事件 B. 我要写的文章是关于电视中的暴力的 C. 电视上有很多暴力镜头 D. 电视上的暴力镜头应该减少 E. 有些节目比其他节目更暴力 F. 电视节目借助暴力来提高收视率 G. 电视上的暴力很有趣 H. 我不喜欢电视上的暴力镜头

大多数语言艺术教师都会同意，在说服性写作这一类型中，D 代表了最好的论点陈述。如果这篇文章是关于电视暴力数量研究的真实报道，那么选项 A 可能是一个更好的主题句（类似于研究性文章中的摘要），而选项 F 代表了一个完全合理的看法。其他一些回答代表了学生们可能持有的观点，当然，让语言艺术教师们抓狂的是 B——当学生们混淆了主题陈述和引导性陈述（introductory statement）时。

最后一个例子来自现代外语教学。来自加利福尼亚州奇科统一学区（Chico Unified School District）的一群西班牙语教师开发了如表 4.12 所示的问题。

表 4.12　西班牙语课中的诊断性问题的实例

下列哪个句子是“I give the book to him.”（我把书给他）的正确翻译？ A. Yo lo doy el libro B. Yo doy le el libro. C. Yo le doy el libro. D. Yo doy lo el libro. E. Yo doy el libro le. F. Yo doy el libro lo.

任何教师，只要教过以英语为母语的人学习西班牙语，都知道在学习男性代词时，他们有两个特别的困难：选择哪个代词，以及它应该放在哪里。这道题设计得很精巧，因为在其中一个选项中，代词是正确的，却放错了地方；而在另一个选项中，位置是正确的，但代词却用错了；其他选项则包含了多个错误。这道题的设计花了奇科这群教师 75 分钟时间——这肯定比教师们通常在一道题的设计上花的时间要多得多——但 20 年后，这道题仍将是一个很好的问题，因为以英语为母语的人在学习西班牙语时仍将在代词的选择和放置上遭遇同样的困难。此外，这道题适用于任何地方以英语为母语的人学习西班牙语——它

在澳大利亚和加利福尼亚州同样适用。好的问题既非常经用,也非常便于运用。

教师可以用多种方式使用诊断性问题。他们可以用它作为“测距”(range-finding)问题,用在开始教学之前确定关于某个主题学生已经知道的知识。一位教授植物学入门课程的大学教师提出了这样一个问题:“玉米根吸收的水分中有多少比例是通过蒸腾作用流失的?”然后要求学生根据自己的答案是10%、30%、50%、70%、90%,分别举起一根、两根、三根、四根或五根手指。在教授这门课程多年后,她发现这个简单的问题能让她很好地了解学生对植物工作机制的理解。对植物知之甚少的学生会认为,既然植物不能从根部获得足够的水分就会死亡,因此植物就会设法减少蒸腾作用,以减少水分损失,所以这些学生会倾向于选择10%或30%。但如果学生理解水在植物内部输送营养物质过程中所起的作用,那么就会认识到,根部吸收的大部分水分是通过蒸腾作用流失的。

尽管在教学开始时为“测距”提出问题很重要,但对许多教师来说,在教学过程中间运用诊断性问题最有用,因为它可以在进行下一步学习之前检查学生是否理解了一些东西。这里的核心观点是,教师的每一堂课至少要在教学过程中设计一个“连接点”(hinge)。转折点是一个点,教师在这个点上用一个诊断性问题来检查学生是否为下一步的学习做好了准备。教学过程如何展开取决于学生所展现出来的理解水平,所以教学的方向就在这一个点上转折。

尽管被用在课程连接点上的诊断性问题——连接点问题(hinge-point questions)或简称连接问题(hinge questions)——的设计更多是一种艺术而不是科学,但与教师们的合作实践证明,下面两条原则是有用的指南。首先,它耗时不应超过两分钟,理想情况是一分钟以内,因为连接点问题用于对理解的快速检查，而不是用于新内容的学习。其次，教师必须能够在 30 秒内(最好是更短)查看并解释课堂上的回答。如果教师花更多的时间来理解学生的回答，那么就会导致学生偏离任务和相伴而来的破坏性行为的风险[40]。

图 4.5 中的题目很好地说明了良好的连接点问题的主要要求，该题目是国家教育进展评价(National Assessment of Educational Progress, NAEP)项目中四年级数学的一道样题(NAEP, 2005)。

> 从新城到老城每天有两个航班。第一个航班每天 9 点 20 分从新城起飞，10 点 55 分抵达老城。第二个航班 2 点 15 分从新城起飞。第二个航班什么时候到达老城？

图 4.5 连接点问题的实例

当我问教师如何改进这道题目时，他们强调，题目没有提供时间是上午还是下午的信息；对一些学生来说，语言理解方面的要求可能比数学要求要繁重得多；必须假定两个航班会花费完全相同的时间，等等。这些都是正当的批评，但这道题目有个更根本的问题：根据我的经验(不夸张地说，我问过几千名教师)，一百名教师中都不会有一位会注意到，那些认为 1 小时有 100 分钟的学生和知道 1 小时等于 60 分钟的学生会得到相同的答案。

在本章的前面部分，我提出在课堂上提问有两个很好的理由：引发思考，以及向教师提供有助于教学决策的信息。一个问题是否满足了第一个理由相对容易判断。问题要能支持教学决策，必须符合的一个要求是，那些能够正确理解我们期望他们知道、理解和能做的事的学生，应该能够给出与那些不理解我们期望的学生所能给出的答案不同的答案。或者，换句话说，在理想情况下，学生不可能因为错误的原因给出正确的答案。改善转折点问题的一个方法是让教师群体参与。一个教师小组承担开发题目的任务,然后交给第二组教师,由他们尝试确定学生能否运用不正确的推理得出正确的答案。如果有这种情况,那么题目就被返还给第一个教师小组进行修改。

在前面关于航班的题目上,一个直接的改进是将第一次航班的出发时间从 9:20 更改为 9:05(可能还增加了上午或下午)。这样修改之后,认为 1 小时有 100 分钟的学生的答案会是 3 点 65 分,而知道 1 小时有 60 分钟的学生的答案是 4 点 05 分。没有什么题目会是完美的,但是通过不断地寻求理解学生对问题的回答背后的含义,我们可以不断地优化和完善我们的问题和提示。

能够支持教学决策的问题的第二个要求——比第一个要求重要得多,在设计问题时一定要牢记——是错误的答案应该是“可解释的”(interpretable)。也就是说,如果学生选择了一个特定的错误答案,教师应该知道(或者至少有一个很好的猜测)他们为什么这样做。一个其干扰项与天真概念有关的选择题,如关于西班牙语名词的问题,就是一个例子。

尽管有人认为教育评价中不应有选择题的位置,但我们有很好的理由以选择题形式来呈现转折点问题。选择题经常受到批评,因为它们只能评价诸如事实性知识回忆或标准算法的应用之类的低层次技能,但正如前面的实例所示,如果精心设计,它们可以处理高层次技能。在考试中使用多项选择题的另一个问题是,学生没有机会与出题人或评分机器探讨题目的含义。

在课堂上,这些都是不那么重要的考虑因素,且选择题有一个很有优势的重要特点:学生可能提供的答案数量被限制。若教师同时面对由 30 块答题板组成的海洋,且每块答题板上的答案各不相同,可能会让人无所适从。选择题的运用提供了一种事先梳理所有学生答案的工具，这样就不需要在弄明白学生答案上花费宝贵的课堂时间了。

在设计用于课堂的选择题时，有两个关键原则可以降低学生因为错误的理由而得到正确答案的可能性。第一个是使用菲利普·M.塞德勒(Philip M. Sadler, 1998)所称的“干扰项驱动的选择题”(distractor-driven multiple-choice questions)。这类题目的编制方法与传统的测验题编制方法完全不同。编制这类题目的起点是列举学生关于某个特定主题可能存在的错误理解，编制出有错误理解的学生可能给出的答案，然后再编制能够引出这些错误理解的问题，最后生成正确答案。

塞德勒在表 4.13 中提供的这个问题就是一个例子(括号中显示的是八年级到十二年级学生选择每个选项的百分比)。

表 4.13 基于学生错误设计题目的实例

夏天比冬天热的主要原因是： A. 地球到太阳的距离在变化。(45%) B. 太阳在天空中变得更高。(12%) C. 北半球和太阳之间的距离发生了变化。(36%) D. 洋流把温暖的海水带到北方。(3%) E. 温室气体的增加。(3%)

只有 12%的学生选择了正确答案 B。换句话说，学生们就是全靠蒙也会表现得更好，因为他们有 20%的机会蒙对。本章前面所讨论的大多数题目实际上都是由干扰项驱动的选择题，是通过从错误概念入手，“反向”(backward)开发而来的。

减少学生因错误推理得到正确答案的可能性的第二种方法是设置多个正确答案，就像本章前面讨论的毕达哥拉斯规则的题目那样。不过，安排多个正确答案也可能用以区分不同难度或微妙程度，正如我们在第二章关于修辞语言的题目中看到的那样。例如，一位数学教师让全班同学计算直径为 20 厘米的半圆的面积。学生们被提供了五个选项,如图 4.6 所示。

A. $\frac{\pi \times 20}{2}$	B. $\frac{\pi \times 20 \times 20}{2}$	C. 50π
D. $\frac{\pi \times 10 \times 10}{2}$	E. $\frac{\pi}{2}\left(\frac{20}{2}\right)^2$	

图 4.6 有多个正确答案的问题实例

选项 A 和 B 对应的是学生中常见的错误,选项 C、D 和 E 都是正确的。然而,与要确定选项 C 和 D 是正确的相比,学生们要认识到选项 E 也是正确的更具挑战性。一方面要为问题设置至少一个正确选项——它可以用来代表继续往下学所需要的最低理解水平,另一方面教师也需要设置多个其他选项,让班级中成绩最好的学生保持警觉。尤其是,如果一个成绩出色的学生在离开教室时被告知他漏掉了一个正确答案,那么在下一节课上他很可能会更加集中注意力。这种有多个正确答案的题目,尤其是当其干扰项与已知的误解有关时,所能发挥的作用是,它们能让教师以一种全纳的方式进行差异化教学。成绩优异的学生会受到挑战,而如果教学成功,成绩较差的学生仍然能够得到至少一个正确答案。

作为最后一种变体,有时将题目变成一系列简单的题目是有意义的。例如,一位小学教师一直在教她的学生学习二维图形的对称轴,在快下课时,她呈示了图 4.7 所示的图形。

她指向 A 图形,班级中的每一个学生就举起相应数量的手指来表示他们认为 A 图有几条对称轴,然后逐一讨论 B、C、D、E、F 每个图形。教师没有想着去记住每个学生如何回答的,相反,她只关注两件事:

1. 是否有些题目班级中大部分同学都答错,需要面向全班重教的?

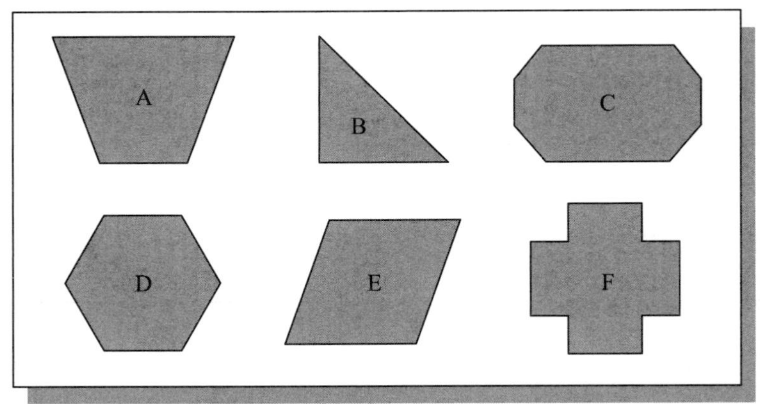

图 4.7 对称轴问题的实例

2. 哪两三个同学能从个别化教学中得益？

许多学生指出，他们认为图 D 只有三条对称轴，而图 E 虽然是菱形，却没有对称轴。她向同学们指出，D 有六条对称轴，三条穿过对角，三条穿过对边的中点，并提醒同学们寻找非水平、非垂直、非 45°的对称轴。她意识到，提供了错误的答案不一定意味着学生的数学理解能力差。毕竟，在图 D 的例子中，学生只举三根手指很可能是因为认为他们只能用一只手；而在图 E 的例子中，学生答错很可能是数码投影仪扭曲了图形，导致图 E 实际看起来不像菱形。然而，她知道，正如前面提到的，在教学中，假设学生做某事时不知道某些东西，要比在他们不会做时假设他们知道某些东西要好。

在这一个片段中，教师在几分钟内实施、评定了一次全班测验，并采取了矫正性行动[41]。她并没有让自己承担大量的评分工作，没有在评分册上给每个学生打分。这对于一个快捷(agile)的教学片段来说，付出的代价很小。事实上，这是形成性评价的一个经典例子：借助于要求学生指出六个图形里每一个图形中对称轴的数量，教师让全班每个学生都参与进来，然后她利用这些信息对她的教学进行即时的(on-the-fly)调整。

如前所述，关注高质量的题目的另一个好处是它们的可移植性。大多数教师发现工作表或其他教师的教学计划用处有限。然而，高质量的题目似乎适用于不同的学校、学区、州、文化甚至语言。事实上，分享高质量的题目可能是我们为提高学生学习质量所能做的最重要的事情。

替代性问题[42]

最后，我们要注意到，提问可能不是产生良好课堂讨论的最佳方式。问一个班级哪个国家是第一次世界大战爆发的罪魁祸首，只会让学生们选择某个国家或另一个国家。但是，如果教师提出一个论断，比如“俄罗斯最应该对第一次世界大战的爆发负责”，学生们的反应可能会更加深思熟虑，因为他们意识到，仅仅同意或反对是不够的——他们需要提供理由（Dillon, 1988）。同样的，问“所有的正方形都是矩形吗？”这可能会导致一场不那么深入的讨论，但如果将这个问题换成一个意思完全相同的陈述句，“所有的正方形都是矩形”，所引发的讨论可能会更加深入[43]。如果在学生对教师的陈述做出反应之前，教师先运用“思考—结对—分享”（think-pair-share）的方法[44]，那么讨论的质量通常会得到进一步的提高。

结论

奥苏伯尔认为影响学习最重要的因素是学习者已经知道的东西，教师的工作就是探明这一点，并据此进行教学。学生们的观念并不是随机的偏差，而是他们在理解自己的经验时所进行的复杂而富有创造性的尝试的结果。在常规的课堂中，显然没有足够的时间让教师将每个学生都当作一个个体来对待，但借助于细致的计划以及本章所呈现的技术的审慎应用，教师能够将课堂变成对学生更有吸引力的地方，且在那里教师能够快速有效地调整教学以满足每一位学生的学习需求。一旦教师知道了学习者在学习中所处的位置，他便可以就下一步该做什么向学习者提供反馈——这是下一章的主题。

第五章 | 提供促进学习的反馈

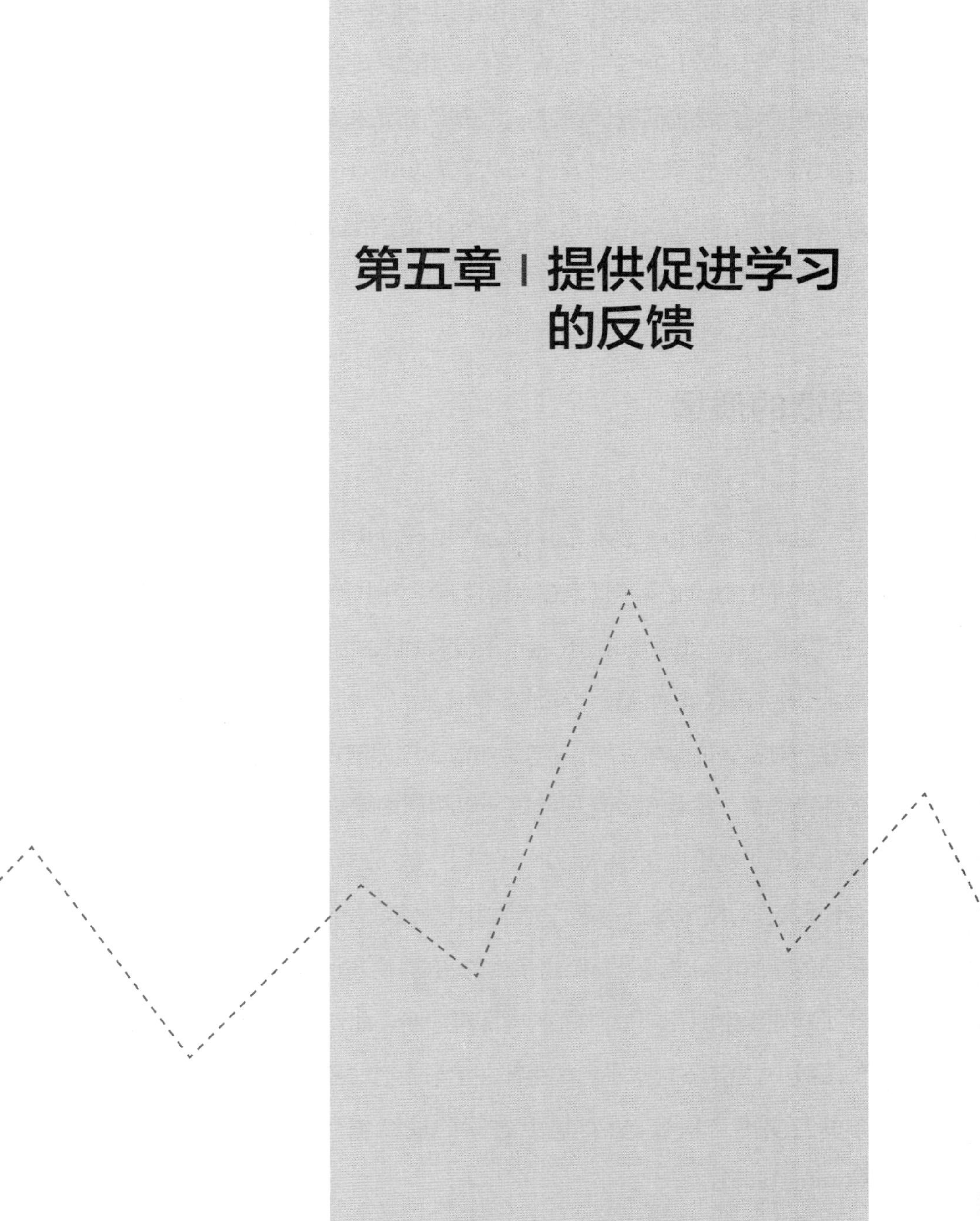

为学生的学习提供反馈显然应当有助于他们的学习，然而，事实证明，提供有效的反馈比表面上看起来要困难得多。学生得到的许多反馈对他们的学习几乎没有影响，有些反馈实际上起了反作用。这一章将考察关于反馈的研究，专门讨论反馈的质量和学习者对反馈的反应，并探究记忆的作用方式以及为何这方面知识对于反馈的提供很重要。进而本章提出一个反馈，即未来行动的处方的观点，并提供了一些教师可用的向学生提供促进学习的反馈的实用技术。

反馈的质量

玛利亚·艾拉瓦(Maria Elawar)和林恩·科尔诺(Lyn Corno)的一项研究生动地展示了反馈在改善课堂学习中的力量。在委内瑞拉的三所学校，第一组教师由18名六年级教师组成，他们接受了7小时的培训，培训内容是如何就学生的数学作业提供建设性的书面反馈。反馈包括对错误的具体评论，对学生如何改进的建议，以及至少一条正面的评论。第二组教师接受了与第一组相同的培训，但对班级中一半的学生给出了建设性反馈，而另一半学生只给分数。第三组教师没有接受任何培训，按常规方式来评定学生作业(即只给分数)。接受建设性反馈的学生学习速度是对照组学生的两倍，换句话说，他们在一周内学到了其他学生要花两周时间来学习的东西。此外，在得到建设性反馈的班级中，原本不同水平的学生都在学习上有了不同程度的进步，对数学的态度更加积极，男女学生之间的成绩差距缩小了(Elawar & Corno, 1985)。

露丝·巴特勒(Ruth Butler, 1988)在以色列四所学校的12个六年级课堂中调查了不同类型的反馈的有效性。第一天，所有的学生都拿到了一本小册子，其中包含了两项任务。在第一个任务中，学生拿到一张有五个同心圆的图片，每个同心圆中都有 3～4 个希伯来字母。学生们被要求从中间一个圆的某个字母开始，然后逐步向外，从余下的四个同心圆中选择一个或多个字母，来构成尽可能多的单词。第一天的第二项任务要求学生完成两个例题，这两个例题来自一项发散性思维的标准测验，要求学生思考某种熟悉物体的不同用途——该测验是以明尼苏达创造性思维测验（Minnesota Tests of Creative Thinking, Torrance & Templeton, 1963）为基础的。

两天后，教师将作业返还给学生。这四所学校中，每一所学校都有一个班级的学生收到了关于如何改进作业的评语，比如："你想出了不少正确的单词。也许你还可以想出更多的短单词、长单词甚至更长单词。"而每所学校中也有一个班级的学生的作业被打分，然后学生被按照 40～99 的"钟形曲线"（on a curve，正态分布）加以评定。在每所学校的第三个课堂中，每个学生都同时得到了一个分数和一条评语。然后，学生们被要求尝试一些类似的任务，并被告知他们将得到与第一节课相同的反馈。接下来，作业再一次被收集和评分。

然后，巴特勒根据学生以前在语言和数学方面的成绩，选出成绩最高和最低的 25％的学生，分析了 12 个班级中最好和最差的学生的表现。

那些只得到分数的学生从第一节课到第二节课没有任何进步——他们的作业没有提高。当被问及是否想继续完成类似的任务时，那些获得高分的学生表示愿意，那些获得低分的学生则不愿意。那些只得到评语的学生在第二次课的任务上的得分平均高出第一次课的得分 30％（当然，他们自己并不知道，因为他们没有被给予成绩），且所有这些学生都表示愿意继续做类似的工作。显而易见的问题是，得到分数和得到评语的学生到底有什么不同？

当我问教师们认为在这项研究中发生了什么时，许多人认为同时得到分数和评语的学生的进步至少应该与仅得到评语的学生一样多。毕竟，如果单单靠评语就能让分数提高 30%，那么同时给出分数和评语应该会更有效。

另一些教师认为，这两种反馈之间存在某种相互影响（trade-off）。例如，一些教师说，他们因为评语的效果而期待成绩的提高，但分数的影响可能导致态度上的两极化（polarization of attitudes）；换言之，得分高的学生有动力，想要继续学习，而得分低的学生则会丧失动力，想转而学习其他内容。第二种可能的相互影响以另一种方式发生，学生因为分数的影响而没有取得进步，但因为评语给予的鼓励，他们的态度保持积极。

因此，当发现同时得到分数和评语的效果与只得到分数的效果是一样的，大多数教师非常惊讶。这两种反馈都没有产生最好的效果，在评语旁边加上分数，完全消除了评语的有益效果；分数高的学生不需要阅读评语，分数低的学生不想阅读评语。然而，在北美（实际上在其他大多数国家也是如此），给学生等级（或分数）和某种评语可能是最普遍的反馈形式。这项研究（以及后面会提到的其他类似研究）表明，如果教师提供仔细的诊断性意见，然后再给作业打分数或等级，那么他们很可能是在浪费自己的时间（参见 Lipnevich & Smith, 2008，一个关于新近研究的综述，以及以大学生为对象的类似研究）。教师们不如只给一个分数或一个等级——结果是学生不会学到任何东西，但教师能够节省大量的时间。

巴特勒发现了一些线索，可用来解释为什么反馈会产生这些效果。

这一次,来自 8 个班级的 200 名五年级和六年级学生花了一段时间来完成多种发散思维的任务。研究人员收集了学生的作业,并在两天之后的第二阶段开始时给学生以下四种反馈中的一种。

1. 在两次课中,学生们都得到了评语。

2. 在两次课中,学生们都被打分。

3. 在两次课中,学生们得到了书面表扬。

4. 在两次课中,学生们没有得到任何反馈。

将第二阶段的作业质量与第一阶段的作业质量进行比较发现,那些得到评语的学生的作业质量相较于第一阶段有了显著改善,但那些得到分数和表扬的学生的进步并不比那些完全没有得到反馈的学生大。

在第二次课结束时,学生们得到了一份问卷。该调查旨在确定哪些因素影响了学生关于是否在课堂上花费精力的决定,以及学生认为哪些因素决定了他们是否成功。具体来说,问卷设计的目的是了解学生将他们付出的努力和成功到底是归因于自我相关(ego-related)因素,还是归因于任务相关(task-related)因素,如表 5.1 所示。

表 5.1 自我相关的归因与任务相关的归因

归因	自我	任务
付出的努力	要做得比别人更好 要避免比别人更差	兴趣 想改善表现
成功	能力 他人的表现	兴趣 努力 先前的学习经验

得到评语的学生有较高的任务投入水平(task-involvement),但他们的自我投入(ego-involvement)与没有得到反馈的学生相同。然而,

尽管那些得到书面表扬和分数的学生在任务投入水平上与对照组相当,但他们的自我投入水平要高得多。如前所述,分数和书面表扬对成绩没有影响;它们唯一的效果是提高了自我投入感。任何参与学校指导和咨询工作的人都知道,这是个坏消息。要改变一个学生的行为,通常更有效的方法是把注意力集中在批评行为上,而不是批评学生本身(也就说,要给予关乎任务的反馈,而不是针对自我的反馈)。

这些发现也与20世纪70年代实施的一项研究结果一致。该研究清晰地表明,表扬未必就是一件好事——事实上,最好的教师对表扬的运用似乎略少于平均水平(Good & Grouws, 1975)。重要的是表扬的质量而不是数量,尤其是如果教师的表扬是不经常的、可信的、有条件的、具体的和真实的,那么就可能有效得多(Brophy, 1981)。同样重要的是,教师应将表扬与个体可控的因素联系起来。因此,从长远来看,仅仅因为一个优等生有天赋而表扬他,很可能会导致负面后果(Dweck, 2006, 2015)。

反馈的时机也很至关重要。如果给得太早,比如在学生有机会自己解决问题之前,他们就会学得更少。罗伯特·班格特-德朗斯(Robert Bangert-Drowns)、陈-林·库利克(Chen-Lin Kulik)、詹姆斯·库利克(James Kulik)和玛丽·特蕾莎·摩根(Mary Teresa Morgan)考察了40个研究报告,这些研究都关注"类测验事件"(test-like events)——如镶嵌于程序学习材料之中的题目,一个教学阶段结束时的复习性测验,等等——中反馈的效果,结果发现,真正重要的是反馈所生成的学生的关注(mindfulness,或深思)程度。相较于在得到反馈之前努力尝试过自己回答问题,若学生在尝试回答问题之前就能看到问题的答案,他们学到的东西就会明显少得多。

马尔科姆·西蒙斯(Malcolm Simmons)和彼得·科佩(Peter

Cope)的研究为“专注”的效果提供了一个直接的证明。9 岁和 11 岁的学生在结对研究角度和旋转问题。有些学生运用程序语言标志(programming language logo)在电脑上解决问题,有些学生用铅笔和纸做题。那些运用标志的学生能够使用一种“尝试—改进”(trial-and-improvement)策略,这使得他们无须多少心智努力就能得到一个解决方案。对于那些使用铅笔和纸的学生来说,验证一次旋转的效果要花费更多的时间,这激励了这些学生去仔细思考,而这种更大的专注力会更有效地促进学生的学习。

所有这一切的关键观念——重要的是学生投入于反馈的专注度——意味着有时少即是多。一项针对 64 名三年级学生的研究要求学生完成算术推理任务,并改变给予他们的支持的类型(Day & Cordón, 1993)。一半学生在遇到问题(got stuck)时得到了支架式的反应(scaffolded response)——换句话说,他们只得到了最低限度的支持,以使他们摆脱问题,进而取得进展。另一半学生得到了让他们被困住的问题的完整答案,然后被给予一个新的问题。相较于得到完整解决方案的学生,只得到支架式反应的学生学得更多,且保持学习的时间更长(Day & Cordón, 1993)。从某种意义上说,这完全不令人惊讶,因为那些得到完整解决方案的学生有机会无须从中学习。在节省教师时间的同时,培养尽可能少干预——只够保证学生继续前进——的技能,可以更好地促进学习。

乔·萨菲尔(Jon Saphier)为这种反馈提供了一个很好的例子:

教师:哪一部分你不理解?

学生:我就是不明白。

教师:好的。第一部分就和你做的上一题一样。然后我们增加一个变量,看看你能不能找到它是什么,我过几分钟再来。

大多数教师都有过这样的经历：仅仅因为学生请求即时的帮助，就给学生布置一项新任务。当教师问："什么不会做？"一个常见的回答是："我什么都做不了。"在这种情况下，学生的反应可能源于对任务中陌生的属性的焦虑，诸如"把那张表抄出来，我 5 分钟后回来帮你填"这样的说法经常有可能支持学生。这通常就是学生所需要的全部支持。抄写表格迫使学生详细查看表格是如何布局的，这种外加作业能为学生提供时间去自己理解任务。

支架式反馈的另一个好例子来自伊恩·史密斯(Ian Smith, 2008)。美术教师画了一张脸，并与班级同学合作，确定了成功肖像的 7 个指标，包括眼睛应该在脸部的一半位置，两眼之间的距离应该大致等同于一只眼睛的宽度，等等。然后，她能够按照表 5.2 所示的格式，就 7 个指标的符合情况向学生提供反馈。

表 5.2 脸部图画任务的反馈表

√	×	×	?	×	√	√
1	2	3	4	5	6	7

这清楚地告知学生哪些指标需要注意，它占用了教师很少的时间，且仍然给学生留下了大量要做的工作。

这些研究中涉及一个明显的问题是，教师给予的反馈是口头的还是书面的，会有不同的效果吗？关于这一方面的研究不多，其中为数不多的研究之一是下面的这个案例。80 名加拿大学生分成三组，在音乐课上学习写主要音阶(Boulet)(Simard & De Melo, 1990)。其中一组得到书面反馈、弱点清单(list of weaknesses)和工作计划；第二组学生得到了关于其所犯错误的性质的口头反馈，并有机会在课堂上进行改进；第三组没有得到任何反馈。在研究开始时，这三组学生在先前的音乐成绩、音乐天赋测试分数和学习能力测试分数方面并无差异。所有的小组都没有达到这项任务设定的80%的掌握水平,但是第二组的学生,即得到口头反馈的学生,得分显著高于其他两组的学生(这两组分数彼此之间没有显著差异)。由于第二组与第一组的应对方法的差异有三个方面,因此无法确定是什么造成了这种差异。然而,研究人员根据自己的观察指出,第二组学生在课堂上被给予时间利用反馈来改善他们的学习,这一事实比反馈采用口头还是书面方式要重要得多。

之前的研究都是针对学龄学生实施的,所以一个显而易见的问题是,同样的结论能否适用于大学生?为了回答这个问题,杰弗里·奈奎斯特(Jeffrey Nyquist, 2003)搜集了关于反馈对大学生影响的研究,并特别搜集了满足以下三项要求的研究:

1. 这项研究必须涉及对关于反馈的特征的实验操作。

2. 参与者必须是大学生。

3. 这项研究必须涉及对学业成绩的测量,报告中有充足的细节,能够计算出标准化效应量。

他确定了86个相关研究,这些研究涉及12 920人,并报告了185项主要结果。反馈的平均效应量是0.4个标准差,相当于将一个平均水平的学生提高到第66百分位。为了搞清不同类型的反馈是否有不同的效果,他根据所提供的反馈类型将研究分成五个类别。

1. 只给出较弱的反馈(Weaker feedback only):在这类研究中,学生只知道自己的分数或等级[通常称为"结果知识"(knowledge of results),或简称KR]。

2. 只提供反馈(Feedback only):在这类研究中,学生得到自己的分数或等级,以及清晰的学习目标或对他们尝试解决的问题的正确答案的反馈["关于正确结果的知识"(knowledge of correct results),或简称KCR]。

3. 弱形成性评价(Weak formative assessment)：在这类研究中，学生得到正确结果的信息以及某种形式的解释(KCR＋e)。

4. 中度形成性评价(Moderate formative assessment)：在这类研究中，学生得到正确结果的信息、一些解释以及关于如何改善的建议。

5. 强形成性评价(Strong formative assessment)：学生得到关于正确结果的信息、一些解释以及要去完成的特定活动。

结果如表5.3所示(这些是修正后的值，因此与奈奎斯特2003年发表的值略有不同)。

表5.3　反馈对大学生成绩的效应量

类别	研究的数量	对平均水平学生的影响
只有弱反馈	31	第56个百分点
只有反馈	48	第64个百分点
弱形成性评价	49	第60个百分点
中度形成性评价	41	第65个百分点
强形成性评价	16	第71个百分点

虽然这个模型并不完美，但很明显，形成性评价的原则执行得越忠实，对学生成绩的影响就越大。特别是，强形成性评价的效果(效应量为0.56)是仅向学生提供关于他们作业对或错的信息的反馈的四倍(效应量为0.14)。据我们所知，从学前阶段到大学，反馈的效果对所有学习者都是相似的。

尽管表5.3中的数值描绘了一幅令人信服的图景，但是切记，这里的数值是平均值，且反馈对成就的效应量事实上存在相当大的差异。具体来说，185个结果中有24个是负面的——反馈实际上降低了表现——这一发现已经得到了其他研究人员的证实。

阿夫拉罕·克鲁格(Avraham Kluger)和安杰洛·德尼西(Angelo DeNisi)研究了他们所能找到的过去 90 年中(1905 年至 1995 年)实施的每一项关于中小学、大学和职场环境中反馈效果的研究。他们将反馈干预(feedback intervention)界定为"(一个)外部主体所采用的提供关于某人任务表现的某些方面的信息的行动"(Kluger & DeNisi, 1996),发现有超过 3000 个研究(2500 篇期刊文章和 500 个技术报告)在考察这种反馈干预对表现的影响。

当然,这些研究的质量存在差异。为了确保不纳入质量较差的研究,克鲁格和德尼西为自己的综述制定了一些纳入的指标。首先,一项研究必须有两组参与者,他们唯一的差异(就研究人员所能判断的而言)是他们是否收到了反馈。其次,一项研究必须至少有十个参与者(有些研究,尤其是在医学领域,只有一个参与者)。再次,该研究必须包括某种形式的表现测量,且有关于测量的充足的细节,以保证能够计算反馈对表现的影响的大小。

令人惊讶的是,在最初的 3000 项研究中,只有 131 项(约 4%)符合这些科学质量指标。这个数字如此之低,以至于克鲁格和德尼西对已被排除在外的研究进行了重新审查,以确保有价值的研究没有被不适当地排除在外。但他们的结论是,那些被排除的研究不能有效解释反馈的效果。131 项被纳入考察的研究共报告了 607 项实验结果,涉及对 12 652 个个体的 23 663 个观测值。或许更令人惊讶的是,在 131 项高质量研究所提供的 607 项实验结果中,有 231 个结果表明,提供反馈实际上降低了表现。

这是心理学研究中最反直觉的研究结果之一。在每一项研究中,反馈的意图都在于提高表现,但在精心进行的研究中,几乎每 5 个研究中就有 2 个研究显示,若没有得到反馈,参与者的表现会更好。

基于这么大数量的研究，显然我们可以确定，有很多事情会影响反馈的效能。反馈未能得到预期的效果，主要原因有两个：首先，反馈中真正重要的是学生对它的反应；其次，很多反馈没有考虑到我们的心智（尤其是我们的记忆）是如何工作的。

学习者如何对反馈做出反应

为了理解反馈为什么会产生这样负面的（counterproductive）和意想不到的效果，克鲁格和德尼西详细地考察了这些研究，以确定反馈何时能改善表现，何时不能。他们指出，当反馈引起人们对当前表现与目标之间差距的关注时，接下来会发生什么，将取决于当前表现是高于还是低于目标。

当反馈告诉一个人他已经超过了目标时，可能会发生以下四种情况：设法把目标变成一个要求更高的目标，显然，这是我们期望的；可能被视为一个信号，让这个人放松下来，减少努力；如果成功来得太容易，个体就可能会认为目标本身毫无价值而完全放弃它；认为反馈无关紧要而拒绝接受。

更常见的情况是，当反馈表明当前表现未能达到目标时，仍然可能导致四种反应。反馈的接收者可能会改变目标——例如，当一个学生决定满足于一个 B 等，即使 A 等可能在他的掌握之中，但因为觉得需要付出太多的工作或自我形象受损的风险太大而放弃尝试。第二种反应是完全放弃目标，就像有些学生展示出来的“习得性无助”（learned helplessness，Dweck，1975），这些学生在面对不断出现的失败迹象时可能会认定，有些东西永远超出他们自己的能力范围——例如，某个学生说：“我不擅长数学。”第三种反应是拒绝反馈，这在职场情境中非常普遍，例如，一个人觉得自己的贡献远远超出了预期，却只得到上司的一个中度的评价。拒绝反馈的效果是降低努力(因此，可能降低表现)。第四种反应——大概是给予反馈的人期望得到的反应——是改变一个人的行为，从而提高表现以达到目标。表 5.4 总结了对反馈的这些反应。

表 5.4　对反馈的可能反应

反应的类型	反馈表明表现超出了目标	反馈表明表现未达到目标
改变行为	减少努力	**增加努力**
改变目标	**提高抱负**	降低抱负
放弃目标	认为目标太容易	认为目标太高
拒绝反馈	忽视反馈	忽视反馈

只有表中加黑的两种反应才可能改善表现。而另外六种情况，往好里说，什么也不会改变；往差里说，降低表现——有时可能会有相当大程度的下降。

克鲁格和德尼西所考察的研究也表明，要预测这些反应中哪些会发生，即使不是不可能，也是很困难的。这将取决于接收反馈的个体得到反馈的那种任务的类型，以及反馈接收者对反馈提供者的看法。

运用表扬可以提高动机，但后果是需要一直运用表扬来保持动机。而在这种情形下，要保持真实的、真诚的赞扬非常困难。与此不同，如果反馈聚焦于改善需要做的事，尤其是在它给出关于如何改善的具体细节时，反馈的运用便会改善表现。

克鲁格和德尼西在他们关于反馈效果的综述的结论中指出，最大的问题在于，他们所考察的大部分研究没有考虑到长期效果。甚至在反馈的确提高了动机的情况下，这也可能是以长远表现的恶化为代价的一种短期的改善。因此，他们建议，对反馈的研究应该更少地关注对表现的实际影响，而要更多地关注反馈所激发的个体的反应类型。

斯坦福大学的卡罗尔·德威克(Carol Dweck)和她的同事在 30 多年间进行了一系列研究，其中有些聚焦于学生如何看待自己在学校的成功和失败，他们问学生一些问题，比如“你得了 A，为什么会这样?”或者“如果你得了个 F，为什么会这样?”德威克和她的同事发现，学生的回答中贯穿着三个重要的主题(Dweck, 2000)。

第一个主题是成功或失败是由于个人因素还是外部因素[换句话说，归因是如何个人化(personalized)的]。例如，“我得了 A 是因为我做了一件很好的工作”，这是一种“内部”(internal)归因，即原因被认为是存在于个体内部。“我得了 F 是因为史密斯先生讨厌我”则是一种外部(external)归因，即原因被认为是外在于个体的。人们经常将自己的成功归因于内部，而将自己的失败归因于外部，这很普遍。有一句话很好地抓住了这一倾向：“成功有一千个父亲，但失败是一个孤儿。”

第二个主题是成功被视为是可能持久起作用的因素的结果，还是可能短暂起作用的因素的结果[换句话说，也就是这些因素的持久性或稳定性(permanence or stability)]。例如，在对成功进行归因时，学生们倾向于把“聪明”归因于稳定(stable，即持久起作用)的因素；如果这个学生这次因为聪明得了 A，下次也很可能得 A，因为他将依然聪明。另一方面，如果一个学生说，“我得 A 是因为我真的在这个作业上非常努力”，那么就是把成功归因于一个不稳定(即短暂)的因素。下次，学生是否能得 A 将取决于他在下一个作业中投入了多少努力。

第三个主题是归因的特异性(specificity)：成功或失败被认为是由于影响所有领域表现的因素造成的，还是仅仅是因为影响特定领域的因素造成的。例如，一些学生对自己的成功作了过度概括。他们相信，因为被告知擅长某一件事，他们就会做好所有事。学生也可能对失败进行过度概括,相信自己因为在某一件事上失败了,所以在任何事情上都将失败[这两种情况都是一般归因(global attributions)]。表 5.5 给出了成败归因的一些例子(参见 Dweck, 2006)。

表 5.5　对成败归因的分析维度

归因	成功	失败
个人化(Personalization)	内部:“我得到一个好成绩是因为我的作业做得很好。” 外部:“我得到一个好成绩是因为教师喜欢我。”	内部:“我得到一个低等级是因为我的作业做得不够好。” 外部:“我得到一个低等级是因为教师不喜欢我。”
稳定性(Stability)	稳定:“我得到一个好成绩是因为我擅长于这个领域。” 不稳定:“我得到一个好成绩是因为我很幸运碰到我会的问题。”	稳定:“我得到一个低等级是因为我不擅长这个领域。” 不稳定:“我得到一个低等级是因为我在考试前没有复习到这个内容。”
特异性(Specificity)	特殊:“我擅长这个,但这只是我唯一擅长的。” 一般:“我擅长这个,所以我能做好所有事。”	特殊:“我不擅长这个,但我擅长其他所有的事。” 一般:“我什么都不行。”

德威克等人发现,男孩有一种轻微的倾向,更可能将他们的成功归因于稳定的原因(如能力),而将失败归因于不稳定的原因(如努力不够和糟糕的运气)。这就可以解释为什么许多男孩对他们毫无准备的考试充满信心。更有争议的是,同样的研究表明,女孩也有一种轻微的倾向,将自己的成功归因于不稳定的原因(如努力),而将失败归因于稳定的原因(如缺乏能力),这导致了前面提到的习得性无助。

重要的是要记住,这些并不是男孩和女孩之间的明显差异——男性和女性在归因成功上的共同性远远大于两者之间的差异——但这些差异可以为当今世界各地女生都优于男生(OECD, 2016)提供部分的解释。最好的学习者总是把成功和失败都归因于内在的、不稳定的原因,他们相信“一切由我决定”(内部)和“我能做些什么”(不稳定)。女孩在归因成功时的趋向就是这样,尽管她们面对失败时不这样想;而男孩的倾向是,无论成败都不会归因于内部的不稳定的因素(成功倾向被归因于内部、稳定的原因,而失败往往倾向被归因于外部、不稳定的原因)。不管当前的倾向如何,如果学生能接受“这由我决定,我能做些什么”的理念,那么课堂学习将会得到巨大的促进。当我和学生们谈论这些问题时,我经常运用来自体育领域的例子,比如迈克尔·乔丹(Michael Jordan)、汤姆·布雷迪(Tom Brady)和迈克·皮亚扎(Mike Piazza)。

虽然迈克尔·乔丹被高中校篮球队除名的说法并非实情,但他确实经历过一个重大的转折。他所在的兰尼高中(Laney high school),除了主要的校级代表队外,还管理着一支初级校队。当大多数十年级的学生期望加入初级校队的时候,十年级中一些非常优秀的运动员已经加入了校队。乔丹和他的朋友勒罗伊·史密斯(Leroy Smith)在九年级之后的那个夏天参加了一个篮球训练营,并在校队教练波普·赫林(Pop Herring)的鼓励下,在十年级时参加了校队的选拔。最终,史密斯成功入选,而乔丹落选了。当时的助理教练弗雷德·林奇(Fred Lynch)说:“勒罗伊的篮球水平并不比迈克尔好,他只是块头大。我们没有很多高个子的孩子,而勒罗伊有6英尺(1英尺≈0.3米)6英寸(1英寸=0.0254米),也许有6英尺7英寸高……波普·赫林认为我们有足够的后卫,但需要块头大的孩子。”(Pickeral, 2009)

尽管从技术上讲,乔丹不是被校队除名的,但这对他的影响是让他受到激励。2009年9月11日,在被美国国家篮球协会(National

Basketball Association, NBA)列入名人堂(hall of fame)时,乔丹在获奖感言中回忆道:

在我落选时,勒罗伊·史密斯是那个入选的家伙……整个过程都是他和我一起开始的,因为当他入选球队而我没有入选的时候,我想要证明——不仅仅是对勒罗伊·史密斯,不仅仅是对我自己,而是对实际上选了勒罗伊而不是我的教练——我想要确保你明白:“你犯了一个错误,伙计”。(乔丹,2009)

在高三和高四的时候,他确实为高中的校队打过球,打得很好,累计 1400 多分,但还不足以在全国范围内脱颖而出。在他高三结束的时候,他并没有进入大学相中的前 300 名高中潜在选手名单(Bondy, 1999)。

2000 年,汤姆·布雷迪被选入国家足球联盟(National Football League),他是直到第 6 轮才被选中(实际上他是第 199 名被选中的球员),并且是当年被选中的四分卫中的第 7 名(Massey & Thaler, 2005)。

也许最引人注目的是,1988 年,当迈克·皮亚扎被洛杉矶道奇队(Los Angeles Dodgers)选中时,他的顺位是第 1390 位。也就是说,当时美国职业棒球大联盟总共 26 支球队,挑选了 1389 名球员才选到他(而排在他之后的只有 43 名球员!),他是道奇队当年挑选的第 63 位球员,甚至没有被选为一名捕手——当时,他是一名一垒手(Epstein, 2013)。意识到自己可能有更好的机会在大联盟中担任捕手,他开始在冬季联赛中担任捕手,并在 1992 年为阿纳海姆天使队(Anaheim Angels)打了 21 场比赛(在这些比赛中,他的打击率平平,只有 0.232)。然而,在接下来的一年里,他成为全国联盟的年度最佳新秀。此后的 14 年里,他的场均击打率超过 0.300,现在被广泛认为是史上最佳攻击型捕手，职业生涯共击出 427 支本垒打和 1335 支安打。

这三个人都收到了反馈，说他们不够好，但面对反馈，他们都决定改进，而不是放弃，转而去做别的事情。在这些案例中，要做得更好的决心至关重要。

当然，学生的态度决定了他会将反馈看作与持久的东西相关，还是与转瞬即逝的东西相关。一名学生可能将反馈看作传递了“你不够聪明”(You're not smart enough)的信息，而另一名学生可能把同样的反馈看作是在说，“你还不够聪明”(You're not smart enough yet)。重要的是，学生们认为他们未来的潜力是否会受当前表现的限制。

相信固定能力(fixed ability)的学生将把任何一项工作片段视为一个再次确认自己能力或被打回原形(be shown up)的机会。如果他们对完成教师所要求的事有信心，那么就会去尝试。然而，如果他们对自己完成任务的能力缺乏信心，那么很可能会逃避挑战(尤其是当他们认为其他人会成功时)，这种情况每天都可以在课堂上看到。考虑到所有的因素，许多学生会决定，宁愿被认为懒惰也不愿被认为愚蠢，并拒绝从事这项任务。这是相信能力是固定的直接后果。

相反，那些认为能力是逐渐增长的人——拥有卡罗尔·德威克所说的成长型心态(growth mindset)——会将所有的挑战都视为学习并变得更聪明的机会。因此，面对失败，这些学生会更加努力(Dweck, 2006)。这些能力观通常不是一般性的(global)——一个学生可能相信数学能力是固定的，而运动能力是逐渐增长的，比如，一个人在三级跳远项目上训练得越多，那他在这项运动上的能力增长也越多。因此，作为教师，我们需要做的是，保证给予学生的反馈支持这样一种能力观，即能力是逐渐增长的，而不是固定不变的——确保他们明白：通过努力，他们会变得更聪明。这种反馈还必须考虑到对记忆(以及由此产生的学习)如何工作的理解——这将在下一部分中讨论。

记忆是如何工作的

大多数人将人类的记忆看作是一种记录装置。经历过的事情会被以某种方式记录下来,随着时间的推移,这些记录就会消退,除非它们不断地被刷新。如果不能回忆起那些事实或事件,我们倾向于认为关于那些事实或事件的记忆已经衰退得太多甚至于完全消失了。然而,事实证明,事情比这更复杂、更有趣。

许多人不能回忆起他们第一辆车的车牌号码,并认为这个号码已经被遗忘了。但是,如果看一张有 10 个车牌号的清单,大多数人会很容易认出自己拥有过的号码——如果这个号码真的被遗忘了的话,这是不可能做到的。记忆依然在那里,难的是找回它。这种洞察也为“舌尖现象”(tip of the tongue phenomenon)——人们不能在特定的时间回忆起某件事,但他们知道自己记得,而且往往能够在短时间之后回忆起,尤其是当他们停止试图回忆的时候——提供了解释。另一些事我们从未有效地学习过,但能很容易地在特定的时间点回忆起来。例如,大多数人在入住期间能记住酒店的房号,但几周后就想不起来了。更重要的是,他们不能从一串数字中找出这个数字。虽然这个数字在逗留期间很容易被回忆起来,但它并没有被有效地学习(从改变长期记忆的角度来说)。

在一项历时近四十年的大规模研究项目中,罗伯特·比约克(Robert Bjork)和他的同事们研究了人类的记忆实际上是如何工作的,这些成果在索德斯特罗姆(Soderstrom)和比约克的著作中得到了很好的总结。这项研究表明,人类记忆的工作原理与物理或数字存储机制非常不同。

例如，在物理存储或数字存储中，提取不会改变存储的信息，也不会改变任何其他信息。相比之下，科学家们发现，当人类从记忆中提取信息时，提取到的材料会变得更容易记住，更令人惊讶的是，没有被提取的东西在将来会变得更不容易提取。

罗伯特·比约克认为，记忆中有两个方面决定了回忆的难度，他称之为“存储强度”(storage strength)和“提取强度”(retrieval strength)。存储强度是某件事学得有多好的指标，而提取强度是指某件事在某一特定时刻被回忆起来的容易程度。存储强度是单向的——它可以增加，但不能减少(因为大脑损伤导致的下降也许要除外)。另一方面，提取强度的提高或降低与存储强度无关。不使用特定的记忆会导致其提取强度下降，而回忆某件事会导致提取强度提高。然而，提取强度是有限的，因此增加记忆中某些项目的提取强度会降低其他项目的提取强度。

这看起来似乎相当神秘和(反馈)不相关，但罗伯特·比约克和其他人的研究中有两个关键发现——这两个发现对一般意义上的学习尤其是对反馈有重要的启发。第一个发现是，每一次重新学习或从记忆中提取一个项目时，其存储强度都会提高，但相较于重新学习，成功地从记忆中提取更有可能增加存储强度。第二个发现是，从记忆中提取的难度越大，对存储强度的正面影响就越大。换言之，相较于提取强度高——按照罗伯特·比约克令人印象深刻的术语，存在着学习上的“值得拥有的困难”(desirable difficulties)——在提取强度低时成功地从记忆中提取，可以生成更多的学习。

这些观点有助于解释关于反馈的许多研究结果。如果反馈就是向学生提供他们答错了的问题的正确答案的信息，那就相当于再次学习相同的材料。这有助于学生学习,因为每一次学生回忆一些东西,它们的存储强度就会提高,但如果反馈能帮助学生自己回忆某些东西,那么反馈可能会更有效。简单地说,提示可能比答案更有效(Finn & Metcalfe, 2010)。

反馈研究还发现,当反馈延迟时,它往往会更有效——我们对这一事实相当陌生。多年来,研究人员一直认为反馈是一种强化学习的方式,因此即时反馈应该比延迟反馈更有效。然而,在许多研究中发现,延迟反馈会使反馈更有效——这有时被称为"延迟保留效应"(delay-retention effect)(Kulhavy, 1977)。罗伯特·比约克所称的"新弃用理论"(new theory of disuse)解释了其中的原因。延迟反馈意味着,当反馈被给出时,是在提取强度低于原来的时候提供反馈,因此反馈对存储强度(即对长期学习)就有更大的影响。

所有这一切的问题在于,这些发现中有许多都违反了常规(go against the grain)。一项研究以位于埃尔帕索(El Paso)的得克萨斯大学学生为对象,这些学生都在学习关于连续时间信号与系统的高级工程课程。他们被随机分为两组(Mullet, Butler, Verdin, von Borries & Marsh, 2014)。一组学生一完成作业就收到反馈,而另一组学生则延迟收到反馈(一两周后或三四周后)。在期末考试中,得到即时反馈的学生平均得分率为84%,而得到延迟反馈的学生平均得分率为93%,而延迟时间较短得到反馈的学生与延迟时间较长的学生相比,得分没有差异。在后续的实验中,同一批学生在一些作业上得到即时反馈,而在另一些作业上得到延迟反馈。在考试中,学生在那些有关他们收到即时反馈的内容的试题上,平均得分率为65%,而在有关收到延迟反馈的内容的试题中,平均得分率为81%(同样,延迟时间的长短没有带来分数上的差异)。

然而，在第二个实验中——同一批学生在某些作业上得到即时反馈，而在另一些作业上得到延迟反馈——90％的学生说他们更加偏好即时反馈，79％的学生认为自己从即时反馈中的受益要多得多（Mullet et al.，2014）。

事实上，不只是学生认为即时反馈更好，许多教师也这么认为。这似乎是因为他们没有区分学习任务的"表现"水平（level of performance）和所发生的学习量（Bjork，1994）。如果我们给予学生大量的支持（例如，以反馈的形式）来完成一项特定的任务，那么学生在该任务上的表现水平就会提高。可是，发生的学习量（即存储强度的增加）减少了，因为学生不必那么努力地学习。相反，如果学生不得不在学习任务中做出艰苦的努力，那么他们在该任务上的表现质量会下降，但所发生的学习量会增加。一般来说，一项任务中的表现质量与完成该任务后发生的学习量成反比。

这意味着教师们必须在这两者之间保持审慎的平衡。学生们喜欢立即得到反馈，但当学生在工作过程中得到反馈时，反馈可能会为学生的思维提供强有力的支架，以至于他们无须发展自己思考解决问题或任务的能力。此外，相较于稍稍延迟的反馈，即时提供的反馈对学生学习的影响更小。有时候，为了保持学生的积极性，立即提供反馈是必要的，但这里的重点是，反馈应该尽可能地让学生自己去思考。相较于仅仅告知学生做什么，支持学生在工作中努力解决"值得拥有的困难"，很可能对长期学习产生更大的影响。

作为未来行动指南的反馈

所有这些都表明,提供有效的反馈是非常困难的。如果做错了,学生就可能放弃,可能拒绝反馈,或者选择一个更容易达成的目标。即使学生投入反馈之中,仍然存在注意焦点转向短期目标而不是长期目标的风险。这就是为什么我对高成就体育教练的实践越来越感兴趣的原因。

在许多高中,那些参与学术项目的人把学校视为一个人才精炼厂。他们的工作是为学生提供课程。一些学生会学得很好,而另一些学生则不会。尽管大多数州规定,要获得高中文凭,必须通过特定的课程,但是,如果学生不能通过某门课程(如代数 2 或三角学),那也没关系——这显然不是他们的科目。换句话说,学校的功能更像是一个炼油厂——其任务是把学生分成不同的层次。那些参加体育项目的人可不能这样,足球教练可无法奢侈地说:"我们没有足够好的四分卫,所以今年我们不打算踢足球。"相反,足球教练认为自己的工作是尽他所能让球队拥有最好的四分卫,并尽可能在其他任何位置上都拥有最好的球员。也就是说,体育教练倾向于不把学校视为人才精炼厂,而是视为人才孵化器(talent incubators)或人才工厂(talent factories)。他们认为自己的工作不仅是认定人才,而且是培养人才,甚至是生产人才,因而他们经常能从运动员身上挖掘出一些运动员自己认为没有的东西。

教练通过提供促进学习的反馈(feedback that moves learning forward)来做到这一点。1998 年,保罗·布莱克(Paul Black)和我出版了《黑箱之内:通过课堂评价提高标准》(*Inside the Black Box*:

Raising Standards Through Classroom Assessment）。在书中，我们建议，在学习过程中的反馈应以评语的形式而不是分数的形式出现，许多教师对此铭记在心。遗憾的是，在很多情况下，反馈并不是特别有用，因为通常反馈的重点是上交的作业中有哪些不足之处(学生已无法重新提交)，而不是聚焦于如何改进他们未来的学习。在这种情形中，反馈更像是通过后视镜而不是透过挡风玻璃看到的场景。或者就像道格拉斯·里维斯(Douglas Reeves, 2008)令人难忘的说法，这就像体检和验尸(having a medical and a postmortem)之间的区别。

只有当学习者使用反馈给他的信息来改善表现时，反馈才能发挥形成性功能。如果教育者反馈给学习者的信息是有用的，但学习者却不能利用这些信息来改善自己的表现，那么这些信息就不是形成性的。我记得和一个中学生的谈话，他正在看教师给他的科学作业的反馈。教师写道："你需要更系统地计划你的科学调查。"我问学生这是什么意思，他说："我不知道。如果我知道如何更系统化，我第一次计划时就会更系统化。"这种反馈是准确的——它描述了需要发生的事——但它没有帮助，因为学习者不知道如何利用反馈来改善。这就像告诉一个不成功的喜剧演员要更风趣——准确但不是特别有用的建议。

同样，学术项目和体育项目在这方面实践上的差异也很有启发性。想象一个年轻的垒球快投手正在苦苦努力——她的投手防御率(Earned Run Average，ERA)平均值为 10(如果你对快投垒球一无所知，就把这理解为不是很好)。如果她的教练和许多高中教师一样，他可能会说："我的建议是：你需要降低你的投手防御率。"准确但没有帮助。她知道自己需要降低投手防御率，但她需要知道怎么做。

教练可能会注意到她的投球，并意识到她之所以丢了很多分，是因为她试图投出一个上升的快球，但没有成功。这是一种快速旋转的快球,这样,当它到达本垒板时,就会迅速上升,而且是相当难以击中的。当然,如果它不上升,它就只是落点在挡板中间的一个快速球,这就是为什么她的球很多次被击中的原因。所以,教练对投手说:“我知道问题出在哪里。就是你上升的快球并没有上升。”这句话同样很准确,但仍然没有帮助。

然而,如果教练告诉投手,她用来投掷的手臂这边的肩膀降得不够低,那就无法从膝盖以下来掷球,球就不上升,因此就给了对方运动员击中的机会。有效反馈的秘诀是,仅仅指出什么错了是不够的;要保证有效,反馈必须为未来行动提供处方(recipe for future action)。

这是“反馈”一词的词源所固有的意思。“反馈”一词是从工程学中借用而来的,已经有一百多年的历史了[Wiliam,出版中(b)],但让它得到广泛运用的是数学家和哲学家诺伯特·威纳(Norbert Wiener,1948)。反馈在工程中应用的一个重要特点是,它是反馈回路(feedback loop)的一部分。运用恒温器来调节房间的温度是反馈回路的一个经典例子。

该系统有以下四个关键要素:

1. 一套设置期望状态的设备(温度设置);
2. 一套确定当前状态的设备(温度计);
3. 一套将当前状态与期望状态进行比较的机制(恒温器);
4. 一套使当前状态与期望状态保持一致的机制(加热或冷却系统)。

对于工程师来说,除非在反馈回路中存在一种机制可以保证当前状态趋近期望状态,否则关于当前状态和期望状态之间的差异的信息就是无用的。在教育中,我们用“反馈”这个词来指代提供给学生的关于他们当前成就的任何信息。但是,仅仅告诉学生,当前的表现没有达到他们需要达到的水平,这并不是工程师会认可的反馈。如果没有东西将恒温器与空调连接起来，那么反馈回路就不存在，因此，对于工程师来说，也就没有反馈。

要使反馈有效地成为未来行动的处方，教育者必须设计反馈以促进学习。换句话说，反馈必须包含一个前进的模型（a model of progression），这也是体育项目中很多教练精心设计的东西。仅仅阐明当前状态和目标状态是不够的。教练必须设计一系列的活动，帮助运动员从当前状态到达目标状态。通常，教练会采用一项复杂的活动——比如垒球或棒球的双打——然后将其分解成一系列的组成部分，运动员需要练习每个组成部分，直至达到熟练程度，进而教练将这些组成部分组合在一起再让运动员练习。教练不仅有清晰的质量观念（执行良好的双打），也理解质量的“解剖结构”（anatomy）：能够看到高质量的表现是由一系列可分解的元素组合而成的，适合运动员的发展序列。

把一个漫长的学习旅程——从学生现在的位置到他应到达的位置——分解成一系列小步骤，这种技能即使是最有能力的教练也需要几年时间来发展。最好的教练说他们总是在学习如何更好地教。然而，即使教师或教练能够准确指出学生表现的哪些方面需要改善，但事实证明，许多出于改善学生表现的良好意愿的尝试并没有取得成功，是因为他们没有考虑到人类记忆是如何工作的。

实用技术

如果必须把所有关于反馈的研究都归结为一个简单的首要观念，那么至少对于学校中的学术科目来说，它应该是：反馈应当引发思考。

本节所讨论的所有实用技术之所以有效，是因为它们以某种方式让学生思考，而不是对他们得到的反馈做出情绪上的反应。现在我们将讨论以下实用技术：减、等于、加(minus, equals, plus)；对未来行动的反馈(feedback for future action)；三个问题(three questions)；利用反馈的技术(techniques for utilizing feedback)；以及支持学习的评定实践(grading practices that support learning)。

减、等于、加[45]

当我和教师们说到前面讨论过的露丝·巴特勒的两项研究中的第一项——学生分别得到评语、分数，或同时得到两者(第 153 页)——时，我问他们："当学生们同时得到评语和分数时，他们首先会看哪一个？"当然，每个人都意识到首先看的就是分数。更有趣的是学生们接下来看的东西：别人的分数。一旦学生将自己和别人作比较，他们的心智能量就会集中在保护自己的幸福感而不是学习任何新东西上。

在我曾工作过的一所学校，校长坚持每两周就给每个学生的作业一个分数或等级。于是语言艺术教师在每一个评分周期结束时都会给学生传统的字母等级。但在评分周期内，采用了一种他们称之为"加—减—等于评定系统"[46]：除了评语，每个学生还得到一个符号：－、＝或＋，这取决于与上一次同主题的作业相比，他们所提交的作业是较差、大致相当，还是更好。过去经常得 A 的学生通常不喜欢这个系统，因为他们必须更加努力才能得到"＋"。特别有趣的是，当这些班级中成绩优异的学生将自己的成绩与其他学生的成绩进行比较时，可能发现自己得到了"＝"，甚至是"－"，而绝对成绩更低的学生却得到了"＋"。这种评分系统的重要特点是，它会反馈给学习者一些处于他们控制范围内的东西，比如是否在改善，而不是关注一些学生自己影响不了的东西，比如与班里的其他学生相比较处于什么情况。

对未来行动的反馈[47]

反馈要有效，就必须将注意力集中到下一步的工作上，而不是集中在学生当前表现得好还是差上。可这在典型的课堂上很少发生。在某些情况下，反馈被视为一种惩罚，而不是本可以成为的形成性工具。帕姆·海斯(Pam Hayes)是一名中学数学教师，她曾经跟我讲过她和一名五年级学生的一次谈话。学生说："如果你的作业得到很多反馈，那可能意味着它不太好。"当被要求解释这个相当令人惊讶的评论时，这个女孩指出，成功的作业通常只会得到(高)分数和"干得好"之类的评语，而不太成功的作业则会被教师写上许多批注然后返还给学生。对这个女孩来说，得到的"反馈"越多，工作就一定是越差。在许多课堂里，教师要求学生自己订正家庭作业，结果是高成就学生无事可做。若以这种方式来运用反馈，那真的就是一种惩罚。

然而，如果我们认可反馈是未来行动的处方，那么就很容易搞明白如何让反馈建设性地发挥作用：除非能在课堂上留出时间以运用反馈改进学生的学习，否则就不要向学生提供反馈。反馈不是对一个人的工作做得有多好或多差的评价，而是关于"下一步该做什么"的事，学生从中可以控制未来的结果。

三个问题[48]

在回应学生的书面作业时，有一种技术对于回应的结构化特别有效，那就是"三个问题"。当教师阅读每个学生的作业，如果看到一些希望学生去思考的东西时，就会在作业的那个点上注上一个带数字的圆圈。在学生的作业下面，教师会写上三个问题，其中每一个都与相应的编号圆圈有关，并为学生的回答留出空间。然后，学生在下节课的前10～15分钟回答教师提出的三个问题。这项技术的重要特点是，不管学生的作业是好还是差，每个学生都有同样多的工作要做。反馈不再是“验尸”，而更像是一种“体检”。

利用反馈的技术[49]

反馈是关于“下一步的工作”的，这一观念也暴露了当前许多实践的另一个缺点。我经常问教师，他们是否相信学生花了与教师提供反馈同样多的时间来运用他们得到的反馈。通常情况下，只有不到1%的教师认为情况是这样的。这种情况需要改变。

有效、实用的课堂反馈的第一个基本原则是，反馈应该更多地为接收者而不是为给予者服务。给予学生评语而不是分数或等级，显然是有用的，但大多数教师仍然发现让学生阅读评语很困难。夏洛特·克里根(Charlotte Kerrigan)是一名高中英语语言艺术教师，有一段时间只给她的学生评语，但对学生给予她的评语的关注度很不满意，因此她在反馈的提供方式上做了一个很小但非常强有力的改变。她十年级的学生刚刚完成了论文，主题是他们一直在学习的一部莎士比亚戏剧。克里根收集了这些论文，但她没有在学生的作业本上写评语，而是将评语写在纸条上。讲评时，每组四名学生收到他们的四篇论文，以及四张纸条，小组必须确定哪张纸条的评语属于哪篇论文[50]。至少在一开始时，学生们并不知道这些评语是与他们自己的作业有关，还是与同伴的作业有关，因此他们只是针对自己所写的内容来阅读评语，而不会将之看成针对他们个人的。此外，看到对别人作业的评语有助于他们了解更成功的作业的特点。

有效反馈的第二个原则是，反馈应该是有焦点的。我们习惯给学生提供大量我们称之为反馈的东西(尽管工程师可能不会这么做)，但通常质量一般，通常我们也不要求学生运用它做太多事情。在给予反馈时，少即是多。

在我初次成为一名教师教育者时，我艰难地学到了这一点。我与职前教师一起工作，在他们进行实习教学时观察他们。我坐在教室的后排，孜孜不倦地记下他们在教学中犯的所有错误——在一堂课的 45 分钟，我经常会就实习生所犯的所有错误写出多达 3 页的评语。下课的时候，我会把这段精彩的反馈交给这个不幸的实习生。让我沮丧的是，我的精彩反馈似乎没有任何效果。过了一段时间，我意识到问题在于我给出的反馈太多了，需要给予更少但更有焦点的反馈。我不再简单地转交需要纠正的错误列表，而是开始像这样说："在接下来的两周里，我希望你做这两件事：第一，在你开始重要内容的教学之前，让他们把笔放下；其次，确保你不在学生讲话时讲话——如果他们在你说话时开始相互交谈，你就停止说话。"我给出的反馈更少，但因为更加聚焦，因此效果也更好。

第三个原则是，反馈应该同教师与学生分享的学习目标相关。如果教师提供了一个评分规则，那么重要的是反馈要与该规则相关。如果有学习的目标和成功指标，那么反馈应该以这些为依据。这听起来似乎是明摆着的，但是，教师给学生提供规则或成功指标，却没有用它们来构建他们对学生的反馈，这种情况我看到太多了，已记不清有多少次。

数学教师可能会认为，只提供评语之类的做法在语言艺术和社会研究中可能有效果,但在数学中可能未必行得通。毕竟,如果一个学生完成了20道方程题,教师在其中的15道题边上打钩,在另外5道题边上打叉,那么即使教师没有在其作业上写上75这个分数,学生也可以算出他在20道题中做对15道题的得分。然而,如前所述,重要的不是反馈的形式,而是它对学生的影响。

在每一个答案旁边打钩或叉,除了让学生订正有错的答案,再没有给学生留下什么要做的事。另一种选择是对学生说:"其中有5道题错了。你找到它们,然后加以改正[51]。"

这种技术特别适合数学,因为数学中通常更容易检查答案是否正确(例如,将已求出的变量替换回原始方程)。然而,这种技术也可以很容易地适应其他科目。当检查一篇文章的最终稿时,语言艺术教师在存在某些需要注意的地方的页边标上一个小圆点。对于成绩较差的学生,他可以用不同的字母替代小圆点,如用g表示语法错误,用s表示拼写错误,用p表示标点符号错误,等等,以此来区分反馈。重点是,反馈是有焦点的,更多的是服务于接收者而不是给予者,引发思考而不是情绪反应。

这些技巧可以使反馈成为一种更有效地促进学习的方式,但除非我们能改变大多数美国中小学和大学中那种最重要的反馈——即评定(grading)这一棘手的问题——否则反馈的效果将受到损害。

支持学习的评定实践[52]

从前面讨论的研究中,应该可以清楚地看到,美国大多数中学和高中流行的评定实践实际上正在降低学生的成就(Butler, 1987, 1988)。更糟的是,典型的评定实践甚至没有做它们应该做的一件事,那就是告诉我们，学生知道什么。我们来看下面的情况：

试想一下，一所学校的评分周期是8周，学生们每周都能得到一个等级。莱斯利(Lesley)一开始有4个A，但后4周却得到4个C。当然，她的总体成绩是B。另一种情况是，克里斯(Chris)一开始有4个C，但后4周得到4个A。他的总成绩也是B。

但谁学得更多呢？就整体成绩而言，后期得到4个A的克里斯似乎已经掌握了评分周期内的内容，确实应该得到A等。而后期得到4个C的莱斯利似乎还远远没有掌握好内容，但是因为她开始阶段表现良好，她得到了B等。事实上，我们目前的评定实践并没有做它们想做的一件事，那就是为学生成绩提供准确的指标。(Clymer & Wiliam, 2006/2007)

我们无法摆脱分数——整个美国大学选拔体系都依赖于它们——但我们能做的是设计更加灵活的评定系统，它能提供有关学生成绩的准确信息，同时也能支持学生学习。我们现在将讨论三种适用于更灵活的评定系统的技术：① 学习后评定(grading after learning)；② 基于学习需求的评定(grading by learning needs)；③ 允许等级下降(allowing grades to decrease)。

学习后评定[53]

提供准确评定同时支持学生学习，关键在阿尔菲·科恩(Alfie Kohn, 1994)提出的一条原则："不要在学生正学习的时候去评定他们。"学生一得到等级，学习就停止了。我们可能不喜欢这种情况，但研究表明这是人类心智运行的一个相对稳定的特征。因此，我们必须应对它，并设计相应的评价系统。

如果等级会中止学习，那么对学生的评定就应该尽可能不那么频繁。在高中,可能有人会争论,每个评分周期一次,但肯定不能更多。在中学,也许一年一次的评定是有理由的,但在小学,等级的运用似乎是完全没有道理的,且的确是不必要的。

许多管理者意识到了这一点,但仍坚持强制进行评定,因为他们相信家长想要孩子的等级,而且对家长的调查经常表明他们支持评定,但这几乎无法说是一个明智的选择。家长经常支持评定,仅仅是因为他们想知道孩子在学校的表现如何,且他们认为等级是了解孩子学习情况的唯一途径。然而,家长不知道孩子的等级意味着什么,因为,正如保罗·德雷斯尔(Paul Dressel, 1957)在半个多世纪前所说:

一个等级只能被看作是对一个不准确判断的不适当的报告,这个判断是由一个有偏见的、变化无常的法官做出的,它指向于一个学生在一个不明确的材料中不确定的部分上达成未加定义的掌握水平的程度。

一旦我们让学生上瘾,他们也想要等级,但与其让他们在一种不健康的关系中互相依赖,不如从一开始就不要让学生对成绩上瘾。

基于学习需求的评定[54]

我们需要这样一种课堂评价系统,其主要目的是支持学习,并处理在一定层次上记录的数据,为教师、学生和家长确定学生学习状况提供有用的数据。这种小规模的(fine-scale)的证据总是可以聚合起来为总结性报告所用;不可能走另一条路:从成绩的汇总报告到学习需求。

例如,一位游泳教师正在观察游泳池中的学生,她画了一张表格,在第一栏中写上学生的名字。其他四栏的标题如下:手臂、腿、呼吸和用时。在观察每一个学生时,她根据学生所展示出来的这四个维度的能力水平,在每一栏中输入0、1或2。如果她愿意,她可以把分数加起来,按满分 8 分给每个学生一个分数,但知道有人在满分 8 分中得到 7 分,对规划教学毫无用处。另一方面,知道一个学生的手臂、腿和呼吸都做得很好,但是需要注意用时,对教师来说是有用的(如果另一个教师不得不接手这个小组的话,对他也是有用的)。

中学科学专家雅基·克雷默(Jacki Clymer)和我描述了如何在科学课堂上实施这些原则(Clymer & Wiliam, 2006/2007)。对于每一个评分周期,教师都得确定关键的学习结果。例如,在第一个评分周期,他可以采用共 10 个感兴趣的领域(其中一些可能包括多个学习结果)。

1. 实验室设备的适当使用。
2. 公制单位换算和标注。
3. 密度的计算。
4. 密度的应用(浮动、下沉、分层、热膨胀)。
5. 作为一种典型属性(characteristic property)的密度。
6. 物质的相(在分子水平上)。
7. 气体定律。
8. 交流(图表绘制)。
9. 交流(实验报告)。
10. 探究技能(Inquiry skills)。

对于 10 个感兴趣的领域,教师会确定证据的来源。比如,适当使用实验室设备的证据来自于观察、安全方面的家庭作业以及学生完成的实验报告。根据收集到的证据,教师给每个学生的每个领域打分,要么 0 分(没有证据证明了掌握),要么 1 分(有一些证据证明了掌握),要么 2 分(有力证据证明了掌握),并将这些数据保存在电子表格中。教师在电子表格中使用“条件格式”功能,如果单元格中有 2,则用绿色突出显示单元格;如果单元格中有 1,则用黄色突出显示;如果单元格中有

0,则用红色突出显示。结果是对全班成绩的即时总结,如表 5.6 所示。

表 5.6　用于根据学习需求评定的评定系统实例

学生		项目	能运用设备	能换算公式	能计算密度	能应用密度	能应用密度属性	能应用物质的相	理解气体法则	能绘制图表	能写出实验报告	展示探究技能	百分率(%)	等级
		周期	1	1	1	1	1	1	1	1	1	1		
姓	名	结果	1	2	3	4	5	6	7	8	9	10		
艾伦	詹姆斯		2	2	2	1	2	2	2	1	1	0	75	C
艾尔	利亚姆		2	2	2	2	2	0	1	1	0	1	65	D
鲍德温	李		1	2	2	2	2	2	2	1	1	0	75	C
贝塔尼	艾玛		2	2	1	2	2	2	2	2	1	1	85	B
伯奇	利亚		2	1	2	2	2	2	1	1	0	0	65	D
伯恩斯	罗伯特		2	2	1	1	2	0	1	1	0	0	50	D
柯本	大卫		2	2	2	2	2	2	2	1	0	1	80	B
克里希	西蒙		1	2	2	2	2	2	1	1	0	0	65	D
达比	汉娜		1	2	2	2	2	2	1	2	1	1	80	B
伊斯特伍德	卢克		1	2	1	2	2	1	2	1	0	0	60	D
弗格森	马克		2	2	2	2	2	2	2	2	0	1	85	B
福布斯	萨拉		1	0	1	0	2	1	2	1	0	0	40	D
古杰	马克		2	2	2	2	2	2	2	2	0	1	95	A
霍尔	马克		1	2	2	2	1	2	2	2	2	1	85	B
豪厄尔斯	乔吉		2	2	2	2	2	1	2	1	0	0	70	C
赫德森	柯丝蒂		2	2	1	2	2	1	2	1	0	0	65	D
赫尔利	维多利亚		1	2	0	0	2	1	2	0	0	2	50	D
兰根	詹妮弗		2	2	2	2	2	2	2	2	1	1	90	A
拉金	安德鲁		1	1	0	2	2	1	2	2	0	0	55	D

（续表）

学生		项目	能运用设备	能换算公式	能计算密度	能应用密度	能应用密度属性	能应用物质的相	理解气体法则	能绘制图表	能写出实验报告	展示探究技能	百分率(%)	等级
		周期	1	1	1	1	1	1	1	1	1	1		
姓	名	结果	1	2	3	4	5	6	7	8	9	10		
利奇	乔纳森		2	2	1	2	2	2	1	2	0	1	75	C
罗文斯	夏洛特		2	1	0	2	2	2	2	1	2	1	75	C
鲍尔温	斯科特		1	2	1	1	2	1	2	0	0	0	50	D
帕尔	艾米		2	1	1	2	2	2	2	2	1	0	75	C
林厄姆	格蕾丝		0	1	0	2	2	1	1	1	0	0	40	D
罗斯蒙德	李		1	2	2	2	2	2	2	1	0	0	70	C
罗丝	彼得		1	2	1	2	2	2	2	2	1	1	80	B
莱得	托马斯		2	1	2	1	2	1	2	2	0	1	70	C
斯基茨	威廉		1	2	2	1	2	2	2	2	2	2	90	A
沃尔顿	艾玛		2	2	2	2	2	2	2	2	2	2	100	A
平均比例/(%)			76	86	71	84	98	78	88	69	29	31		

由于这个评分周期涉及 10 个领域，所以每个学生的总分数除以 20 求出一个百分率，教师可以用这个百分率来表示评分周期结束时的成绩。然而，在考试结束之前的任何时候，学生都可以提供证明自己能力的进一步的证据。例如，如果艾玛·贝塔尼(Emma Bettany)想知道，要得到一个 A，她需要做什么，教师就可以快速告知她，她需要做的就是提供证据，证明自己在目前只有部分掌握的三个领域中的某一个领域达到了掌握的程度。

在评分周期结束时，学生们要参加一个考试，考试结果证实了到那时为止所收集到的证据。如果考试成绩显示的学生掌握水平与基于课堂作业推出的掌握水平不一致,教师会将之当作需要进一步探究的问题(而不是仅仅将两个分数平均一下)。通常情况下,教师会与学生交流,探究学生对题目所涉内容的理解程度。

这种评分制度最深远的影响也许在于,它驱使教师和学生去思考长期的学习。如果一个学生在评分周期开始时表现出对某件事的掌握,但后来却没有掌握,他的分数就要降低。

我们在一个八年级班级实施了这种评定系统,在研究中我们发现了这一点。学生们更加专注于监控自己的学习;经常要求教师和同伴澄清问题;把教师看成是教练而不是法官。他们的成绩也提高了。(Clymer & Wiliam, 2006/2007)

允许等级下降[55]

这个评定系统的一个特别重要的特点是,它避免了大多数评定系统中存在的棘轮效应(ratchet effect),即学生在某一特定作业的等级永远不会下降。如果允许学生进行多次补习,且能在不受处罚的情况下改善工作以提高成绩,会带来负面后果。例如,在许多高中,学生们知道他们可以把非常糟糕的作业交上去,在得到反馈之后加以改进,以确保通过。这种做法的问题在于,学生没有动力把第一次提交的作业做得尽可能好,因为在第二次提交时总可以加以补救。允许学生多次重新提交作业的学区需要考虑创建一套避免此类问题的系统。迪安娜·霍伦(Deanna Holen)是加利福尼亚州奇科市(Chico)的一名体育教师,她设计了一套评分规则,无论最初提交的成绩有多差,只要重新提交,就能达到及格。但是,第一次提交的报告越好,最后的等级就越高,见表5.7(D. Holen, 个人访谈,2007 年 3 月 31 日)。

表 5.7 同时鼓励改善和良好的初次尝试的评定系统实例

项目		第一次提交的等级				
		A	B	C	D	F
第二次提交的等级	A	A	A	B	C	C
	B	B	B	C	C	D
	C	C	C	C	D	D
	D	D	D	D	D	F
	F	F	F	F	F	F

提供类似激励的另一种方法是，将 50％的可用分数分配给第一次提交的作业，将另 50％分配给因回应反馈而产生的作业改善。

一些教师质疑，我们是否应该对没有达到高标准的任何作业都表示满意。乔・鲁宾(Joe Rubin)是旧金山的一位科学教师，他永远只给一个等级：A。当他在评定作业时，要么就是作业上多了个 A 返还给学生，要么就是在作业上加了个注，说其尚未为评价做好准备，再提供一些关于如何改善的建议[56]。当然，那些需要多次尝试才能拿到 A 的学生很可能没有时间了，因此完成的作业也更少，但是这位教师传递给所有学生的信息是，只有最好的才足够好。更重要的是，他传递了这样一个信号：每个人都能出色地完成工作，尽管有些人比其他人需要更多的支持和指导。总之，他把质量看得比数量重要。

结论

当初次被用于工程领域时，“反馈”这个词描述的是这样一种情况：关于系统当前状态的信息被用来改变系统的未来状态。但这已经被遗忘了,关于学生过去表现如何的任何信息通常都被认为是有用的。但事实不是这样。在本章中,我们看到,在精心设计的科学研究中,几乎有五分之二的研究表明,向人们提供有关他们表现的信息,结果是降低了他们随后的表现。我们也看到,当我们给学生反馈时,有八件事可能发生,其中六件是不好的(见表 5.4,第 163 页)。

本章已经描述了一些提供有效反馈的方法,但是如果留心来自反馈研究的关键教训,那么每位教师都可以提出更多的方法。如果我们要利用反馈的力量来促进学生的学习,那么我们需要确保反馈会引起认知而不是情绪反应——换句话说,反馈应该通过创造值得拥有的困难来引发思考。反馈应该有焦点;它应当与分享给学生的学习目标相关;而且它应当更多服务于反馈的接收者而不是给予者。事实上,反馈的全部目的应该是提高学生对自己学习的掌控程度,这是接下来两章的重点。

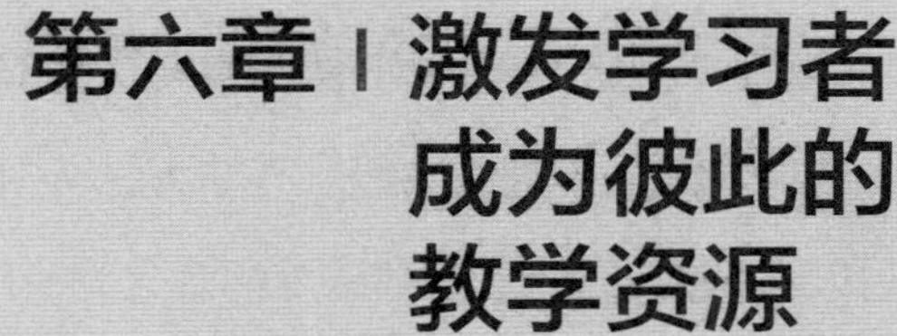

第六章 | 激发学习者成为彼此的教学资源

尽管有大量研究表明，协作与合作学习具有极大的力量，能够显著促进学生的学习，但教育者很少在课堂上有效地开展这方面的实践。本章将探讨学习者在促进其同伴的学习上所能发挥的作用，并讨论教师如何有效地使学生共同学习，成为对彼此学习有意义、有价值的资源，最后总结一些教育者可以将这些原理付诸实践的具体的课堂技术。

首先，值得注意的是，尽管一些研究者讨论"合作学习"(cooperative learning)，另一些研究者讨论"协作学习"(collaborative learning)，但对两个术语的含义很少达成共识。有些人认为"合作""协作"这两个词是相对可以互换的，另一些人则认为两者之间有明显的区别。在 K-12 情境中，合作学习这一术语更为常见(例如，Johnson & Johnson, 2009; Slavin, Hurley & Chamberlain, 2003)。在高等教育中，一常见的区分是"合作学习"指的是学生共同学习以达成教师设定的共同学习目标(a shared learning goal)，"协作学习"则主要用于学生自己确定目标的情境中(例如，Springer, Stanne & Donovan, 1999)。

然而，尽管有上述区别，我将在本书中使用"合作学习"一词来指代合作学习和协作学习。我们在第三章已经清楚地表明，有效的形成性评价的一个关键要求是学习者搞清楚他们将要学习什么。有时教师来确定目标，有时学生自己来确定，有时目标则是学生和教师协商的结果。就形成性评价而言，尽管教师和学生都需要明确学习目标，但设定目标的各种方法都可以运用，因为它们不会直接影响形成性评价的实践。因此，基于目标设定者不同而对合作学习和协作学习做出的区分与本书的目的无关。

另一个潜在的困惑领域，尤其是在高等教育领域，是同伴如何共同努力，来有意识地促进彼此的学习。同伴评价的重点往往就是学生能否相互给出准确的等级。事实上，高等教育中绝大多数同伴评价研究关注的就是这一点(例如，Falchikov & Goldfinch，2000；Jones & Alcock，2012)。如果教师因总结性的目的而让同伴参与评价，那么评价的准确性是一个重要的问题。然而，本章的重点在于帮助所有水平的学生改善而不是评价他们同伴的学习。

有效的合作学习

罗伯特·斯莱文(Robert Slavin)、埃里克·赫尔利(Eric Hurley)和安妮·张伯伦(Anne Chamberlain)在考察了可用的研究证据后得出结论："关于合作学习的研究是教育研究史上最伟大的成功故事之一。"为什么合作学习具有如此深远的影响？具体原因仍存在争议，但似乎有四个主要因素。

1. 动机(Motivation)：学生之所以会帮助同伴学习，是因为在结构良好的合作学习环境中，这样做符合他们自己的利益，因此努力会增加。

2. 社会凝聚力(Social cohesion)：学生之所以帮助同伴，是因为他们关心这个群体，这再次促使他们付出更多的努力。

3.个性化(Personalization)：学生会学得更多，是因为他们更有能力的同伴能够解决某个学生所遭遇的特定困难。

4. 认知精化(Cognitive elaboration)：在小组情境中为他人提供帮助的学生必须更清晰、全面地思考学习内容。

所有这些因素都有一定的作用，但其中有些因素似乎比其他因素更强大。尤其是，若不关注其他因素，只关注社会凝聚力，似乎对学生的学习影响不大。一个基于 99 项研究的综述发现，在合作学习中，根据成员个体的学习总量来确定小组奖励，或者只基于单一的小组结果来确定给小组的奖励，前者对学习的影响是后者的 4 倍（Slavin, 1995）。

个性化和认知精化也很重要。一个综述考察了 17 项关于小学、初中和高中数学学习的同伴互动研究，结果发现，以答案或程序性信息（procedural information）的方式提供帮助，对那些提供帮助的人没有好处，并且会导致那些获得帮助的人的成绩明显下降。但是，如果以精细化解释（elaborated explanations，即向同伴解释为何某个特定的答案是正确的，而不是只给出正确答案）的方式提供帮助，那么提供帮助和接受帮助的双方都能获益，且这种好处对接受帮助一方特别大，会促进增长至少 50%的学习率（Webb, 1991）。

一个特别令人惊讶的发现是，同伴辅导的效果几乎和教师一对一指导的效果一样强。约翰・沙克特（John Schacter, 2000）研究了 109 名四年级、五年级和六年级学生，结果发现，在学生主导的小组中，学生的学习几乎与接受老师一对一辅导的学生一样多，而且在学生主导的小组中，学生实际上比在教师主导的小组中学得更多。

事实上也是如此。我曾经问过两个五年级的女孩，她们更喜欢从老师那里得到帮助，还是互相帮助。其中一个女孩说："我更喜欢从我的朋友那里得到帮助，因为老师们说的话很奇怪——你知道我想说什么。"这并不让我感到惊讶，因为大多数教师都有过这样的经历：他们认为对学生做了非常清晰的解释，却只得到学生的一个"嗯？"更让人难堪的是，通常一个同伴提供了一些看起来完全不知所云的建议，这个学生却说："哦，对了，我现在明白了。"事实上，学生之间有某种快速交流方式并不是什么新鲜事。令我惊讶的是女孩接下来说的话，她说："如果在老师第二次解释后我还是没有听懂，我就假装听懂了。"我问她为什么这么做，她说因为知道老师很忙，不想占用老师太多时间。她的朋友也承认是这样做的。然后我采访了一些男孩，他们也说会在实际上没有理解时假装理解了一些东西，但他们这样做通常不是因为关心老师的时间，而是因为他们不想在老师面前显得愚蠢。

因为这些对话，当教师对学生进行一对一指导时，我开始观察学生脸上的表情，意识到他们迫不及待地想结束这场磨难。学生很少会为了澄清问题而打断教师，或者要求教师再复述一遍。然而，当和同伴一起学习时，学生会要求同伴放慢速度，或者一遍又一遍地重复，直到理解为止。由于权力关系的改变，在适当的情况下，同伴辅导可能产生比一个成年人辅导一个学生所带来的更为有效的学习。

有效的合作学习需要具备两个要素。首先，必须有群体目标，这样学生们才能作为一个群体学习，而不仅仅是在一个群体中学习。换句话说，学生必须努力工作以达成一个共同的目标，而不是不同的目标。例如，要一起编一个故事的学生将会作为一个群体来工作。但如果他们先交流想法，然后写自己的故事，那么就是在群体中工作。

其次，必须有个体责任，这样，学生个体就不能搭别人的顺风车。也就是说，一个未完成他应该完成的事的人必然会损害团队成功的机会。这在体育比赛中很常见，一名外野手没能接住球，会损害全队获胜的机会。这在管弦乐队和流行乐队中同样很常见，一个奏错音符或错过了指挥提示的乐手会影响整个团队的表现。然而，在下面我们将看到，在学术科目中保证体现个体责任似乎更困难。

有些研究发现，合作学习环境对低成就者的益处更大（例如，Boaler，2002）；而有些研究发现高成就者会从中受益（例如，Stevens & Slavin，1995）。总的来说，只要有两个关键因素——团队目标和个体责任——存在，合作学习就可能对所有水平的学生都有效（Slavin et al., 2003)。

尽管这两项要求——团队目标和个体责任——看起来很简单，但它们突破了人们普遍持有的关于群体和个人公平的假设。例如，大多数教师认为依据行为来奖励群体是公平的。一些学校用来促进良好课堂行为的一项技术是“秘密学生”(secret student)。这种做法是，教师每天随机选择教室里的一名学生为“秘密学生”，但是“秘密学生”的身份只有当天教导这名学生的教师知道。然后每个教师告诉班主任，该“秘密学生”的行为是否令人满意。如果该学生一堂课中良好行为超过预先设定的临界值(如 80%，只有一个例外，或者只有两个例外)，那么这个班级就被记为美好的一天，并向全班宣布“秘密学生”的身份。然而，如果“秘密学生”的行为不够好，那么这个学生的身份就不会暴露。依据所记录的好日子的数量，班级可以获得一些集体奖励。虽然人们可能会对“秘密学生”计划的实践运作有一些担忧，但利用同伴的压力来促进良好行为似乎是可以被广泛接受的。

然而，当应用于学术工作时，这种做法显然不太能被接受。例如，设想这样一种情况：在一周结束时，一位教师在他的班级中进行了测验，每一组都得到了小组中得分最低的成员的分数(当然，教师不会透露得分最低的小组成员的名字)。换句话说，以后缘(trailing edge)的成绩作为该群体的特征。

许多教师认为，这种评价完全不能接受。他们指出，如果奖励给小组的分数是小组中得分最低的成员的分数，那么这个分数不代表小组的成就水平。这是一种完全公平的想法。他们认为，依据这个分数来做出关于小组成员成绩的推断肯定是无效的，把这个分数作为小组成员个人成绩的指标输入成绩册是非常错误的。但是，如果教师和学生用分数来表示学生作为一个群体的表现，那么奖励分似乎更合理。

于是,因为良好行为而进行集体奖励是完全合法的,但根据后缘学生的表现来评分则是不能接受的。这一事实表明,要保证从课堂合作学习中获益是多么困难。事实上,教师们所描述的课堂合作学习很少具有使其有效的那些特征。一项对两个学区的 85 名小学教师的调查发现,93%的教师说他们运用了合作学习,但对其中 21 名教师的后续访谈显示,只有 5 位教师通过创建群体目标和个体责任的方式来实施合作学习(Antil, Jenkins, Wayne & Vadasy, 1998),而且,只有一位教师实施的合作学习满足了伊丽莎白・科恩(Elizabeth Cohen, 1994)所提出的更为复杂的指标——强调高阶思维的开放式任务,需要其他成员提供输入的群体任务,与核心智力主题相关的多重任务,以及分配给不同小组成员的角色。

实用技术

本章余下部分将介绍一些实用技术,教师们将会发现这些技术在激发学生成为彼此的教学资源这一过程的开始阶段非常有用,特别是,这些技术为教师在课堂上创造团队目标和个体责任提供了实用策略。不可避免的,这些技术中有一些涉及学生们的互评,这引发了一些伦理问题。其中也许最重要的是学生是否应该参与总结性评价,在我看来,答案是否定的。我认为,如果评价的目的在于向家长或其他人报告成绩,那么让一个学生去评价另一个学生的成绩就是完全错误的。同伴评价的目的应该是简单而纯粹的,即帮助被评的个人改进工作。本章将讨论以下技巧:C3B4ME、同伴作业改进(peer improvement of homework)、家庭作业帮助板(homework help board)、两颗星加一个愿望(two stars and a wish)、主题结束问题(end-of-topic questions)、差错分类(error classification)、学生主持人(student reporter)、预检清单(preflight checklist)、“我-你-我们”检核表(I-you-we checklist)、随机报告人(reporter at random)、基于小组的测验准备(group-based test preparation),以及“如果你学会了,请帮助未学会的人”(If you've learned it, help someone who hasn't)。

C3B4ME[57]

在这项技术中,学生在向教师寻求帮助之前,必须向其他至少三个学生寻求帮助,因此描述为“在见我之前先见三位”(see three before me,C3B4ME)。有些教师支持这一做法,他们贴了一张海报,上面写着:“这个教室里不止一位老师。”这个技巧可以和“不举手”技巧结合使用。当你随机选择一个学生回答一个问题时,在他回答之前,先让他与其他三名随机选择的同学进行头脑风暴——询问他们是否同意或想补充答案。

同伴作业改进[58]

一位中学数学教师试图减少花在检查作业上的时间,采取的做法是让学生们不知道自己的作业是否会被检查和评分,或如何被检查和评分。有时她会给学生们一个评分规则,让他们给自己的作业评分;有时她会让学生与邻座交换作业,互相评分;有时她会让四位学生组成的小组检查另一组的作业。

当她开始定期实施这种方法时,发生了三种令人惊讶的改变。首先,更多的学生做家庭作业。如果学生没有完成作业,那么他们就不允许参与小组评价活动。尽管这些学生实际上被允许在课堂上做他们应该在家里做的事情，但他们会将被排除在评价之外视为足够的惩罚，以致他们下次会上交作业来参与评价。其次，他们的作业更整洁。学生们似乎更关心彼此之间清晰的沟通，而不是与教师的沟通。再次，作业的质量也更高，这或许并不令人意外。

家庭作业帮助板[59]

还有一种处理有关家庭作业的问题的方法是家庭作业帮助板。在一天的开始（在小学）或在一节课的开始（在初中和高中），学生在家庭作业帮助板上写上他们在家庭作业中遇到的任何问题。那些认为自己可以帮助解决这些问题的学生会被鼓励去找到问题提交者，并提供帮助。

两颗星加一个愿望[60]

“两颗星加一个愿望”是启动同伴评价的一种非常简单的技术。当一个学生为另一个学生的作业提供反馈时，他必须指出两件他认为做得好的事（两颗星），并提出一个改进建议（愿望）。学生可以把评语写在便利贴上，这样，如果反馈接收者觉得反馈没有帮助，就可以很容易地移除它。

为了提高反馈的质量，教师会在学生对反馈做出回应之后将这些便利贴收集起来，并借助一个文档摄像机（匿名）向全班播放每一张便利贴。然后教师让全班同学投票，看他们是否认为这条评语对他们有用。然后，课堂上的学生讨论得票最高的反馈的显著特征，教师在课堂海报上展示讨论出来的指标，供以后参考。

主题结束问题[61]

在一项展示、一个章节或一个单元接近结束时，教师问全班同学："有什么问题吗？"这种做法很普遍。当然，很少有学生愿意举手提问，因为他们不想在全班同学面前显得很傻。为了克服这个问题，教师可以说："你们可以通过小组讨论来确定是否有什么问题。"只要给予学生与同伴讨论疑问的机会，就能让学生们更有信心在全班面前提出问题——毕竟，如果小组里没有人能提出解决方案，那么这个问题显然就不傻。有些教师甚至更进一步，坚持要求每个小组至少提出一个问题。教师收集问题，并对这些问题进行快速分类，对同一主题的所有问题进行同时处理。在开始回应问题之前收集所有的问题特别有用，因为这允许教师在不同的主题——学生可能未认识到其间的联系——之间建立联系。有些教师向学生提供便利贴让他们写问题，但由于它们有黏性，所以不方便快速地对问题进行分类。出于这个原因，许多教师发现，将一张纸纵向裁成五条(大约 2 厘米×8.5 厘米)提供了最佳的解决方案[62]。

让学生把问题写下来也有助于他们提高读写能力，学生变得更擅于提出问题。一位高中数学教师报告说，她注意到学生所提问题的精确度发生了真正的变化。学生们过去常说"我不会做二次方程"之类的。当教师问他们二次方程中什么不会时，学生们可能会说："我什么都不会做。"然而，让学生们坚持在纸条上提问，几个月后，她发现学生们回答更精确、更聚焦，他们可能会说，"当 x^2 前面有一个负号时，我不会做。"这让教师能够将自己的教学进一步明晰化，并通过重新学习特定的主题来帮助学生。

差错分类[63]

用一种相对简单的方式对差错进行分类，这种技术非常有用。例如，西班牙语教师可以收集学生西班牙语习作的最终草稿，用铅笔在文本中的错误下划线，再将作业返还给学生。然后，学生必须对自己所犯的错误进行分类（例如，时态、性别、代词或物主代词方面的错误）。在确定了自己的错误和很少犯错的地方之后，学生们需要找一个具有互补优势的伙伴来帮助他们纠正错误。

学生主持人[64]

另一些教师也尝试过课终回顾（end-of-lesson reviews）。一种似乎特别有效的方法是，在课程结束前五分钟把全班分成几个小组，要求每一小组列出他们在这节课中学到了什么。然后每个小组向全班报告他们所学到的一项内容（列表中的项目数量需要与小组的数量相同，以便保证每个组的列表中至少有一个其他组没有提到的内容）[65]。

一种替代性的做法是让一名学生主持人主持课终讨论。在这节课的开始（或前一节课的结束），一个学生被任命为这节课的主持人。然后教师像往常一样讲课，但比预定的下课时间提前十分钟结束。学生主持人总结本节课的要点，并尝试回答学生在课堂上可能产生的其他问题（一位教师称所选的学生为船长，因此对这节课的总结就是“船长的日志”，就像《星际迷航》的 *Star Trek* 那样！）。如果主持人不能回答问题，那么就请班上的其他同学帮忙。

尝试过这一做法的教师们发现，尽管学生们起初并不情愿，但他们很快就排起了长队，准备扮演主持人的角色；他们将之视为一个为全班的学习做贡献的机会。一个有趣的做法是，当主持人在听课时，就问他一些问题，帮他组织一些问题，以在课临近结束时提出来。然后教师用这些问题中最好的一个来做“通过四分之三单元检验”(three-fourths of the way through a unit)[66]。

预检清单[67]

当对上交的作业有一些清晰的要求时，这种技术尤其有价值。例如，科学教师通常要求以标准的方式组织实验报告——如，报告要按照问题、假设、方法、结果和结论的顺序来呈现；报告的标题有下划线；页面有边界；要用铅笔画出图标和图形并加以标注；等等。在学生上交作业之前，必须由一个同伴检查作业是否达到所有要求并签字。教师在对作业进行评定时，如果预检清单上有些条目不符合标准，要承担责任的是执行预检任务的伙伴，而不是上交作业的学生，因此这也是对伙伴认真完成任务的责任心的衡量。

“我—你—我们”检核表[68]

在小组活动结束时，每个学生都要记录自己的一些贡献，其他组员的一些贡献，以及对整个小组工作质量的评价(因此称为“我—你—我们”)。当学生们知道小组的每个成员都将评价自己和他人的贡献时，就会激励学生更加诚实、准确地看待自己的贡献。此外，通过让小组中的每个成员反思小组如何共同工作，学生们将来更有可能有效地合作(Johnson, Johnson & Smith, 1998)。

随机报告人[69]

许多教师提倡在学生合作学习时分配角色，如主席、计时员、主持人、抄写员等。这可能是一个好主意，但一般来说，在一开始就确定报告人的角色则是一个坏主意。一旦学生们知道要报告的是其他人，他们就可以放松下来，因为对个体责任的需求弱化了。如果每个学生都觉得自己有被要求汇报的可能，就更有可能集中注意力，并做出贡献。更重要的是，那些特别希望小组取得好成绩的学生会确保其他人也集中注意力，因为如果报告人没有很好地陈述小组的工作，小组中的每个人都会受到该报告的影响。

基于小组的测验准备[70]

当学生准备考试时，让复习变得更有吸引力的一种方法是把他们分成小组，每组五六人，每个成员承担一个方面的复习任务。每个学生都得到一张卡片，上面写着一项任务的细节，以及关于如何执行任务的建议。举个例子，我曾观察到，一位七年级教师正在帮助他的学生为刚学完的关于植物主题的测验做准备。每一组都有六张卡片，上面有他们所学过的主要主题（授粉、光合作用、淀粉测试、种子散布、发芽和花朵），以及任务的简要描述。例如，关于授粉的卡片的内容如下：

你被要求向小组其他成员准确地解释经过昆虫授粉的植物繁殖时会发生什么。你应该能够描述花粉种子从哪里来到哪里去，以及授粉如何导致种子的形成。

第二天，每个成员都在小组中进行展示。然后，小组其他成员用彩色杯子（见第七章）来回应他们的展示：绿色的意思是“比我能做的更好”；黄色的意思是“和我想做的差不多”；红色的意思是“没有我想做的那么好”。投票结束后，小组需要确定为得到一个好的解释需要做些什么补充。

“如果你学会了，请帮助未学会的人”[71]

反对合作学习的一个理由是它阻碍了有能力的学生。然而，正如前面所讨论的，如果参加同伴辅导的学生能提供详尽的解释，而不是仅仅提供答案，那么有令人信服的证据表明，给予帮助和接受帮助的人都将从中受益。

由于合作学习跨越了课堂中常规的角色划分，一些教师发现，有些成绩优异的学生拒绝同伴辅导，因为他们声称不仅自己受到阻碍，还被要求做本该教师做的工作。这一点在数学科目中似乎特别明显，因为在这一科目中，成绩最好的学生和成绩最差的学生之间可能存在着巨大的鸿沟，尤其是在完成作业的速度方面。纠正这种态度的一个有用策略是，明确表示要成为一名优秀的数学家，仅仅得到正确的答案是不够的，还必须把自己的发现告诉其他数学家。解释一个答案是如何得到的，将有助于数学沟通技能的发展，这些技能就是成绩优异者需要发展的，即使他只是想成为一名纯粹的数学家。

对团队工作的态度也取决于文化规范。在美国，有句谚语说：“吱嘎作响的轮子得到油脂。”在日本，则有另一种说法：“Deru kui wa utareru”，大致翻译过来就是“凸出的钉子要钉到位”（The protruding nail gets hammered into place）。许多日本和美国的数学教学观察者（如 Stigler & Hiebert，1999）指出，日本教师似乎更在乎班级的团结；如果一个学生已经理解了主题，那么就要承担帮助其他尚未理解的学生的任务。

如前所述，如果帮助表现为提供详细的解释而不仅仅是提供答案，那么在小组作业中学到最多的学生是那些给予帮助和接受帮助的学生。如果在一个群体中学生能力差距较大,中间的学生可能会成为闲散的旁观者,看着高成就的学生教低成就的学生。他们不需要最弱的学生所需要的帮助,但他们也不会被要求像最强的学生在教别人时那样阐明自己的想法。因此,有时教师可以选择按能力把学生分成两组——成绩较差者与中等,以及中等与成绩优异者——让尽可能多的学生参与有助于学习的活动。

教师们对这种做法的一种担心是它不公平。一个学生做对了每件事,另一个学生犯了很多错,但是教师或同伴告诉犯错的学生怎么做,结果两位学生获得了相同的分数。一些教师认为,应该给予第一个学生更高的分数来表示他比第二个学生更快到达目的地。然而,可以想想车管所(DMV)做车辆尾气年检的情形。我的车因为最近检修过,所以第一次通过。我邻居的车没通过,但至少他被告知哪里出问题了,因为检测者不会只是说:“等车好了再把它开回来。”当他把修好的车开回来时,他拿到了和我得到的证书一样的证书。我并没有因为我第一次就通过而得到一张更大的、镶金边的证书。证书只是表明,该车的排放水平合格。同样,评价的主要目的也不应该是对学生进行分类、排名和评定。

相反,评价的主要目的应该是为教师实时调整教学提供信息,以更好地满足学生的学习需求。

结论

在本章中,我们已经看到,激发学生成为彼此的教学资源,可以使学生的学习得到切实的、巨大的提高。我遇到的每一位教师都承认,只有当你尝试着将某种东西教给别人，你才能真正理解它。然而，尽管认识到了这些，我们还是未能经常在课堂中利用同伴辅导和其他形式的合作学习的力量。

本章介绍了一些课堂技巧，这些技巧可以用于几乎任何年龄的学生，并且可以很容易地应用于实践。这些技巧中有许多专门聚焦于同伴评价，如果教师将其导向于改进而不是评价，那么这种方法就会特别有效——学生之间的交流经常比任何教师敢做的都更直接。然而，前提是要认识到同伴评价也有利于帮助评价的提供者。让学生互相提供反馈，迫使他们内化学习目标和成功指标，但由于是在他人工作的脉络中，可能在情感上就不那么投入。因此，要激发学生认识到成为彼此的教学资源，是学生成为自己学习的主人的基础——这是下一章的主题。

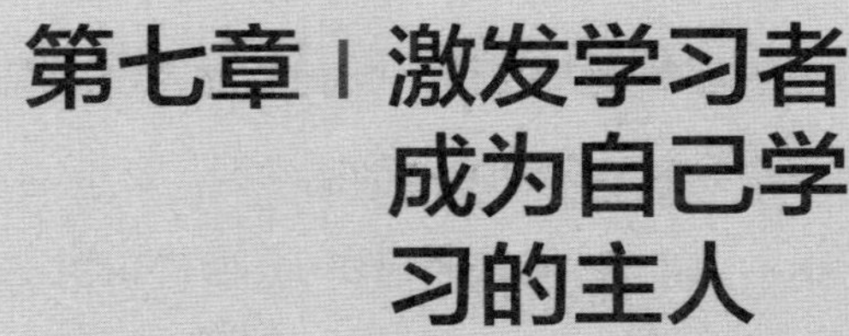

第七章 | 激发学习者成为自己学习的主人

丹·摩根(Dan Morgan, 1965)在他的《吉他》(*Guitar*)一书的序言中写道："没有人能教你弹吉他。"我觉得这很令人费解，因为这本书的副标题是"弹吉他需要知道什么，本书将教你一切"(The Book That Teaches You Everything, You Need to Know About Playing the Guitar)。然而，摩根补充说，"但是他们可以帮助你学习"，这就让人明白了。这真的是非常明显的。无论是学习演奏一种乐器，还是开展一种运动，或者开展人的其他所有活动，我们都直觉地知道，教师并没有创造学习；只有学习者才能创造学习。然而，我们的课堂似乎基于相反的原则——如果教师真的很努力，他们可以为学习者学习。将惩罚强加给教师、学校和学区而不是学生的问责系统只会加剧这种情况。

本章将考察让学生更多地参与学习带来的影响的研究证据，证明激发学生成为自己学习的主人可以促进他们成绩的极大提高。本章将讨论学生自我评价和自我测试的优缺点，然后在元认知和动机的脉络中考察了自我调节学习，最后给出了一些课堂实施的实用技术。

学生自我评价

对许多人来说，"学生自我评价"(student self-assessment)这个短语会让人想起学生给自己等级和证书的画面，而教师的反应往往是可以预测的，包括"管理救济院的疯子"(lunatics running the asylum)或"看管鸡舍的狐狸"(foxes guarding the henhouse)。事实上，有证据表明，学生可以相当准确地对自己做出总结性评价(例如，Darrow, Johnson, Miller & Williamson, 2002)，但这只发生在评价的利害关系低的情况下。学生是否能准确地对自己进行总结性评价与本章的主题完全无关,本章关注的是学生能否发展对自己学习的足够的洞察力以改善学习。

答案是肯定的。一项对葡萄牙 25 名小学教师的研究生动地证明了学生自我评价在提高成绩上的潜力(Fontana & Fernandes, 1994)。在 20 周的时间里,教师们每周碰头 2 小时,接受培训,学习运用结构化的学生自我评价方法,该做法包括说明性部分(prescriptive component)和探索性部分(exploratory component)。

说明性部分包括了一系列分层组织的活动,教师根据对学生的诊断性评价在这些活动中进行选择。在探索性部分,学生每天在固定的时间制订并实施个人的工作计划,从教师提供的范围内选择任务。学生们必须每周根据自己的计划评价自己的表现。探索性部分的演进体现为两条路径:在 20 周的时间里,越来越多地根据学生自己的想法确定工作任务和领域;学生用来评价自己的指标变得更加客观和精确。

在头两周,学生们从一组精心设计的任务中进行选择,然后被要求评价自己的表现。接下来的 4 周,学生遵循在第 1 周和第 2 周运用的模型来构建自己的数学问题,并像之前那样进行评价,但这一次学生们被要求确定自己存在的各种问题,以及是否寻求教师的适当的帮助。在随后的四周,学生们被给予一系列额外的学习目标,并再次设计问题,但这一次没有教师给出的例子做参照。在最后的 10 周,学生们被允许设定自己的学习目标,构建相关的数学问题,选择适当的设备,并确定合适的自我评价。

为了评价自我评价活动对学生进步的影响,该研究中 25 名教师所教的 354 名学生的成绩与未以任何方式参与该研究的 20 名教师所教的 313 名学生做了比较,这些学生在年龄、资历、经验上相当,且运用相同的课程方案,花同样的时间。为了进一步保证可比性,对 20 名对照组教师进行了相同数量的在职专业发展培训，但这些培训不聚焦于学生的自我评价。在为期 20 周的学习开始和结束时，所有 667 名学生都接受了标准化数学测试。对照组教师所教班级的成绩提高 7.8 分，而运用自我评价的教师所教班级的成绩提高 15 分。换句话说，通过发展自我评价技能，学生们在 20 周内学会了在没有自我评价的情况下需要 38 周才能学会的东西。在这 25 个课堂中，运用自我评价几乎使学生的学习效率提高了一倍。

当然，这只是一项研究，但现在有越来越多的证据表明，让学生评价自己是提高学生成绩最直接、最廉价的方法之一（例如，Butler, Schnellert & Perry, 2017），而其中一种特别有效的方法是借助自我检测。

自我检测

大多数人认为美国学生被过度测试了，但事实上，现在有相当多的证据表明，我们实际上需要在美国学校进行更多的测试，只是这种测试应当明显不同于当前大多数学校所进行的测试。

2013 年，一个由 5 名美国教育心理学家组成的团队研究了心理科学领域中学生可以用来提高自身学习能力的研究成果（Dunlosky, Rawson, Marsh, Nathan & Willingham, 2013）。他们把研究范围局限于学生可以自己运用，以提高他们的学习水平，而不需要教师的技术支持或指导的那些技术。这些技术中包括了一些得到研究证据强烈支持的技术，以及一些学生报告称他们经常使用的技巧，比如重读和标注重点。最终，他们选择了 10 种技术进行进一步的研究。

1. 精细化询问(Elaborative interrogation):对明确陈述的事实或概念的真实性做出解释。

2. 自我解释(Self-explanation):解释新信息与已知信息的关联,或解释在解决问题过程中所采取的步骤。

3. 总结(Summarization):撰写对将要学习的文本的总结(可以是不同长度的)。

4. 标注重点或下划线(Highlighting or underlining):在阅读时标记学习材料的潜在的重要部分。

5. 关键词记忆术(Keyword mnemonic):运用关键词和心理意象来联系语言材料。

6. 文本意象(Imagery for text):在阅读或倾听的过程中尝试形成文本材料的心理意象。

7. 重读(Rereading):在初步阅读后重新研究文本材料。

8. 模拟测试(Practice testing):对需要学习的材料进行自我测试或进行模拟测试。

9. 分散练习(Distributed practice):将练习分散在学习过程之中。

10. 交叉练习(Interleaved practice):在一个学习单元时,进行混合了不同类型问题的练习,或混合了不同类型材料的学习。

在对这些技术的研究证据进行全面的考察之后(他们的综述引用了 400 多篇参考文献),他们得出的结论是,有 5 种技术——总结、标注重点、关键词记忆术、运用意象进行文本学习以及重读——对学生成绩的影响的证据有限。他们推断,总结和意象的运用确实在某些任务上对某些学生有作用,但人们对总结何时起作用、何时不起作用知之甚少,因此,建议所有学生都使用总结并不是一个好主意。生成关键字的做法在某些情境中有作用,但在另一些情境中难以实施,因此也不能将其推荐为一般策略。重读和标注重点是学生们经常提到的两种技巧，尽管它们有时是有效的，但经常是无效的，因此也不能推荐普遍使用。

三种技术得到了中等的评价，因为这些技术很多时候都有效，但不是每次都有效：① 精细化询问；② 自我解释；③ 交叉练习。对于这三种技术，尽管有一些证据证明它们有效，但没有很多证据证明它们在教育情境（相对于实验室情境）中有效。当然，这并不意味着这些技术在教育情境中不起作用；只是，没有太多的证据证明它们有效。

两种技术——模拟测试和分散练习——得到了高评级，因为：① 它们对不同年龄和不同能力的学习者都有效；② 它们被证明在许多类型的任务上都能提高学生的表现；③ 有充足的证据显示，它们能在教育情境中起作用。如果回顾第五章中对罗伯特·比约克的研究的讨论，这并不令人意外。模拟测试让学生练习从记忆中检索东西（检索优势），因此增强了长期记忆。此外，当练习被分散时——学生在学习一段时间后进行自我测试——被回忆的内容的检索强度就会降低，因此成功的检索将对存储强度产生更大的影响。

模拟测试还有第二个好处，即所谓的“过度校正效应”(hypercorrection effect)，它来自学生确认自己的答案是否正确的时候。多年来，人们一直认为，如果一个学生真的对自己的答案的正确性有信心，那么他或她就很难接受错误的答案实际上是不正确的。事实上，情况似乎正好相反。高置信度的错误事实上比低置信度的错误更容易纠正。这在实验中得到了证明。学生们被要求完成一项测试，并且用 1～5 的等级对自己给出的每一个答案的自信心打分。然后，无论做对还是做错，他们都会被告知每一道题的正确答案。他们几周后再次接受同一内容的测试，如果他们对第一次测试中的答案的自信程度高，那么他们在第二次测试中更可能正确回答在第一次测验中答错的问题(Metcalfe, Butterfield, Habeck & Stern, 2012)。我们并不确切地知道为什么会这样。这可能是因为那些自信使学生在犯错时更尴尬,因此,在很长一段时间内记住自己搞错了。但不管原因是什么,这种效应似乎相当明显。因此,如果学生完成了模拟测试,并得到关于答案的即时反馈,学生将会从那些他们确信自己是正确的问题上得到过度校正效应的益处。

当然,所有这一切的问题在于学生不喜欢考试,学生们很可能会沮丧地对待任何增加考试次数的尝试。解决这一困境的办法是,保证当学生的成绩被记录在教师的成绩单上时,他们不会从模拟测试中获得任何额外的好处。测试的好处来自检索实践(尤其是在检索强度较低的情况下)和过度校正效应,在这种情况下,学生相信不正确的答案实际上是正确的。换句话说,给测试打分的最佳人选是刚接受测试的人。我们需要更多的测试、更少的评分。学生应该被鼓励运用模拟测试来测试自己,并检查自己的答案,但不应该被要求告知别人自己考得有多好(当然,除非他们想这么做)。

这里的大观念(big idea)是,学生应该对自己的学习承担更多的责任,这样,随着时间的推移,他们就能像教师那样更好地管理自己的学习,甚至比任何教师都做得更好。若换成心理学术语来说,即他们成为自我调节(self-regulating)的学习者。

自我调节学习

自我调节学习能使学习者协调认知资源、情感和行动,为自己的学习目标服务(Boekaerts, 2006)。有些研究者(例如,Winne, 1996)强调这一过程的认知维度——学习者是否具备达成目标所必需的知识、技能、策略等？另一些研究者(例如，Corno, 2001)指出，许多学生拥有必要的技能，但没有在课堂上使用它们，这表明问题不是缺乏技能，而是缺乏动机或意志。如第四章中提到的，还有一些研究者，如艾伦·舍恩菲尔德(Alan Schoenfeld, 1985)指出，有时起阻碍作用的是他们的信念——如果学生相信所有问题都能在5分钟之内解决，那么他们就可能放弃那些他们可以解决，但需要花费5分钟以上的时间才能得到解决方案的问题。

自20世纪70年代以来，这些领域有大量的研究，特别是元认知和动机这两个领域得到了深入的研究(例如，Flavell, 1976; Wigfield, Eccles & Rodriguez, 1998)。本章的下一部分先对这些领域的研究进行总结，再将这两条线索加以整合。

元认知

约翰·弗拉维尔(John Flavell)因发明了元认知(metacognition)这个术语而赢得广泛的声誉，他将元认知界定为：

元认知是指一个人关于自己的认知过程和产品或与之相关的任何事物——如信息和数据——的与学习相关的属性的知识。例如，如果我注意到在学习A时遇到了比学习B时更多的麻烦，我就在进行着元认知(元记忆、元学习、元语言等等)；如果我突然想到，在把C当作事实来接受之前，我应该复核一下；如果我想到，在任何选择题类型的任务情境中，我最好仔细检查每一个选项，然后再来决定哪一个是最好的选择；如果我意识到我可能会忘记D，因此最好做个笔记；如果我想问某人关于E的事，来验证以下我是否做对。在任何一种与人类或非人类环境的认知交互中,都可能进行着各种各样的信息加工活动。元认知指的是,在其他事务中对认知客体或其所承载的数据进行主动的监控,并对这些过程进行相应的调控和安排,通常是为了实现某种具体的目标或目的。

因此,元认知包括知道自己知道什么(元认知知识,metacognitive knowledge),知道自己能做什么(元认知技能,metacognitive skills),知道自己的认知能力(元认知体验,metacognitive experience)。这项研究清楚地表明,“最有效的学习者是自我调节的学习者”(Butler & Winne, 1995),更重要的是,训练学生的元认知能提升他们的表现(例如,Lodico, Ghatala, Levin, Pressley & Bell, 1983),并有助于他们将在新情境中学到的东西概括化(Hacker, Dunlosky & Graesser, 1998)。

近年来,赞米拉 · 马瓦拉奇(Zemira Mevarech)和她的同事为数学教学开发的 IMPROVE 教学方法被证明是特别有效的。其名称 IMPROVE(提高)是这种教学方法的 7 个阶段的缩写。

1. 引入新概念(Introducing new concepts)
2. 元认知提问(Metacognitive questioning)
3. 练习(Practicing)
4. 复习及减少困难(Review and reducing difficultios)
5. 获得掌握(Obtaining mastery)
6. 验证(Verification)
7. 改进(Enrichment)

在元认知提问阶段,学生轮流提出和回答三类问题:① 理解性问题,如“这是何种类型的问题?”② 策略性问题,如“何种方法可能对解决这个问题有用?”③ 连接性问题,它要求学生将当前的问题与之前解决的问题联系起来(Mevarech & Kramarski, 2014)。

有证据清楚地表明运用元认知技能的学生有更高的成就，但前提是学生被驱动运用这些技能时，这些技能才有用。

动机

大多数人都熟悉内在动机和外在动机之间的区别：行为的动机是来自所做之事本身的趣味性或愉悦感，还是因为它可能导致一些其他有价值的结果(Ryan & Deci, 2000)。如果个体只做那些本身有趣或令人愉悦的事，那么他们就不太可能学会阅读、写作或演奏乐器。我们之所以被驱动学习这些东西，通常是因为我们重视结果，无论这种结果是为了避免因不做家庭作业而受到惩罚，还是达成一些我们为自己设定的外部目标，比如学习驾驶，或者学习如何用吉他演奏一首自己喜欢的歌。

很多关于学校动机的文献把动机当作学生大脑中的一种物质来看待：有些学生很多，有些学生没有。当学生学习失败时，我们责怪他们缺乏动机。在另一个极端，有些人相信驱动学生是教师所做的事。如果学生不学习，那是因为教师不是一个足够好的驱动者，所以学习失败的原因是教师。

然而，传统的观念——动机是学术成就的原因——近来受到质疑，因为当我们审视学生的成绩数据以及他们在学校中的动机时，高水平的动机导致更高水平的成就，这一观点似乎不能得到证据很好的支持。事实上，现有的证据表明，因果关系正好相反；动机不是原因，成就的后果(consequence)才是原因(Garon-Carrier et al., 2016)。

这种思维方式在芝加哥大学(University of Chicago)心理学家米哈

里·契克森特米哈伊(Mihaly Csikszentmihalyi)的著作中尤为明显。契克森特米哈伊在他的著作《畅态:最佳经历的心理学》(*Flow*: *The Psychology of Optimal Experience*)[①]中描述了个体完全沉浸于他们所从事的活动的各种情况:

舞者描述表演进行得很顺利时的感觉:"你的注意力非常集中。你不会走神,你不会想别的事情;你全身心地投入到你所做的事情中。你的能量流动非常平稳。你会感到放松、舒适和充满能量。"

一位攀岩者这样描述他爬山时的感受:"你全身心地投入到你正在做的事情中,以至于你不会把自己和眼前的活动分开。你不会将自己看作与正在做的事情分离的东西。"

一位享受与小女儿共度时光的母亲说:"她最喜欢读书,我们一起读书。她给我读书,我也给她读书,那是我和世界其他部分失去联系的时候,我完全沉浸在我所做的事情中。"

一位国际象棋选手讲述了他参加锦标赛的经历:"……专注就像呼吸——你从来没有想到过它。屋顶可能会塌下来,如果没有砸中你,你都不会意识到。"

契克森特米哈伊将这种完全沉浸在活动中的感觉描述为"畅态"。畅态可能源于一个人对任务的内在兴趣,就像母亲给女儿读书一样,但也可能源于一个人的能力和任务的挑战性水平之间的匹配。当挑战水平低而能力水平高时,就会感到无聊;当挑战水平高而能力水平低时,就会产生普遍的焦虑。如果两者都很低,就会漠不关心。然而,当能力水平和挑战水平都很高时,就会产生畅态。

这种审视动机的方式是激进的,因为它没有把问题归咎于教师或

---

① Flow一词的翻译采用了黄显华等人的译法。参见黄显华,霍秉坤,徐慧璇.现代学习与教学论:性质、关系和研究(第一卷)[M].北京:人民教育出版社,2014.——译者注

学习者，而是定位在挑战和能力之间的匹配上。在传统的动机理论中，学生没有动机，要么是教师的错，要么是学生的错。但是，如果我们不是把动机看作一个原因，而是一种结果——一种让挑战和能力正好匹配起来的自然属性——那么，学生没有动机只是一个信号，表明教师和学生需要尝试不同的东西。

然而，如果学生认为参与任务的成本过高，无论这种成本是尝试这项任务所付出的机会成本，还是诸如失败带来的对自我形象的风险之类的负面后果，那么活动本身引人入胜是不够的(Eccles et al., 1983)。学生在课堂上实际追求的目标将取决于成本和收益之间的复杂权衡。

我们知道，学生更有动力去实现具体的、可以实现的、提供了一定程度挑战性的目标(Bandura, 1986; Schunk, 1991)，如果目标似乎遥不可及时，学生们就会放弃提升能力，转而寻求避免伤害，采取的做法可能是如我们在第五章中看到的那样，专注于知道自己能够达成的低水平目标，或者放弃任务来避免失败。从这一点可以推断，竞争是没有帮助的，但研究发现，聚焦于提升团队内部的能力，以与其他团队竞争，可以提高学生的数学成绩，前提是竞争关注的是团队之间的相对改进(Linnenbrink, 2005)。

同样值得注意的是，尽管学生的动机和他们对自己执行计划以在竞争中取得成功的能力的信心——心理学家阿尔伯特·班杜拉(Albert Bandura, 1997)称之为“自我效能感”(self-efficacy)——会随着学生的年级提高而下降，但教师所做的事却会产生真正的影响。一项对 84 个数学课堂中 1571 名五年级到十二年级学生的研究发现，得到积极的建设性反馈的学生更有可能关注学习，而不是关注成绩(Deevers, 2006)。

动机视角和元认知视角的整合

这一讨论似乎让我们偏离了课堂形成性评价，但要发挥形成性评价的潜力，需要我们认识到评价是一把双刃剑。评价可以改善教学，但它也可以影响学习者的学习意愿、期望和能力（Harlen & Deakin Crick, 2002）。尽管我们还不完全了解最有效的学习环境，但现有的元认知和动机研究提供了清晰而有力的证据，表明激活学生作为自己学习的主人是一个有效学习环境的必要组成部分。

首先，要承认大多数学生想要在学校中表现得好，这很重要。很少有学生想在学业上失败，哪怕只是为了不让父母唠叨太多。尽管学生想在抽象意义上做得好，但他们参与学习活动的程度取决于许多因素。

当教育者邀请学生参与一项学习活动时，学生会运用多种信息来源决定他们要做什么。考虑以下 6 个方面：

1. 当前对任务的看法：这看起来像一个我能成功完成的任务吗？

2. 在类似任务上的先前经验：以前是否完成过类似的任务，是否取得了成功？我享受这些任务吗？

3. 关于该主题或任务的信念：这是我认为自己擅长的主题或任务，还是我知道这是自己觉得很难的主题？

4. 关于在该主题中能力和努力的作用的信念：这是一个我认为需要非常聪明才能成功的学科，还是一个我只要非常努力就能成功的学科？

5. 对主题的兴趣（个人与情境）：这是我感兴趣的主题或题目（个人兴趣）吗？任务的呈现方式能让我有兴趣承担它（情境兴趣）吗？

6. 成本和收益：为了成功，我需要在这个任务上付出多少努力？付出这样的努力值得吗？如果我尽了最大的努力却没有成功，我会有什么感觉？我是会感到尴尬，还是觉得可以接受继续尝试但仍然失败？其他人有可能成功吗？

虽然衡量所有这些不同的因素显然是一个复杂的过程，但学生们最终会做出一个非常简单的选择。他们将他们的能量导向于两条路径之一[双路径(dual pathways)]：要么维持幸福感(well-being)，要么指向于成长(Boekaerts, 1993)。为维持幸福感，学生们可能在任务上投入很少的精力，这样他们就可以声称，如果他们不成功，是因为他们没有尝试，因为任务“无聊”。他们会从其他学生或互联网上抄袭作业，也可以“装傻”(play the fool)。所有这些反应都是维持幸福感的方式。另一种选择是尽自己最大的努力去完成任务，承担可能带来的所有风险，以提高自己的能力——换言之，就是成长。

比利时教育心理学家莫尼克·博卡尔茨(Monique Boekaerts, 1993)提出了关于学生课堂行为的双向加工自我调节模型(dual-processing self-regulation model)，其重要之处在于，这种模型是动态的，学生的决定会迅速改变。如果一位教师对全班学生说，“这个任务非常难，大多数人至少要尝试三次才能把它做好”，那么这就有一种改变成本—收益权衡的效果。成功的好处更多(成功完成一项艰巨的任务是好事)，而失败的代价更低(因为失败是预料之中的，至少在最初几次尝试中是这样)。曾经不愿意完成这项任务的学生现在可能会选择去完成，因为成本和收益的平衡已经发生了变化。教师可以用一种使学生更感兴趣的方式来呈现任务——例如，把它作为一个有待破解的谜题来呈现。教师可以和学生一起进行成长型思维活动(growth mindset activities)，来改变他们对能力和天赋的作用的看法(例如，Blackwell, Trzesniewski & Dweck, 2007)。学生可能会找到降低自我形象威胁的方法，从而将精力和注意力转移到成长路径。

博卡尔茨的模型表明，最重要的是创造能够鼓励学生激活成长路径而不是幸福路径的学习环境。我们不可能预见学生在决定是追求成长还是追求幸福时可能考虑的所有因素，但有几件事可以做，以让天平朝正确的方向倾斜。考虑以下 5 个方面：

1. 与学生分享学习目标，以使他们能够监控自己在达成目标过程中的进步。

2. 促进"能力是增长的而不是固定的"这种信念的形成。如果学生们认为自己无法变得更聪明，就很可能会投入精力去避免失败。

3. 让学生更难以将自己的成绩与他人作比较。

4. 提供包含了关于未来行动的处方的反馈，不要关注对过去失败的回顾（"体检"，而非"验尸"）。

5. 利用每一个机会将学习的执行控制权从教师手上转移给学生，以支持他们作为自主学习者的发展。

如果你能想出做这些事的办法，请告诉我。我们知道需要做什么，这一事实并不能表明我们就能那样做。实现自己教学的持续发展是非常困难的。好消息是，你不需要从头开始。相反，你可以建立在其他教师的成就上，他们已经开发了一些技术来鼓励学生的成长型路径或心态。下一节中就涉及这样一些技术。

实用技术

毫无疑问，让学生成为自己学习的主人，能够极大地提高学习，但这并非立竿见影的。许多教师发现学生初次尝试自我评价时，既没有什么洞察，也没有什么效果。一位和我一起工作过的教师说："自我评价就像做煎饼，你通常会扔掉第一个。"它也是一个很难掌控的过程。一位班主任正在处理一个中学班级数学课上出现的一些行为问题。班主任决定尝试帮助数学教师，她的做法是让学生们对自己的表现进行自我评价，并要求每个学生完成一个句子："如果……我就会在数学课上学得更好。"一个女孩想了相当长一段时间，最后写道："如果我有一个更好的数学教师，我就会在数学课上学得更好。"我曾观察过该老师的数学课，女孩说得有道理。然而，当班主任看到学生所写的内容时，她告诉学生，这是不能接受的，于是学生回到自己的座位，写道："如果我带了正确的材料来上学，在课堂上集中注意，记住完成作业，我就会在数学课上学得更好。"这名学生原本以为班主任真的想让她从事改善数学学习的工作，但班主任没有就什么可以讨论、什么不可以讨论提供充分的指导。更重要的是，自我评价活动的架构还不够完善，不能确保学生把注意力集中在他们能够控制的事情上。在这种情况下，学生们最终会玩一个"猜猜教师在想什么"的游戏，因此很少有或者就没有有价值的学习发生。正如我们将看到的，自我评价对学生和教师来说都是不舒服的，但好处是巨大的，一旦教师习惯了让学生参与自己的学习，就几乎不可能再走回头路了。

第六章中描述的许多技巧都可以用于自我评价，但以下是一些专门设计来鼓励学生反思自己学习的技术。本节将讨论以下技术：交通信号灯(traffic lights)、红绿磁盘(red or green disks)、彩色杯子(colored cups)、学习档案袋(learning portfolios)和学习日志(learning logs)。

交通信号灯[72]

许多教师使用"交通信号灯"技术来激发学生成为自己学习的主

人。在课的开始，教师与学生分享了学习目标和相关的成功指标，在课的结束阶段，学生必须用彩笔在课开始时记在笔记本上的学习目标上画圈，以评价自己实现预期学习目标的程度。绿色表示对预期学习目标的达成有信心；黄色表示不确定预期的学习已达成，还是目标只有部分实现；红色表示学生认为自己没有学会期望学习的东西。问题在于，这是一个自我报告，而正如前面提到的，自我报告并不特别可靠。一位教师解决了这个问题，她对全班同学说："红色的同学跟我到这边来；绿色的同学帮助黄色的同学；黄色的同学要对绿色的同学进行验证，看看他们是否像他们自己所认为的那样很好地理解了学习内容。"通过将绿色的含义从"我觉得很有信心"改成"我现在为把这个教给别人做好准备了"，教师极大地降低了学生们仅仅是为了看起来好看就发出绿色信号的可能性。

交通信号灯也可以用来准备考试。一位教师一直在观察学生们是如何准备考试的。她发现，许多学生似乎把快速翻看笔记本作为他们的主要策略，大概是希望其中一些能被记住。这让她很担心。令她特别惊讶的是，许多学生花在复习他们有信心的内容上的时间，与花在复习他们没有学会的内容上的时间一样多。为了提高考试准备的质量，教师鼓励学生在每一页的顶角上标注一个彩色的点，用来表示自己对材料的信心程度。在为考试做准备时，学生可以跳过他们标记为绿色的材料，将注意力集中于不那么自信的领域。尽管这种方法依赖于学生判断——这毕竟是一种自我报告——的准确性，但由于这种自我评价的唯一受众是学生自己，因此学生诚实评价的可能性会提高。

红绿磁盘[73]

一位高中代数教师运用交通信号灯已有一段时间了，她开始想着如何获得更多的实时信息。她给班上每个学生一张 CD 大小的磁盘，一面是绿色的，另一面是红色的。在课开始的时候，绿色的一面朝上，但是随着课的推进，如果学生们认为教师讲得太快，就把磁盘翻到红色的一面。她发现，班级中一整年来从未提过一个问题的学生，也愿意把磁盘翻转成红色来表示自己感到困惑。

几周后，发生了一件值得注意的事。教师在用投影仪向一个正学习着代数 1(第三次课)的班级的学生展示如何解方程。她对自己正在做的事情太投入了，以至于忘了检查是否有红盘出现。几分钟前，坐在教室后排的一个学生把她的磁盘翻成了红色，教师没有检查她的磁盘，这让她越来越沮丧。她看了看坐在两边的两个朋友，发现他们也把磁盘翻转成红色，于是她抓起邻座的两个磁盘，在空中挥舞着三个磁盘，示意教师慢下来。当我第一次听到这个故事的时候，我想这一定是一个非常自信的学生。随着时间的推移，越来越多的教师使用这些技术，更多这样的故事出现了。当教师打开与学生交流的渠道，学生就会使用它们。

有时候，学生们的诚实可能会让人消气，甚至令人恐惧。我曾经观察到，在一个炎热的夏日午后，科学教师戴夫·塔芬(Dave Tuffin)正在给一个七年级的班级上课。他将其描述为“那些你知道不起作用但你不得不上的课之一”——每个教师都会熟悉这种经历。他试着变得越来越活跃，以唤醒全班同学，但实际上，他在一个坑里，却仍然在挖。然后一个学生举手说：“先生，这招不管用，是吗？”后来，戴夫描述了自己的感受。他说，如果是在一年前，他会对那个让他难堪的学生发怒。但几个月来，他一直尝试让学生为自己的学习承担更多的责任，所以他说：“你说得对。我们该怎么办呢？”没有一个学生提议休息或放弃上课。相反，全班同学就如何改进这门课的学习进行了一次成熟的对话。

也许这个故事中最重要的是教师的反应。我们在第五章看到了让学生的自我(egos)摆脱学习情境是多么重要,但是这个故事也说明了让教师的自我摆脱课堂是多么重要。这个学生不是想让戴夫难堪,他在给戴夫扔一条救生索,而戴夫很幸运地意识到这一点并抓住了它。

彩色杯子[74]

我观察到另一位教师尝试了红绿磁盘的做法,但由于荧光照明,她从教室前面很难看清楚磁盘。于是她去了一家派对用品店,买了一些彩色的杯子,有红的、黄的和绿的。在她的课堂里,每个学生都得到每种颜色的杯子各一个,课就从展示绿色杯子开始。如果学生想表示教师走得太快,那么学生就展示黄色的杯子;如果学生想提问,那就展示红色的杯子。为什么会有学生展示红色杯子?因为这个课堂有条规则,当一个学生展示红色时,教师就使用冰棒棍随机选择另一个学生,被选定的学生要去教室前面回答展示红色杯子的学生所提出的问题。按照这个教师的描述,这种做法让她的课堂变成一个巨大的“鸡战”游戏场(game of “chicken”)。

这种技术巧妙地容纳了有效形成性评价的两个关键成分——参与和响应。如果有学生展示了红色,其余学生都有可能被要求向其解释作业,这就要求所有学生监控自己的学习,而且要投入学习之中。来自学生的关于教学节奏的信息流有助于教师做出调整,以更好地满足学生的学习需求。

学习档案袋[75]

许多学校鼓励学生保存自己的作品档案,但通常情况下,这些作品档案的保存采用了与艺术家保存作品档案相同的方式——展示最新最好的作品。一个艺术家可能在她的作品档案中保存了一些水粉画，一些丙烯酸画，一些水彩画，一些油画，一些木炭画。如果她创作了一幅新的作品，比如说水粉画，而她认为新画作比档案袋中已有的作品好，那么就会用新的水粉画代替旧的水粉画。这样聚焦于最新的和最好的，可以创建一个所谓的“表现性档案袋”(performance portfolio)。这种档案袋能很好地支持总结性评价，但往往会掩盖学习旅程。

若从能力增长观的视角看，学习档案袋要有用得多。当学生完成了更好的作品，教师可以将新作品加到档案袋中，而不是用它来取代之前的作品，这让学生能够回顾自己的学习旅程。例如，回顾他们之前完成的说服性写作稿子，有助于学生搞清楚什么得到了发展。这有两个直接的好处。首先，搞清楚哪些得到改善，进而确定发展的轨迹，意味着学生有可能搞清楚如何实现进一步的改善。其次，聚焦于改善意味着学生更可能将能力视为增长的而非固定的。正如我们在第五章中指正的，这种能力观是最有效学习者的一个关键特征。

学生可以在很小的时候就开始建立这样的学习档案袋。我观察过的一位幼儿园教师让她的学生每个月画一幅自画像，并把这些画像放在他们自己的学习档案袋中。1 月份，学生们要回顾他们在前一年 9 月、10 月、11 月和 12 月画的四幅自画像，并被要求反思他们认为自己的画作中哪些地方变得更好了。在与教师的讨论中，一个女孩认为她的画作最明显的变化是“我的手臂不再从脑袋里伸出来了”。这个学生可能不是班上最好的画家，但她知道，只要不断努力，就会进步。

学习日志[76]

教师们发现，让学生反思自己学习的一个有用技术是要求学生在课后完成学习日志。当然，这种做法并不新鲜，但一些教师发现，对常用的方法稍作改变会很有用。这种方法不是回答教师提出的一两个自我评价问题，而是学生被邀请回答下列提示，且一般不超过三个：

- 今天我学到了……
- 我对……感到惊讶。
- 我从这节课上学到的最有用的东西是……
- 我对……很感兴趣。
- 这节课我最喜欢的是……
- 我不确定的一件事是……
- 我想搞得更清楚的事情主要是……
- 在这节课之后，我觉得……
- 如果……我本可以从这一课中学到更多。

让学生选择这些陈述中的三个来回答，会鼓励他们在反思自己学习的过程中更加深刻、成熟。

结论

教师在设计学习情境时起着至关重要的作用，但只有学习者才能创造学习。因此，毫无疑问，学习者若能更好地管理自己的学习，就能学得更好。所有学生都可以改进自己管理学习过程的方式，成为自己学习的主人；然而，这个过程并不简单。对自己的学习进行批判性的反思是充满感情的，这就是这种技能的发展需要时间的原因，尤其是对那些习惯于失败的学生。

本章提供了一些研究证据，同时还提供了一些实用技术，教师可以利用这些技术提高学生的参与度，提高自己对学生需求的反应能力。在结语部分，我们将回顾本书的主要内容，并就教师如何在自己的课堂中应用本书中的观点提出几点建议。

结　语

每一代人都相信自己正在见证着前所未有的变化——在社会、在职场，以及在对人的要求上。然而，我们有很好的理由相信，这一次情况确实有所不同。正如普林斯顿大学经济学家艾伦·布林德(Alan Blinder, 2009)所指出的，到2035年，多达5000万个美国工作岗位面临被转移的风险。其中一些是低技能的工作，但很多不是。

20世纪下半叶，美国成为世界的制造厂，这是因为在1910年至1940年之间，它投入巨大的资源将大众化公立教育延长到18岁——而其他同等发达的经济体认为，对于那些不升入高等教育的人来说，15岁以后的教育就是浪费(Goldin & Katz, 2008)。这项投资既创造了熟练的劳动力，也培育了一批受过良好教育、能够采用新技术的消费者(Bhidé, 2008)。

1910年至1940年间，美国在教育年轻人方面的投资的一个重要特点是，它没有试图预测未来。而恰恰因为这个原因，这项投资获得了成功。所提供的教育是普通教育，而不是针对具体工作的职业培训，因为保证美国未来繁荣的是为更多的人提供更多更好的普通教育。

如果我们审视以前提高阅读和数学水平的种种努力，我们可能会感到非常沮丧。来自国家教育进步评估(National Assessment of

Educational Progress)的数据(Rampey, Dion & Donahue, 2009)表明，尽管9岁和13岁孩子的表现有一些改善，但17岁孩子的阅读和数学水平与20世纪70年代初没有区别。正如我们在第一章中所看到的，教育质量未能改善的根本原因在于未能理解教师素质的重要性。

在20世纪，大多数的教育改进政策都假定所有的教师基本上是相同的。但现在我们明白，教师素质是决定学生学到多少的最重要的因素。在最有效率的教师的课堂上，来自弱势背景的学生和来自良好背景的学生学得一样多。教师素质的影响是深远的。

哈佛大学的一项研究表明，在幼儿园拥有一位杰出的教师，带来的影响可以从他们学生30年后的平均时薪中看出来(Chetty et al., 2010)。同一项研究显示，一位优秀的幼儿园教师每年创造的经济价值约为32万美元。

如今，人们对教师素质的重要性有了普遍的共识——事实上，学校质量的差异几乎完全可以归因于学校间教师质量的差异。为了提高学生成绩，我们必须提高教师素质。

鉴于提高教师表现的大多数尝试都以失败告终，因此，许多教育经济学家提出这样的观点就不令人惊讶了：提高教师质量的唯一途径是淘汰最低效的教师，并以更好的教师来取代他们(Hanushek, 2010)。然而，完成整个体系的改变将需要花费30年的时间，到那时就太晚了。因此，尽管我们当然应该努力确保将最优秀的人才吸引到教学职业中并留住他们，但我们也必须通过聚焦于研究证据所证明的能对学生产生最大影响的专业发展，来努力提高现有教师的表现。

在第二章我们看到，可用的研究证据表明，将形成性评价实践融入教师日常的课堂活动可能导致学生成绩的明显提高——学习的速度可能会增加50%～70%，即使用外部强制的标准化测验结果来衡量也如此。而且,这些变化的成本并不昂贵,但在提高成绩方面,课堂形成性评价的成本效益大约是缩减班级规模可能带来的效益的 20 倍。目前可获得的证据表明,要获得如此巨大的效果,其他的做法我们都负担不起。从第三章到第七章,每一章考察了课堂形成性评价的五个关键策略之一:

1. 明晰、分享和理解学习目标与成功指标。
2. 引出学习的证据。
3. 提供促进学习的反馈。
4. 激发学习者成为彼此的教学资源。
5. 激发学习者成为自己学习的主人。

对于每一种策略,我都提供了它影响学生学习的证据,并提供了实施该策略的一些实用的课堂技巧。每一种技巧都不需要太多的技术,而且可以很容易地应用于任何学科、任何学段的教学。

有些技术相对较新,但大多数不是。最好的教师已用了它们几十年——如果不是几百年的话。新的并不是技巧技术;相反,新的是课堂形成性评价所提供的将这些技巧技术整合在一起的框架,新的是证明了这些技巧技术对学生成就的影响的证据。

正如心理学家巴里·施瓦茨(Barry Schwartz, 2003)在《选择的悖论:为什么多就是少》(*The Paradox of Choice: Why More Is Less*)中指出的那样,提供这么多技巧会产生这样的问题:过多的选择可能会让人麻痹——而且是危险的。当教师试图同时改变他们教学中的两三件事情时,他们的教学通常会恶化,就可能会回到以前的状态。我建议您从这本书中选择一到两个技巧,并在您的课堂中尝试。如果这些技巧看起来是有效的,我们的目标应该是练习这些做法,直到它们成为老习惯。如果它们没有效果,您可以做些调整,或者尝试另一种技术。没有一种方法可以适用所有的教师，但我相信，所有的教师都会在这里找到适合自己的做法。

玛丽安娜·威廉姆森(Marianne Williamson，1992)在她的《爱的回报》(*A Return to Love*)一书中写道："我们最深的恐惧不是我们不足。我们最深的恐惧是我们极度强大。"如今我们知道，教师对学生的学习结果有最强大的影响，教师可以在整个职业生涯中持续地对自身的实践进行重大的改进。如果所有的教师都相信，之所以需要改进实践并不是因为自己不够好，而是因为自己可以做得更好，并专注于那些对学生影响最大的事，那么我们将能让我们的学生为在无比复杂、无法预测的 21 世纪茁壮成长做好准备。

附录：技术清单

参考文献与资源[①]

Aaronson, D., Barrow, L., & Sander, W. (2007). Teachers and student achievement in the Chicago public high schools. *Journal of Labor Economics*, 25 (1), 95 - 135.

Adey, P. S., Fairbrother, R. W., Wiliam, D., Johnson, B., & Jones, C. (1999). *A review of research related to learning styles and strategies*. London: King's College London Centre for the Advancement of Thinking.

Agodini, R., & Harris, B. (2016). How teacher and classroom characteristics moderate the effects of four elementary math curricula. *Elementary School Journal*, 117 (2), 216 - 236.

Allal, L., & Lopez, L. M. (2005). Formative assessment of learning: A review of publications in French. In J. Looney (Ed.), *Formative assessment: Improving learning in secondary classrooms* (pp. 241 - 264). Paris: Organisation for Economic Co-operation and Development.

Anderson, M., & Della Sala, S. (2011). Neuroscience in education: An (opinionated) introduction. In S. Della Sala & M. Anderson (Eds.), *Neuroscience in education: The good, the bad, and the ugly* (pp. 3 - 12). Oxford, UK: Oxford

① 本书为方便读者查阅原著,参考文献原样复制原英文版图书后参考文献。

University Press.

Antil, L. R., Jenkins, J. R., Wayne, S. K., & Vadasy, P. F. (1998). Cooperative learning: Prevalence, conceptualization and the relation between research and practice. *American Educational Research Journal*, 35(3), 419 - 454.

Arter, J. A., & McTighe, J. (2001). *Scoring rubrics in the classroom*. Thousand Oaks, CA: Corwin Press.

Ashman, G. (2015, April 3). *Can teaching be given a score*? [Blog post]. Accessed at https:// gregashman. wordpress. com/2015/04/03/can-teaching-be-given-a-score on August 18, 2015.

Ausubel, D. P. (1968). *Educational psychology: A cognitive view*. New York: Holt, Rinehart and Winston.

Autor, D. H. (2014). Skills, education, and the rise of earnings inequality among the "other 99 percent." *Science*, 344(6186), 843 - 851.

Autor, D. H., Levy, F., & Murnane, R. J. (2003). The skill content of recent technological change: An empirical exploration. *Quarterly Journal of Economics*, 118(4), 1279 - 1333.

Babcock, J., Babcock, P., Buhler, J., Cady, J., Cogan, L. S., Houang, R. T., et al. (2010). *Breaking the cycle: An international comparison of U. S. mathematics teacher preparation*. East Lansing: Michigan State University Center for Research in Mathematics and Science Education.

Bacolod, M. P. (2007). Do alternative opportunities matter?: The role of female labor markets in the decline of teacher supply and teacher quality 1940 - 1990. *Review of Economics and Statistics*, 89(4), 737 - 751.

Bandura, A. (1986). *Social foundations of thought and action: A social cognitive theory*. Englewood Cliffs, NJ: Prentice Hall.

Bandura, A. (1997). *Self-efficacy: The exercise of control*. New York: Freeman.

Bangert-Drowns, R. L., Kulik, C.-L. C., Kulik, J. A., & Morgan, M. (1991). The instructional effect of feedback in test-like events. *Review of Educational Research*, 61(2), 213 - 238.

Bangert-Drowns, R. L., Kulik, J. A., & Kulik, C.-L. C. (1991). Effects of frequent classroom testing. *Journal of Educational Research*, 85(2), 89 - 99.

Barber, M., & Mourshed, M. (2007). *How the world's best-performing school systems come out on top*. London: McKinsey.

Barry, D. (Series Producer), & Hardy, E. (Executive Producer). (2010). *The classroom experiment* [Television series]. London: British Broadcasting Corporation.

Baumert, J., Kunter, M., Blum, W., Brunner, M., Voss, T., Jordan, A., et al. (2010). Teachers' mathematical knowledge, cognitive activation in the classroom, and student progress. *American Educational Research Journal*, 47(1), 133 - 180.

Bennett, R. E. (2011). Formative assessment: A critical review. *Assessment in Education: Principles, Policy and Practice*, 18(1), 5 - 25.

Bergan, J. R., Sladeczek, I. E., Schwarz, R. D., & Smith, A. N. (1991). Effects of a measurement and planning system on kindergartners' cognitive development and educational programming. *American Educational Research Journal*, 28(3), 683 - 714.

Bernstein, B. (1970). Education cannot compensate for society. *New Society*, 15(387), 344 - 347.

Bhidé, A. V. (2008). *The venturesome economy: How innovation sustains prosperity in a more connected world*. Princeton, NJ: Princeton University Press.

Bjork, R. A. (1994). Memory and metamemory considerations in the training of human beings. In J. Metcalfe & A. P. Shimamura (Eds.), *Metacognition: Knowing about knowing* (pp. 188 - 205). Cambridge, MA: MIT Press.

Bjork, R. A., & Bjork, E. L. (1992). A new theory of disuse and an old theory of stimulus fluctuation. In A. F. Healy, S. M. Kosslyn, & R. M. Shiffrin (Eds.), *From learning processes to cognitive processes: Essays in honor of William K. Estes* (Vol. 2, pp. 35 - 67). Hillsdale, NJ: Erlbaum.

Black, D. S., Milam, J., & Sussman, S. (2009). Sitting-meditation interventions among youth: A review of treatment efficacy. *Pediatrics*, 124(3), 532 - 541.

Black, H. (1986). Assessment for learning. In D. L. Nuttall (Ed.), *Assessing educational achievement* (pp. 7 - 18). London: Falmer Press.

Black, P. J., & Harrison, C. (2002). *Science inside the black box: Assessment for learning in the science classroom*. London: King's College London Department of Education and Professional Studies.

Black, P. J., Harrison, C., Lee, C., Marshall, B., & Wiliam, D. (2003). *Assessment for learning: Putting it into practice*. Berkshire, England: Open University Press.

Black, P. J., Harrison, C., Lee, C., Marshall, B., & Wiliam, D. (2004). Working inside the black box: Assessment for learning in the classroom. *Phi Delta Kappan*, 86(1), 8 - 21.

Black, P. J., & Wiliam, D. (1998a). Assessment and classroom learning. *Assessment in Education: Principles, Policy and Practice*, 5(1), 7 - 73.

Black, P. J., & Wiliam, D. (1998b). *Inside the black box: Raising standards through classroom assessment*. London: King's College London School of Education.

Black, P. J., & Wiliam, D. (2009). Developing the theory of formative assessment. *Educational Assessment, Evaluation and Accountability*, 21(1), 5 - 31.

Blackwell, L. S., Trzesniewski, K. H., & Dweck, C. S. (2007). Implicit theories of intelligence predict achievement across an adolescent transition: A longitudinal study and an intervention. *Child Development*, 78(1), 246 - 263.

Blatchford, P., Bassett, P., Brown, P., Martin, C., Russell, A., & Webster, R. (2009). *Deployment and impact of support staff in schools: Characteristics, working conditions and job satisfaction of support staff in schools (strand 1, waves 1–3 in 2004, 2006 and 2008)* (Research Report No. DCSF-RR154). London: Department for Children, Schools and Families.

Blinder, A. (2009). How many U. S. jobs might be offshorable? *World Economics*, 10(2), 41–48.

Blinder, A. (2010). *How many U.S. jobs might be offshorable?* Princeton, NJ: Princeton University Center for Economic Policy Studies.

Bloom, B. S. (1969). Some theoretical issues relating to educational evaluation. In H. G. Richey & R. W. Tyler (Eds.), *Educational evaluation: New roles, new means, part* 2 (Vol. 68, pp. 26–50). Chicago: University of Chicago Press.

Boaler, J. (2002). *Experiencing school mathematics: Traditional and reform approaches to teaching and their impact on student learning*. Mahwah, NJ: Erlbaum.

Boekaerts, M. (1993). Being concerned with well-being and with learning. *Educational Psychologist*, 28(2), 149–167.

Boekaerts, M. (2006). Self-regulation and effort investment. In K. A. Renninger & I. E. Sigel (Eds.), *Handbook of child psychology: Volume 4—Child psychology in practice* (6th ed., pp. 345–377). New York: Wiley.

Böhlmark, A., & Lindahl, M. (2008). *Does school privatization improve educational achievement?: Evidence from Sweden's voucher reform*. Bonn, Germany: Institute for the Study of Labor.

Bondy, F. (1999, January 13). Out of this world in redefining greatness, Michael Jordan made a lasting impact on an entire generation. *New York Daily News*, p. 2.

Boulet, M. M., Simard, G., & De Melo, D. (1990). Formative evaluation effects on learning music. *Journal of Educational Research*, 84(2), 119 - 125.

Boykin, A. W., Coleman, S. T., Lilja, A., & Tyler, K. M. (2004). *Building on children's cultural assets in simulated classroom performance environments: Research vistas in the communal learning paradigm* (Report No. 68). Baltimore: Center for Research on the Education of Students Placed at Risk.

Boykin, A. W., Lilja, A., & Tyler, K. M. (2004). The influence of communal vs. individual learning context on the academic performance in social studies of grade 4 -5 African-Americans. *Learning Environments Research*, 7(3), 227 - 244.

Boyle, G. J. (1995). Myers-Briggs Type Indicator (MBTI): Some psychometric limitations. *Australian Psychologist*, 30(1), 71 - 74.

Broadfoot, P. M., Daugherty, R., Gardner, J., Gipps, C. V., Harlen, W., James, M., et al. (1999). *Assessment for learning: Beyond the black box*. Cambridge, England: University of Cambridge School of Education.

Brookhart, S. M. (2004). Classroom assessment: Tensions and intersections in theory and practice. *Teachers College Record*, 106(3), 429 - 458.

Brookhart, S. M. (2007). Expanding views about formative classroom assessment: A review of the literature. In J. H. McMillan (Ed.), *Formative classroom assessment: Theory into practice* (pp. 43 - 62). New York: Teachers College Press.

Brookhart, S. M. (2013). *How to create and use rubrics for formative assessment and grading*. Alexandria, VA: Association for Supervision and Curriculum Development. Accessed at www. ascd. org/publications/books/112001/chapters/What-Are-Rubrics-and-Why -Are-They-Important%C2%A2.aspx on April 1, 2017.

Brophy, J. (1981). Teacher praise: A functional analysis. *Review of Educational Research*, 51(1), 5 - 32.

Brousseau, G. (1984). The crucial role of the didactical contract in the analysis and construction of situations in teaching and learning mathematics (G. Seib, Trans.). In H.-G. Steiner (Ed.), *Theory of mathematics education: ICME 5 topic area and miniconference* (Vol. 54, pp. 110 - 119). Bielefeld, Germany: Institut für Didaktik der Mathematik der Universität Bielefeld.

Brown, A. L., & Campione, J. C. (1996). Psychological theory and the design of innovative learning environments: On procedures, principles, and systems. In L. Schauble & R. Glaser (Eds.), *Innovations in learning: New environments for education* (pp. 291 - 292). Hillsdale, NJ: Erlbaum.

Brown, G., & Wragg, E. C. (1993). *Questioning*. London: Routledge.

Bruer, J. T. (1997). Education and the brain: A bridge too far. *Educational Researcher*, 26(8), 4 - 16.

Bruer, J. T. (1999). In search of... brain-based education. *Phi Delta Kappan*, 80(9), 648 - 657.

Buddin, R., & Zamarro, G. (2009). Teacher qualifications and student achievement in urban elementary schools. *Journal of Urban Economics*, 66(2), 103 - 115.

Bulman, G., & Fairlie, R. W. (2016). *Technology and education: Computers, software, and the internet* (NBER Working Paper No. 22237). Cambridge, MA: National Bureau of Economic Research.

Burgess, J. P. (1992). Synthetic physics and nominalist realism. In C. W. Savage & P. Ehrlich (Eds.), *Philosophical and foundational issues in measurement theory* (pp. 119 - 138). Hillsdale, NJ: Erlbaum.

Bursten, L. (Ed.). (1992). *The IEA study of mathematics III: Student growth and classroom processes*. Oxford, England: Pergamon Press.

Burute, N., & Jankharia, B. (2009). Teleradiology: The Indian perspective. *Indian Journal of Radiology and Imaging*, 19(1), 16 - 18.

Butler, D. L., Schnellert, L., & Perry, N. E. (2017). *Developing self-regulating learners*. Toronto, Canada: Pearson.

Butler, D. L., & Winne, P. H. (1995). Feedback and self-regulated learning: A theoretical synthesis. *Review of Educational Research*, 65(3), 245 - 281.

Butler, R. (1987). Task-involving and ego-involving properties of evaluation: Effects of different feedback conditions on motivational perceptions, interest and performance. *Journal of Educational Psychology*, 79(4), 474 - 482.

Butler, R. (1988). Enhancing and undermining intrinsic motivation: The effects of task-involving and ego-involving evaluation on interest and performance. *British Journal of Educational Psychology*, 58(1), 1 - 14.

Carnoy, M., Jacobsen, R., Mishel, L., & Rothstein, R. (2005). *The charter school dust-up: Examining the evidence on enrollment and achievement*. Washington, DC: Economic Policy Institute.

Carpenter, T. P., Fennema, E., Peterson, P. L., Chiang, C. P., & Loef, M. (1989). Using knowledge of children's mathematics thinking in classroom teaching: An experimental study. *American Educational Research Journal*, 26(4), 499 - 531.

Center for Research on Education Outcomes. (2009). *Multiple choice: Charter school performance in 16 states*. Stanford, CA: Author.

Center for Research on Education Outcomes. (2013). *National charter school study* 2013. Stanford, CA: Author.

Chappuis, J., Stiggins, R. J., Chappuis, S., & Arter, J. A. (2012). *Classroom assessment for student learning: Doing it right—using it well* (2nd ed.). Upper Saddle River, NJ: Pearson.

Chetty, R., Friedman, J. N., Hilger, N., Saez, E., Schanzenbach, D., & Yagan, D. (2010). *How does your kindergarten classroom affect your earnings?: Evidence from Project STAR*. Cambridge, MA: Harvard Graduate School of

Education.

Chetty, R., Friedman, J. N., & Rockoff, J. E. (2014). Measuring the impacts of teachers I: Evaluating bias in teacher value-added estimates. *American Economic Review*, 104(9), 2593 - 2632.

Clarke, S. (2001). *Unlocking formative assessment*. London: Hodder & Stoughton.

Clarke, S. (2005). *Formative assessment in the secondary classroom*. London: Hodder & Stoughton.

Claxton, G. (1995). What kind of learning does self-assessment drive?: Developing a "nose" for quality—Comments on Klenowski. *Assessment in Education: Principles, Policy and Practice*, 2(3), 339 - 343.

Clotfelter, C. T., Hemelt, S. W., & Ladd, H. F. (2016). *Teaching assistants and nonteaching staff: Do they improve student outcomes?* Washington, DC: Center for Analysis of Longitudinal Data in Education Research.

Clymer, J. B., & Wiliam, D. (2006/2007). Improving the way we grade science. *Educational Leadership*, 64(4), 36 - 42.

Coffield, F., Moseley, D., Hall, E., & Ecclestone, K. (2004). *Learning styles and pedagogy in post-16 learning: A systematic and critical review*. London: Learning and Skills Research Centre.

Cohen, E. G. (1994). Restructuring the classroom: Conditions for productive small groups. *Review of Educational Research*, 64(1), 1 - 35.

Committee on the Study of Teacher Preparation Programs in the United States. (2010). *Preparing teachers: Building evidence for sound policy*. Washington, DC: National Research Council.

Corno, L. (2001). Volitional aspects of self-regulated learning. In B. J. Zimmerman & D. H. Schunk (Eds.), *Self-regulated learning and academic achievement*: *Theoretical perspectives* (2nd ed., pp. 191 - 225). Hillsdale, NJ: Erlbaum.

Cowie, B., & Bell, B. (1999). A model of formative assessment in science education. *Assessment in Education*: *Principles*, *Policy and Practice*, 6(1), 101 - 116.

Cronbach, L. J. (1971). Test validation. In R. L. Thorndike (Ed.), *Educational measurement* (2nd ed., pp. 443 - 507). Washington, DC: American Council on Education.

Crooks, T. J. (1988). The impact of classroom evaluation practices on students. *Review of Educational Research*, 58(4), 438 - 481.

Crouch, C. H., & Mazur, E. (2001). Peer instruction: Ten years of experience and results. *American Journal of Physics*, 69(9), 970 - 977.

Csikszentmihalyi, M. (1990). *Flow*: *The psychology of optimal experience*. New York: Harper & Row.

Cuban, L. (2002). *Oversold and underused*: *Computers in the classroom*. Cambridge, MA: Harvard University Press.

Cullinane, C., Hillary, J., Andrade, J., & McNamara, S. (2017). *Selective comprehensives* 2017: *Admissions to high-attaining non-selective schools for disadvantaged pupils*. London: Sutton Trust.

Darling-Hammond, L., Holtzman, D. J., Gatlin, S. J., & Vasquez Heilig, J. (2005). Does teacher preparation matter?: Evidence about teacher certification, Teach for America, and teacher effectiveness. *Education Policy Analysis Archives*, 13(42).

Darrow, A.-A., Johnson, C. M., Miller, A. M., & Williamson, P. (2002). Can students accurately assess themselves?: Predictive validity of student self-reports. *Applications of Research in Music Education*, 20(2), 8 - 11.

Davies, P., Durbin, C., Clarke, J., & Dale, J. (2004). Developing students' conceptions of quality in geography. *Curriculum Journal*, 15(1), 19 - 34.

Davis, B. (1997). Listening for differences: An evolving conception of mathematics teaching. *Journal for Research in Mathematics Education*, 28(3), 355 - 376.

Dawes, L., Mercer, N., & Wegerif, R. (2000). *Thinking together: A programme of activities for developing speaking*, listening and thinking skills for children aged 8 - 11. Birmingham, England: Imaginative Minds.

Day, J. D., & Cordón, L. A. (1993). Static and dynamic measures of ability: An experimental comparison. *Journal of Educational Psychology*, 85(1), 76 - 82.

De Bruyckere, P., Kirschner, P. A., & Hulshof, C. D. (2015). *Urban myths about learning and education*. Boston: Elsevier.

Deevers, M. (2006, April). *Linking classroom assessment practices with student motivation in mathematics*. Paper presented at the annual meeting of the American Educational Research Association, San Francisco, CA.

Dekker, S., Lee, N. C., Howard-Jones, P., & Jolles, J. (2012). Neuromyths in education: Prevalence and predictors of misconceptions among teachers. *Frontiers in Psychology*, 3(429), 1 - 8.

Dempster, F. N. (1991). Synthesis of research on reviews and tests. *Educational Leadership*, 48(7), 71 - 76.

Denvir, B., & Brown, M. L. (1986a). Understanding of number concepts in low-attaining 7 - 9 year olds: Part I—Development of descriptive framework and diagnostic instrument. *Educational Studies in Mathematics*, 17(1), 15 - 36.

Denvir, B., & Brown, M. L. (1986b). Understanding of number concepts in low-attaining 7 - 9 year olds: Part II—The teaching studies. *Educational Studies in Mathematics*, 17(2), 143 - 164.

Dillon, J. T. (1988). *Questioning and teaching: A manual of practice*.

London: Croom Helm.

Dressel, P. (1957). Facts and fancy in assigning grades. *Basic College Quarterly* (Michigan State University), 2, 6 - 12.

Dunlosky, J., Rawson, K. A., Marsh, E. J., Nathan, M. J., & Willingham, D. T. (2013). Improving students' learning with effective learning techniques: Promising directions from cognitive and educational psychology. *Psychological Science in the Public Interest*, 14(1), 4 - 58.

Durkin, K., & Rittle-Johnson, B. (2012). The effectiveness of using incorrect examples to support learning about decimal magnitude. *Learning and Instruction*, 22(3), 206 - 214.

Dvorkin, M. (2016). *Jobs involving routine tasks aren't growing*. Accessed at www. stlouisfed. org/on-the-economy/2016/january/jobs-involving-routine-tasks-arent-growing on January 5, 2016.

Dweck, C. S. (1975). The role of expectations and attributions in the alleviation of learned helplessness. *Journal of Personality and Social Psychology*, 31(4), 674 - 685.

Dweck, C. S. (1986). Motivational processes affecting learning. *American Psychologist*, 41(10), 1040 - 1048.

Dweck, C. S. (2000). *Self-theories: Their role in motivation, personality, and development*. Philadelphia: Psychology Press.

Dweck, C. S. (2006). *Mindset: The new psychology of success*. New York: Random House.

Dweck, C. S. (2015). Growth. *British Journal of Educational Psychology*, 85(2), 242 - 245.

Eccles, J. S., Adler, T. F., Futterman, R., Goff, S. B., Kaczala, C. M., Meece, J. L., et al. (1983). Expectancies, values, and academic behaviors. In J. T.

Spence (Ed.), *Achievement and achievement motives* (pp. 75 - 146). San Francisco: Freeman.

Economic Policy Institute. (2010). *Wage and compensation trends: Real hourly wage for all by education*, 1973 - 2007. Accessed at www.epi.org/page/-/datazone2008/wage %20comp%20trends/wagebyed_a.xls on May 28, 2010.

Education Commission of the States. (2017, January). *Charter schools—Does the state have a charter school law*? Accessed at http://ecs.force.com/mbdata/mbquestNB2? rep=CS1501 on July 3, 2017.

Education Northwest. (2016). *6+1 Trait® rubrics*. Accessed at http://educationnorthwest.org/traits/traits-rubrics on April 3, 2017.

Educational Testing Service. (2002). *Standards for quality and fairness*. Princeton, NJ: Author.

Elawar, M. C., & Corno, L. (1985). A factorial experiment in teachers' written feedback on student homework: Changing teacher behavior a little rather than a lot. *Journal of Educational Psychology*, 77(2), 162 - 173.

Elshout-Mohr, M. (1994). Feedback in self-instruction. *European Education*, 26(2), 58 - 73.

Epstein, D. (2013). *The sports gene: Inside the science of extraordinary athletic performance*. New York: Penguin.

Even, R., & Tirosh, D. (1995). Subject-matter knowledge and knowledge about students as sources of teacher presentations of the subject-matter. *Educational Studies in Mathematics*, 29(1), 1 - 20.

Even, R., & Tirosh, D. (2002). Teacher knowledge and understanding of students' mathematical learning. In L. D. English (Ed.), *Handbook of international research in mathematics education* (pp. 219 - 240). Mahwah, NJ: Erlbaum.

Falchikov, N., & Goldfinch, J. (2000). Student peer assessment in higher education: A meta-analysis comparing peer and teacher marks. *Review of Educational Research*, 70(3), 287 - 322.

Federal Reserve Bank of St. Louis. (n. d.). *Manufacturing sector: Real output—Index* 2009=100, *quarterly*, *seasonally adjusted*. Accessed at https://research.stlouisfed.org/fred2/series/OUTMS# on May 10, 2016.

Fennema, E., Carpenter, T. P., Franke, M. L., Levi, L., Jacobs, V. R., & Empson, S. B. (1996). A longitudinal study of learning to use children's thinking in mathematics instruction. *Journal for Research in Mathematics Education*, 27(4), 403 - 434.

Fernandes, M., & Fontana, D. (1996). Changes in control beliefs in Portuguese primary school pupils as a consequence of the employment of self-assessment strategies. *British Journal of Educational Psychology*, 66(3), 301 - 313.

Finn, B., & Metcalfe, J. (2010). Scaffolding feedback to maximize long term error correction. *Memory and Cognition*, 38(7), 951 - 961.

Flavell, J. H. (1976). Metacognitive aspects of problem solving. In L. B. Resnick (Ed.), *The nature of intelligence* (pp. 231 - 235). Hillsdale, NJ: Erlbaum.

Flynn, J. R. (2007). *What is intelligence*? Cambridge, England: Cambridge University Press.

Fontana, D., & Fernandes, M. (1994). Improvements in mathematics performance as a consequence of self-assessment in Portuguese primary school pupils. *British Journal of Educational Psychology*, 64(4), 407 - 417.

Foos, P. W., Mora, J. J., & Tkacz, S. (1994). Student study techniques and the generation effect. *Journal of Educational Psychology*, 86(4), 567 - 576.

formative. (2017). In *Merriam-Webster's online dictionary*. Accessed at www.merriam-webster.com/dictionary/formative on June 20, 2017.

Franke, M. L., Carpenter, T. P., Levi, L., & Fennema, E. (2001). Capturing teachers' generative change: A follow-up study of professional development in mathematics. *American Educational Research Journal*, 38(3), 653 - 689.

Fredericks, A. D. (2007). *The complete idiot's guide to teaching college: Engage and inspire your students from the very first day of class*. Indianapolis, IN: Alpha Books.

Freeman, S., Eddy, S. L., McDonough, M., Smith, M. K., Okoroafor, N., Jordt, H., et al. (2014). Active learning increases student performance in science, engineering, and mathematics. *Proceedings of the National Academy of Sciences of the United States of America*, 111(23), 8410 - 8415.

Fryer, R. G., Jr. (2014). 21st century inequality: The declining significance of discrimination. *Issues in Science and Technology*, *XXXI*(1), 27 - 32.

Fuchs, L. S., & Fuchs, D. (1986). Effects of systematic formative evaluation: A meta-analysis. *Exceptional Children*, 53(3), 199 - 208.

Garet, M. S., Cronen, S., Eaton, M., Kurki, A., Ludwig, M., Jones, W., et al. (2008). *The impact of two professional development interventions on early reading instruction and achievement* (NCEE No. 2008 - 4030). Washington, DC: Institute of Education Sciences, National Center for Education Evaluation and Regional Assistance.

Garet, M. S., Wayne, A. J., Stancavage, F., Taylor, J., Walters, K., Song, M., et al. (2010). *Middle school mathematics professional development impact study: Findings after the first year of implementation* (NCEE No. 2010 - 4009). Washington, DC: Institute of Education Sciences, National Center for Education Evaluation and Regional Assistance.

Garon-Carrier, G., Boivin, M., Guay, F., Kovas, Y., Dionne, G., Lemelin, J.-P., et al. (2016). Intrinsic motivation and achievement in mathematics in elementary school: A longitudinal investigation of their association. *Child Development*, 87(1), 165 - 175.

Geballe, B. (2005, July 20). Bill Gates' guinea pigs. *Seattle Weekly*, 1 - 9.

Gipps, C. V., & Stobart, G. (1997). *Assessment: A teacher's guide to the issues* (3rd ed.). London: Hodder & Stoughton.

Gladwell, M. (2008a, December 15). Most likely to succeed. *New Yorker*, 36 - 42.

Gladwell, M. (2008b). *Outliers: The story of success*. New York: Little, Brown.

Goe, L., & Bridgeman, B. (2006). *Effects of focus on standards on academic performance*. Unpublished report. Princeton, NJ: Educational Testing Service.

Goldin, C., & Katz, L. F. (2008). *The race between education and technology*. Cambridge, MA: Harvard University Press.

Good, T. L., & Grouws, D. A. (1975). *Process-product relationships in fourth grade mathematics classrooms* (Grant No. NEG-00 - 3 - 0123). Columbia: University of Missouri.

Goodgame, D. (2000, August 14). *The game of risk*. Accessed at www.time.com/time /magazine/article/0,9171,997709,00.html on October 20, 2010.

Goswami, U. (2006). Neuroscience and education: From research to practice? *Nature Reviews Neuroscience*, 7(5), 406 - 411.

Gough, D. (2015). Qualitative and mixed methods in systematic reviews. *Systematic Reviews*, 4(181), 1 - 3.

Gray, E. M., & Tall, D. O. (1994). Duality, ambiguity and flexibility: A "proceptual" view of simple arithmetic. *Journal for Research in Mathematics Education*, 25(2), 116 - 140.

Hacker, D. J., Dunlosky, J., & Graesser, A. C. (Eds.). (1998). *Metacognition in educational theory and practice*. Mahwah, NJ: Erlbaum.

Hamre, B. K., & Pianta, R. C. (2005). Academic and social advantages for at-risk students placed in high quality first grade classrooms. *Child Development*, 76(5), 949 - 967.

Hanushek, E. A. (2010). Teacher deselection. In D. Goldhaber & J. Hannaway (Eds.), *Creating a new teaching profession* (pp. 165 - 180). Washington, DC: Urban Institute Press.

Hanushek, E. A., & Rivkin, S. G. (2006). Teacher quality. In E. A. Hanushek & F. Welch (Eds.), *Handbook of the economics of education* (Vol. 2, pp. 1051 - 1078). Amsterdam: Elsevier.

Hanushek, E. A., & Rivkin, S. G. (2010). Generalizations about using value-added measures of teacher quality. *American Economic Review*, 100(2), 267 - 271.

Hanushek, E. A., & Woessmann, L. (2010). *The high cost of low educational performance: The long-run economic impact of improving PISA outcomes*. Paris: Organisation for Economic Co-operation and Development.

Hanushek, E. A., & Woessmann, L. (2015). *Universal basic skills: What countries stand to gain*. Paris: Organisation for Economic Co-operation and Development.

Harlen, W., & Deakin Crick, R. (2002). *A systematic review of the impact of summative assessment and tests on students' motivation for learning*. London: EPPI-Centre, Social Science Research Unit, Institute of Education. Accessed at http://eppi.ioe.ac.uk/cms/LinkClick.aspx?fileticket=rOyQ%2ff4y3TI%3d on August 31, 2010.

Harris, D. N., & Sass, T. R. (2009). *What makes for a good teacher, and who can tell?* (Working Paper No. 30). Washington, DC: National Center for Analysis of Longitudinal Data in Education Research.

Hart, K. M. (Ed.). (1981). *Children's understanding of mathematics*: 11–16. London: John Murray.

Hart, K. M., Brown, M. L., Kerslake, D., Küchemann, D., & Ruddock, G. (1985). *Chelsea diagnostic mathematics tests*. Windsor, England: NFER-Nelson.

Hastie, T., Tibshirani, R., & Friedman, J. H. (2009). *The elements of statistical learning*: *Data mining*, *inference*, *and prediction*. New York: Springer.

Hattie, J., & Timperley, H. (2007). The power of feedback. *Review of Educational Research*, 77(1), 81–112.

Hayes, V. P. (2003). *Using pupil self-evaluation within the formative assessment paradigm as a pedagogical tool*. (Unpublished doctoral dissertation). University of London.

Heid, M. K., Blume, G. W., Zbiek, R. M., & Edwards, B. S. (1999). Factors that influence teachers learning to do interviews to understand students' mathematical understandings. *Educational Studies in Mathematics*, 37(3), 223–249.

Hiebert, J., Gallimore, R., Garnier, H., Givvin, K. B., Hollingsworth, H., Jacobs, J. K., et al. (2003). *Teaching mathematics in seven countries*: *Results from the TIMSS 1999 video study* (NCES No. 2003–013). Washington, DC: National Center for Education Statistics.

Hill, H. C., & Ball, D. L. (2004). Learning mathematics for teaching: Results from California's mathematics professional development institutes. *Journal for Research in Mathematics Education*, 35(5), 330–351.

Hill, H. C., Rowan, B., & Ball, D. L. (2005). Effects of teachers' mathematical knowledge for teaching on student achievement. *American Educational Research Journal*, 42(2), 371–406.

Hines, T. (1987). Left brain/right brain mythology and implications for management and training. *Academy of Management Review*, 12(4), 600–606.

Hodgen, J., & Wiliam, D. (2006). *Mathematics inside the black box: Assessment for learning in the mathematics classroom*. London: NFER-Nelson.

Howard-Jones, P. (2009). *Neuroscience and education: Issues and opportunities*. London: Institute of Education, University of London.

Howard-Jones, P. (2014). Neuroscience and education: Myths and messages. *Nature Reviews Neuroscience*, 15(12), 817 - 824.

Howson, J. (2010, May 21). Premium pay for the very few. *Times Educational Supplement*, 24 - 25.

Hoxby, C., & Rockoff, J. E. (2004). *The impact of charter schools on student achievement*. Cambridge, MA: Harvard University.

Iberlin, J. M. (2017). *Cultivating mindfulness in the classroom*. Bloomington, IN: Marzano Research.

Ingersoll, R. M. (Ed.). (2007). *A comparative study of teacher preparation and qualifications in six nations*. Philadelphia: Consortium for Policy Research in Education.

Jacob, B. A., & Lefgren, L. (2008). Can principals identify effective teachers? Evidence on subjective performance evaluation in education. *Journal of Labor Economics*, 26(1), 101 - 136.

Jagger, C., Matthews, R., Melzer, D., Matthews, F., Brayne, C., & MRC Cognitive Function and Ageing Study. (2007). Educational differences in the dynamics of disability incidence, recovery and mortality: Findings from the MRC Cognitive Function and Ageing Study (MRC CFAS). *International Journal of Epidemiology*, 36(2), 358 - 365.

James, M. (1992). *Assessment for learning*. Paper presented at the annual conference of the Association for Supervision and Curriculum Development, New Orleans, LA.

Johnson, D. W., & Johnson, R. T. (2009). An educational psychology success story: Social interdependence theory and cooperative learning. *Educational Researcher*, 38(5), 365 - 379.

Johnson, D. W., Johnson, R. T., & Smith, K. A. (1998). Cooperative learning returns to college: What evidence is there that it works? *Change: The Magazine of Higher Learning*, 30(4), 26 - 35.

Jones, I., & Alcock, L. (2012). Summative peer assessment of undergraduate calculus using adaptive comparative judgement. In P. Iannone & A. Simpson (Eds.), *Mapping university mathematics assessment practices* (pp. 63 - 74). Norwich, England: University of East Anglia.

Jones, J., & Wiliam, D. (2007). *Modern foreign languages inside the black box: Assessment for learning in the modern foreign languages classroom*. London: Granada.

Jonsson, A., & Svingby, G. (2007). The use of scoring rubrics: Reliability, validity and educational consequences. *Educational Research Review*, 2(2), 130 - 144.

Jordan, M. (2009, September 11). *Enshrinement speech to the Naismith Memorial Basketball Hall of Fame*. Accessed at www.youtube.com/watch? v= XLzBMGXfK4c on July 7, 2017.

Kahl, S. (2005). Where in the world are formative tests? Right under your nose! *Education Week*, 25(4), 11.

Kahneman, D. (2011). *Thinking, fast and slow*. New York: Farrar, Straus and Giroux.

Kane, T. J., McCaffrey, D. F., Miller, T., & Staiger, D. O. (2013). *Have we identified effective teachers?: Validating measures of effective teaching using random assignment*. Seattle, WA: Bill and Melinda Gates Foundation.

Kane, T. J., Rockoff, J. E., & Staiger, D. O. (2008). What does certification tell us about teacher effectiveness? Evidence from New York City. *Economics of Education Review*, 27(6), 615 - 631.

Kane, T. J., & Staiger, D. O. (2008). *Estimating teacher impacts on student achievement: An experimental evaluation* (Vol. 14607). Cambridge, MA: National Bureau of Economic Research.

Karmiloff-Smith, A., & Inhelder, B. (1974/1975). If you want to get ahead, get a theory. *Cognition*, 3(3), 195 - 212.

Keddie, N. (1971). Classroom knowledge. In M. F. D. Young (Ed.), *Knowledge and control: New directions for the sociology of education* (pp. 133 - 160). London: Collier-Macmillan.

Kirschner, P. A., Sweller, J., & Clark, R. E. (2006). Why minimal guidance during instruction does not work: An analysis of the failure of constructivist, discovery, problem-based, experiential, and inquiry-based teaching. *Educational Psychologist*, 41(2), 75 - 86.

Kling, A. S., & Schulz, N. (2009). *From poverty to prosperity: Intangible assets, hidden liabilities and the lasting triumph over scarcity*. New York: Encounter Books.

Kluger, A. N., & DeNisi, A. (1996). The effects of feedback interventions on performance: A historical review, a meta-analysis, and a preliminary feedback intervention theory. *Psychological Bulletin*, 119(2), 254 - 284.

Koedel, C., & Betts, J. R. (2011). Does student sorting invalidate value-added models of teacher effectiveness? An extended analysis of the Rothstein critique. *Education Finance and Policy*, 6(1), 18 - 42.

Kohn, A. (1994). Grading: The issue is not how but why. *Educational Leadership*, 52(2), 38 - 41.

Kohn, A. (2006). The trouble with rubrics. *English Journal*, 95(4), 12 - 15.

Köller, O. (2005). Formative assessment in classrooms: A review of the empirical German literature. In J. Looney (Ed.), *Formative assessment: Improving learning in secondary classrooms* (pp. 265 - 279). Paris: Organisation for Economic Co-operation and Development.

Krogmann, J., & Van Sant, R. (2000). *Enhancing relationships and improving academics in the elementary school setting by implementing looping*. (Master's project.) Available from The Education Resources Information Center database. (ERIC Number: ED443557)

Kulhavy, R. W. (1977). Feedback in written instruction. *Review of Educational Research*, 47(2), 211 - 232.

Leahy, S., Lyon, C., Thompson, M., & Wiliam, D. (2005). Classroom assessment: Minute-by-minute, day-by-day. *Educational Leadership*, 63(3), 18 - 24.

Leahy, S., & Wiliam, D. (2009). *Embedding assessment for learning—A professional development pack*. London: Specialist Schools and Academies Trust.

Leigh, A. (2010). Estimating teacher effectiveness from two-year changes in students' test scores. *Economics of Education Review*, 29(3), 480 - 488.

Lemov, D. (2010). *Teach like a champion: 49 techniques that put students on the path to college*. San Francisco: Jossey-Bass.

Levin, H. M., Belfield, C., Muennig, P., & Rouse, C. (2007). *The costs and benefits of an excellent education for all of America's children*. New York: Teachers College Press.

Levinson, M. (2016). *Job creation in the manufacturing revival*. Washington, DC: Congressional Research Service.

Lewis, C. C. (2002). *Lesson study: A handbook of teacher-led instructional change*. Philadelphia: Research for Better Schools.

Linnenbrink, E. A. (2005). The dilemma of performance-approach goals: The use of multiple goal contexts to promote students' motivation and learning. *Journal of Educational Psychology*, 97(2), 197–213.

Lipnevich, A. A., & Smith, J. K. (2008). *Response to assessment feedback: The effects of grades, praise, and source of information*. Princeton, NJ: Educational Testing Service.

Lleras-Muney, A. (2005). The relationship between education and adult mortality in the United States. *Review of Economic Studies*, 72(1), 189–221.

Lodico, M. G., Ghatala, E. S., Levin, J. R., Pressley, M., & Bell, J. A. (1983). The effects of strategy-monitoring training on children's selection of effective memory strategies. *Journal of Experimental Child Psychology*, 35(2), 263–277.

Looney, J. (Ed.). (2005). *Formative assessment: Improving learning in secondary classrooms*. Paris: Organisation for Economic Co-operation and Development.

Ma, L. (1999). *Knowing and teaching elementary mathematics: Teachers' understanding of fundamental mathematics in China and the United States*. Mahwah, NJ: Erlbaum.

Machin, S., & McNally, S. (2009, May). *The three Rs: What scope is there for literacy and numeracy policies to raise pupil achievement?* Paper presented at the Beyond the Resource Constraint: Alternative Ways to Improve Schooling seminar of the Research Institute of Industrial Economics, London, England.

Machin, S., & Wilson, J. (2009). Academy schools and pupil performance. *CentrePiece*, 14(1), 6–7.

Maher, J., & Wiliam, D. (2007, April). *Keeping learning on track in new teacher induction*. Paper presented at the annual conference of the American Educational Research Association, Chicago, IL.

Mangan, J., Pugh, G., & Gray, J. (2007, September). *Examination performance and school expenditure in English secondary schools in a dynamic setting*. Paper presented at the annual conference of the British Educational Research Association, London, England.

Marzano, R. J., Kendall, J. S., & Gaddy, B. B. (1999). *Essential knowledge: The debate over what American students should know*. Denver, CO: McREL.

Massey, C., & Thaler, R. H. (2005). *The loser's curse: Overconfidence vs. market efficiency in the National Football League draft*. Chicago: University of Chicago Graduate School of Business.

McCabe, J. (2011). Metacognitive awareness of learning strategies in undergraduates. *Memory and Cognition*, 39(3), 462 - 476.

McEldowney, J., & Henry, C. (2017). *Everything CCSS: "I can" for K-8 grades*. Accessed at www.thecurriculumcorner.com/thecurriculumcorner123/2014/10/everything-ccss-i-can-for-k-6 - grades on July 7, 2017.

Mehan, H. (1979). *Learning lessons: Social organization in the classroom*. Cambridge, MA: Harvard University Press.

Meiklejohn, J., Phillips, C., Freedman, M. L., Griffin, M. L., Biegel, G., Roach, A., et al. (2012). Integrating mindfulness training into K-12 education: Fostering the resilience of teachers and students. *Mindfulness*, 3(4), 291 - 307.

Mercer, N., Dawes, L., Wegerif, R., & Sams, C. (2004). Reasoning as a scientist: Ways of helping children to use language to learn science. *British Educational Research Journal*, 30(3), 359 - 377.

Metcalfe, J., Butterfield, B., Habeck, C., & Stern, Y. (2012). Neural correlates of people's hypercorrection of their false beliefs. *Journal of Cognitive Neuroscience*, 24(7), 1571 - 1583.

Mevarech, Z., & Kramarski, B. (2014). *Critical maths for innovative societies: The role of metacognitive pedagogies*. Paris: Organisation for Economic Co-operation and Development.

Mirabile, M. P. (2005). Intelligence and football: Testing for differentials in collegiate quarterback passing performance and NFL compensation. *Sport Journal*, 8(2). Accessed at www.thesportjournal.org/article/intelligence-and-football-testing-differentials-collegiate-quarterback-passing-performance-a on August 21, 2010.

Miron, G., & Urschel, J. L. (2010). *Equal or fair?: A study of revenues and expenditures in American charter schools*. Boulder, CO: Education and the Public Interest Center.

Mittler, P. (Ed.). (1973). *Assessment for learning in the mentally handicapped*. Edinburgh, Scotland: Churchill Livingstone.

Morgan, D. (1965). *Guitar: The book that teaches you everything you need to know about playing the guitar*. London: Corgi.

Moss, G., Jewitt, C., Levačić, R., Armstrong, V., Cardini, A., & Castle, F. (2007). *The interactive whiteboards, pedagogy and pupil performance evaluation: An evaluation of the Schools Whiteboard Expansion (SWE) project—London challenge* (Research Report No. RR816). London: Department for Education and Skills.

Muijs, D., Kyriakides, L., van der Werf, G., Creemers, B., Timperley, H., & Earl, L. (2014). State of the art—Teacher effectiveness and professional learning. *School Effectiveness and School Improvement*, 25(2), 231 - 256.

Mullet, H. G., Butler, A. C., Verdin, B., von Borries, R., & Marsh, E. J. (2014). Delaying feedback promotes transfer of knowledge despite student preferences to receive feedback immediately. *Journal of Applied Research in Memory and Cognition*, 3(3), 222 - 229.

Mullis, I. V. S., Martin, M. O., & Foy, P. (2008). *TIMSS 2007 international mathematics report: Findings from IEA's Trends in International Mathematics and Science Study at the fourth and eighth grades*. Chestnut Hill, MA: TIMSS & PIRLS International Study Center, Boston College.

National Assessment of Educational Progress. (2005). *NAEP questions tool*. Accessed at nces.ed.gov/nationsreportcard/itmrlsx/search.aspx?subject=mathematics on December 1, 2005.

National Public Radio. (2016, April 18). *Why America's schools have a money problem*. Accessed at www.npr.org/2016/04/18/474256366/why-americas-schools-have-a-money-problem on July 3, 2017.

Natriello, G. (1987). The impact of evaluation processes on students. *Educational Psychologist*, 22(2), 155–175.

Neisser, U. (Ed.). (1998). *The rising curve: Long-term gains in IQ and related measures*. Washington, DC: American Psychological Association.

Nye, B., Konstantopoulos, S., & Hedges, L. V. (2004). How large are teacher effects? *Educational Evaluation and Policy Analysis*, 26(3), 237–257.

Nyquist, J. B. (2003). *The benefits of reconstruing feedback as a larger system of formative assessment: A meta-analysis*. Unpublished master's thesis, Vanderbilt University.

Office for Standards in Education, Children's Services and Skills. (1999). *Evidence form*. London: Author.

Oláh, L. N., Lawrence, N. R., & Riggan, M. (2010). Learning to learn from benchmark assessment data: How teachers analyze results. *Peabody Journal of Education*, 85(2), 226–245.

Organisation for Economic Co-operation and Development. (2010). *Education at a glance*. Paris: Author.

Organisation for Economic Co-operation and Development. (2016). *PISA 2015 results: Excellence and equity in education* (Vol. I). Paris: Author.

Panadero, E., & Jonsson, A. (2013). The use of scoring rubrics for formative assessment purposes revisited: A review. *Educational Research Review*, 9, 129 - 144.

Pane, J. F., Griffin, B. A., McCaffrey, D. F., & Karam, R. (2014). Effectiveness of cognitive tutor algebra I at scale. *Educational Evaluation and Policy Analysis*, 36 (2), 127 - 144.

Papert, S. A. (1998, June 2). *Child power: Keys to the new learning of the digital century*. Paper presented at the 11th Colin Cherry Memorial Lecture on Communication, London, England.

Pashler, H., McDaniel, M., Rohrer, D., & Bjork, R. (2008). Learning styles: Concepts and evidence. *Psychological Science in the Public Interest*, 9(3), 105 - 119.

Patel, R., Kelly, S., Amadeo, C., Gracey, S., & Meyer, B. (2009). *Beyond Leitch: Skills policy for the upturn*. London: Learning and Skills Network.

Piasta, S. B., Logan, J. A., Pelatti, C. Y., Capps, J. L., & Petrill, S. A. (2015). Professional development for early childhood educators: Efforts to improve math and science learning opportunities in early childhood classrooms. *Journal of Educational Psychology*, 107(2), 407 - 422.

Pickeral, R. (2009, September 9). Jordan the competitor. *Charlotte Observer*, C1.

Pirsig, R. M. (1991). *Lila: An inquiry into morals*. New York: Bantam Books.

Polanyi, M. (1958). *Personal knowledge*. Chicago: University of Chicago Press.

Polanyi, M. (1966). *The tacit dimension*. New York: Doubleday.

Polya, G. (1945). *How to solve it: A new aspect of mathematical method*. Princeton, NJ: Princeton University Press.

Popham, W. J. (2006). Phony formative assessments: Buyer beware!

Educational Leadership, 64(3), 86 - 87.

Programme for International Student Assessment. (2007). *PISA 2006: Science competencies for tomorrow's world* (Vol. I). Paris: Organisation for Economic Co-operation and Development.

Programme for International Student Assessment. (2010). *PISA 2009 results: What students know and can do—Student performance in reading, mathematics and science* (Vol. I). Paris: Organisation for Economic Co-operation and Development.

Rampey, B. D., Dion, G. S., & Donahue, P. L. (2009). *NAEP 2008: Trends in academic progress* (NCES No. 2009 - 479). Washington, DC: U.S. Department of Education.

Raven, J. (1960). *Guide to the standard progressive matrices: Sets A, B, C, D and E*. London: Lewis.

Reeves, D. B. (2008). Leading to change: Effective grading practices. *Educational Leadership*, 65(5), 85 - 87.

Relearning by Design. (2000). *What is a rubric?* Accessed at www.pepartnership.org/resources/search/least-restrictive-environment/rubrics.aspx on April 9, 2017.

Rempel, K. D. (2012). Mindfulness for children and youth: A review of the literature with an argument for school-based implementation. *Canadian Journal of Counselling and Psychotherapy*, 46(3), 201 - 220.

Ritter, S., Anderson, J. R., Koedinger, K. R., & Corbett, A. (2007). Cognitive tutor: Applied research in mathematics education. *Psychonomic Bulletin & Review*, 14(2), 249 - 255.

Rivkin, S. G., Hanushek, E. A., & Kain, J. F. (2005). Teachers, schools and academic achievement. *Econometrica*, 73(2), 417 - 458.

Rockoff, J. E. (2004). The impact of individual teachers on student achievement:

Evidence from panel data. *American Economic Review*, 94(2), 247 - 252.

Rogers, T., & Feller, A. (2016). Discouraged by peer excellence: Exposure to exemplary peer performance causes quitting. *Psychological Science*, 27(3), 365 - 374.

Rothstein, J. (2010). Teacher quality in educational production: Tracking, decay, and student achievement. *Quarterly Journal of Economics*, 125(1), 175 - 214.

Rowan, B., Harrison, D. M., & Hayes, A. (2004). Using instructional logs to study mathematics curriculum and teaching in the early grades. *Elementary School Journal*, 105(1), 103 - 127.

Rowe, M. B. (1974). Wait time and rewards as instructional variables: Their influence on language, logic and fate control. *Journal of Research in Science Teaching*, 11(2), 81 - 94.

Ryan, R. M., & Deci, E. L. (2000). Intrinsic and extrinsic motivations: Classic definitions and new directions. *Contemporary Educational Psychology*, 25(1), 54 - 67.

Ryle, G. (1949). *The concept of mind*. London: Hutchinson.

Sadler, D. R. (1989). Formative assessment and the design of instructional systems. *Instructional Science*, 18(2), 119 - 144.

Sadler, P. M. (1998). Psychometric models of student conceptions in science: Reconciling qualitative studies and distractor-driven assessment instruments. *Journal of Research in Science Teaching*, 35(3), 265 - 296.

Sahlberg, P. (2015, March 31). Q: What makes Finnish teachers so special? A: It's not brains. *The Guardian*. Accessed at www.theguardian.com/education/2015/mar/31 /finnish-teachers-special-train-teach? CMP=share_btn_tw on April 4, 2015.

Sanders, W. L., & Rivers, J. C. (1996). *Cumulative and residual effects of teachers on future student academic achievement*. Knoxville, TN: University of

Tennessee Value-Added Research and Assessment Center. Accessed at www.heartland.org/custom/semod _policybot/pdf/3048.pdf on August 21, 2010.

Saphier, J. (2005). Masters of motivation. In R. DuFour, R. Eaker, & R. DuFour (Eds.), *On common ground: The power of professional learning communities* (pp. 85 - 113). Bloomington, IN: Solution Tree Press.

Schacter, J. (2000). Does individual tutoring produce optimal learning? *American Educational Research Journal*, 37(3), 801 - 829.

Schoenfeld, A. H. (1985). *Mathematical problem solving*. New York: Academic Press.

Schoenfeld, A. H. (1989). Explorations of students' mathematical beliefs and behavior. *Journal for Research in Mathematics Education*, 20(4), 338 - 355.

Schunk, D. H. (1991). Self-efficacy and academic motivation. *Educational Psychologist*, 26(3 - 4), 207 - 231.

Schwartz, B. (2003). *The paradox of choice: Why more is less*. New York: Ecco.

Scriven, M. (1967). The methodology of evaluation. In R. W. Tyler, R. M. Gagné, & M. Scriven (Eds.), *Perspectives of curriculum evaluation* (Vol. 1, pp. 39 - 83). Chicago: RAND.

Serwer, A. (2010, June 5). *John Wooden's best coaching tip: Listen* [Blog post]. Accessed at http://money.cnn.com/2010/06/05/news/newsmakers/john_wooden_obituary_fortune.fortune/index.htm on January 1, 2011.

Shepard, L. A. (2008). Formative assessment: Caveat emptor. In C. A. Dwyer (Ed.), *The future of assessment: Shaping teaching and learning* (pp. 279 - 303). Mahwah, NJ: Erlbaum.

Shepard, L. A., Hammerness, K., Darling-Hammond, L., Rust, F., Snowden, J. B., Gordon, E., et al. (2005). Assessment. In L. Darling-Hammond & J.

Bransford (Eds.), *Preparing teachers for a changing world: What teachers should learn and be able to do* (pp. 275 - 326). San Francisco: Jossey-Bass.

Shute, V. J. (2008). Focus on formative feedback. *Review of Educational Research*, 78(1), 153 - 189.

Siegel, D. J. (2007). *The mindful brain: Reflection and attunement in the cultivation of well-being*. New York: Norton.

Simmons, M., & Cope, P. (1993). Angle and rotation: Effects of different types of feedback on the quality of response. *Educational Studies in Mathematics*, 24(2), 163 - 176.

Slater, H., Davies, N., & Burgess, S. (2008). *Do teachers matter?: Measuring the variation in teacher effectiveness in England* (Working Paper No. 09/212). Bristol, England: Bristol Institute of Public Affairs.

Slavin, R. E. (1995). *Cooperative learning: Theory, research, and practice* (2nd ed.). Boston: Allyn & Bacon.

Slavin, R. E., Hurley, E. A., & Chamberlain, A. M. (2003). Cooperative learning and achievement. In W. M. Reynolds & G. J. Miller (Eds.), *Handbook of psychology: Volume 7—Educational psychology* (pp. 177 - 198). Hoboken, NJ: Wiley.

Slavin, R. E., & Lake, C. (2008). Effective programs in elementary mathematics: A best-evidence synthesis. *Review of Educational Research*, 78(3), 427 - 515.

Slavin, R. E., Lake, C., Chambers, B., Cheung, A., & Davis, S. (2009). Effective reading programs for the elementary grades: A best-evidence synthesis. *Review of Educational Research*, 79(4), 1391 - 1466.

Slavin, R. E., Lake, C., & Groff, C. (2009). Effective programs in middle and high school mathematics: A best-evidence synthesis. *Review of Educational Research*, 79(3), 839 - 911.

Smiles, S. (1862). *Self-help; with illustrations of character and conduct.* London: Murray.

Smith, I. (2008). *Sharing learning outcomes.* Cambridge, England: Cambridge Education.

Smithers, A., & Robinson, P. (2009). *Specialist science schools.* Buckingham, England: University of Buckingham Centre for Education and Employment Research.

Soderstrom, N. C., & Bjork, R. A. (2015). Learning versus performance: An integrative review. *Perspectives on Psychological Science*, 10(2), 176 - 199.

Spradbery, J. (1976). Conservative pupils?: Pupil resistance to curriculum innovation in mathematics. In M. F. D. Young & G. Whitty (Eds.), *Explorations into the politics of school knowledge* (pp. 236 - 243). Driffield, England: Nafferton.

Springer, L., Stanne, M. E., & Donovan, S. S. (1999). Effects of small-group learning on undergraduates in science, mathematics, engineering and technology: A meta-analysis. *Review of Educational Research*, 69(1), 21 - 51.

Springer, M. G., Ballou, D., Hamilton, L., Le, V.-N., Lockwood, J. R., McCaffrey, D., et al. (2010). *Teacher pay for performance: Experimental evidence from the Project on Incentives in Teaching.* Nashville, TN: National Center on Performance Incentives.

Stanovich, K. E. (1986). Matthew effects in reading: Some consequences of individual differences in the acquisition of literacy. *Reading Research Quarterly*, 21 (4), 360 - 407.

Stevens, R. J., & Slavin, R. E. (1995). Effects of a cooperative learning approach in reading and writing on academically handicapped and nonhandicapped students. *Elementary School Journal*, 95(3), 241 - 262.

Stiggins, R. J. (2001). *Student-involved classroom assessment* (3rd ed.).

Upper Saddle River, NJ: Prentice Hall.

Stiggins, R. J. (2002). Assessment crisis: The absence of assessment FOR learning. *Phi Delta Kappan*, 83(10), 758-765.

Stiggins, R. J. (2005). *Assessment FOR learning defined*. Portland, OR: Assessment Training Institute.

Stiggins, R. J., & Chappuis, J. (2006). What a difference a word makes: Assessment FOR learning rather than assessment OF learning helps students succeed. *Journal of Staff Development*, 27(1), 10-15.

Stigler, J. W., & Hiebert, J. (1999). *The teaching gap: Best ideas from the world's teachers for improving education in the classroom*. New York: Free Press.

Sutton, R. (1995). *Assessment for learning*. Salford, England: RS.

Thrupp, M. (1999). *Schools making a difference: Let's be realistic!* Buckingham, England: Open University Press.

Tobin, K. (1987). The role of wait time in higher cognitive level learning. *Review of Educational Research*, 57(1), 69-95.

Torrance, E. P. (1962). *Guiding creative talent*. Englewood Cliffs, NJ: Prentice Hall.

Torrance, E. P., & Templeton, D. E. (1963). *Minnesota tests of creative thinking*. Minneapolis, MN: University of Minnesota College of Education.

Toulmin, S. (2001). *Return to reason*. Cambridge, MA: Harvard University Press.

Tucker, M. S. (Ed.). (2011). *Surpassing Shanghai: An agenda for American education built on the world's leading systems*. Cambridge, MA: Harvard Education Press.

Tuttle, C. C., Gill, B., Gleason, P., Knechtel, V., Nichols-Barrer, I., & Resch, A. (2013). *KIPP middle schools: Impacts on achievement and other* outcomes. Washington, DC: Mathematica Policy Research.

United Nations Statistics Division. (2010). *National accounts main aggregates database*. Accessed at http://unstats.un.org/unsd/snaama/dnlList.asp on November 1, 2010.

United States Bureau of Labor Statistics. (2013). *Occupational employment projections to* 2022. Washington, DC: Author.

United States Bureau of Labor Statistics. (2016, December 2). *All employees: Manufacturing—Current Employment Statistics Establishment Survey*. Accessed at http://research.stlouisfed.org/fred2/data/MANEMP.txt on December 12, 2016.

United States Bureau of Labor Statistics. (2017, July 3). *Data retrieval: Labor force statistics (CPS)*. Accessed at www.bls.gov/webapps/legacy/cpsatab4.htm on July 3, 2017.

Vasquez Heilig, J., & Jez, S. J. (2010). *Teach for America: A review of the evidence*. Tempe: Arizona State University Education Policy Research Unit.

Vinner, S. (1997). From intuition to inhibition—Mathematics, education and other endangered species. In E. Pehkonen (Ed.), *Proceedings of the 21st conference of the International Group for the Psychology of Mathematics Education* (Vol. 1, pp. 63 - 78). Lahti, Finland: University of Helsinki Lahti Research and Training Centre.

Wainer, H., & Zwerling, H. L. (2006). Evidence that smaller schools do not improve student achievement. *Phi Delta Kappan*, 88(4), 300 - 303.

Waugh, E. (2001). *Decline and fall*. London: Penguin.

Webb, N. M. (1991). Task-related verbal interaction and mathematics learning in small groups. *Journal for Research in Mathematics Education*, 22(5), 366 - 389.

Weisberg, D. S., Keil, F. C., Goodstein, J., Rawson, E., & Gray, J. R. (2008). The seductive allure of neuroscience explanations. *Journal of Cognitive*

Neuroscience, 20(3), 470 - 477.

Weiss, I. R., Pasley, J. D., Smith, P. S., Banilower, E. R., & Heck, D. J. (2003). *Looking inside the classroom: A study of K-12 mathematics and science education in the United States*. Chapel Hill, NC: Horizon Research.

Welch, J., & Welch, S. (2005). *Winning*. New York: Harper Business.

White, B. Y., & Frederiksen, J. R. (1998). Inquiry, modeling, and metacognition: Making science accessible to all students. *Cognition and Instruction*, 16 (1), 3 - 118.

White, M. A. (1971). The view from the student's desk. In M. L. Silberman (Ed.), *The experience of schooling* (pp. 337 - 345). New York: Holt, Rinehart and Winston.

Wieman, C. E. (2014). Large-scale comparison of science teaching methods sends clear message. *Proceedings of the National Academy of Sciences of the United States of America*, 111(23), 8319 - 8320.

Wiener, N. (1948). *Cybernetics, or control and communication in the animal and the machine*. New York: Wiley.

Wigfield, A., Eccles, J. S., & Rodriguez, D. (1998). The development of children's motivation in school contexts. In P. D. Pearson & A. Iran-Nejad (Eds.), *Review of research in education* (Vol. 23, pp. 73 - 118). Washington, DC: American Educational Research Association.

Wiggins, G., & McTighe, J. (2000). *Understanding by design*. New York: Prentice Hall.

Wiliam, D. (2005, April). *Measuring "intelligence": What can we learn and how can we move forward?* Paper presented at the annual meeting of the American Educational Research Association, Montreal, Quebec, Canada.

Wiliam, D. (2006). Assessment: Learning communities can use it to engineer a bridge connecting teaching and learning. *Journal of Staff Development*, 27(1), 16 - 20.

Wiliam, D. (2007a). Content *then* process: Teacher learning communities in the service of formative assessment. In D. B. Reeves (Ed.), *Ahead of the curve: The power of assessment to transform teaching and learning* (pp. 183 - 204). Bloomington, IN: Solution Tree Press.

Wiliam, D. (2007b). Keeping learning on track: Classroom assessment and the regulation of learning. In F. K. Lester Jr. (Ed.), *Second handbook of research on mathematics teaching and learning* (pp. 1053 - 1098). Greenwich, CT: Information Age.

Wiliam, D. (2009). An integrative summary of the research literature and implications for a new theory of formative assessment. In H. L. Andrade & G. J. Cizek (Eds.), *Handbook of formative assessment* (pp. 18 - 90). New York: Taylor & Francis.

Wiliam, D. (2013). *Principled curriculum design*. London: Specialist Schools and Academies Trust.

Wiliam, D. (2016). *Leadership for teacher learning: Creating a culture where all teachers improve so that all students succeed*. West Palm Beach, FL: Learning Sciences International.

Wiliam, D. (in press a). *Creating the schools our children need: Why what we're doing right now won't help much, and what we can do instead*. Cambridge, MA: Harvard Education Press.

Wiliam, D. (in press b). Feedback: At the heart of—but definitely not all of—formative assessment. In A. A. Lipnevich & J. K. Smith (Eds.), *Cambridge handbook of instructional feedback*. Cambridge, England: Cambridge University Press.

Wiliam, D., & Black, P. J. (1996). Meanings and consequences: A basis for distinguishing formative and summative functions of assessment? *British Educational Research Journal*, 22(5), 537 – 548.

Wiliam, D., & Leahy, S. (2015). *Embedding formative assessment: Practical techniques for K-12 classrooms*. West Palm Beach, FL: Learning Sciences International.

Wiliam, D., Lee, C., Harrison, C., & Black, P. J. (2004). Teachers developing assessment for learning: Impact on student achievement. *Assessment in Education: Principles, Policy and Practice*, 11(1), 49 – 65.

Wiliam, D., & Lester, F. K., Jr. (2008). On the purpose of mathematics education research: Making productive contributions to policy and practice. In L. D. English (Ed.), *Handbook of international research in mathematics education* (2nd ed., pp. 32 – 48). New York: Routledge.

Wiliam, D., & Thompson, M. (2008). Integrating assessment with instruction: What will it take to make it work? In C. A. Dwyer (Ed.), *The future of assessment: Shaping teaching and learning* (pp. 53 – 82). Mahwah, NJ: Erlbaum.

Williamson, M. (1992). *A return to love*. New York: HarperCollins.

Willingham, D. T. (2009). *Why don't students like school?: A cognitive scientist answers questions about how the mind works and what it means for the classroom*. San Francisco: Jossey-Bass.

Wilson, M., & Draney, K. (2004). Some links between large-scale and classroom assessments: The case of the BEAR Assessment System. In M. Wilson (Ed.), *Towards coherence between classroom assessment and accountability: The 103rd yearbook of the National Society for the Study of Education, Part II* (pp. 132 – 154). Chicago: University of Chicago Press.

Winne, P. H. (1996). A metacognitive view of individual differences in self-regulated learning. *Learning and Individual Differences*, 8(4), 327 – 353.

Winters, M. A., & Cowen, J. M. (2013). Who would stay, who would be dismissed? An empirical consideration of value-added teacher retention policies. *Educational Researcher*, 42(6), 330 - 337.

Wolff, H. (Writer), & Jackson, M. (Director). (1983). The future is further away than you think [Television series episode]. In M. Jackson (Producer), *Q.E.D*. England: British Broadcasting Company.

Wondratschek, V., Edmark, K., & Frölich, M. (2014). *The short- and long-term effects of school choice on student outcomes—Evidence from a school choice reform in Sweden* (Discussion Paper No. 7898). Bonn, Germany: Institute for the Study of Labor.

Wylie, E. C., & Wiliam, D. (2006, April). *Diagnostic questions: Is there value in just one?* Paper presented at the annual meeting of the National Council on Measurement in Education, San Francisco, CA.

Yeh, S. S. (2006). *Raising student achievement through rapid assessment and test reform*. New York: Teachers College Press.

Yeh, S. S. (2009). The cost-effectiveness of NBPTS teacher certification. *Evaluation Review*, 34(3), 220 - 241.